高职高专“十二五”国际商务专业规划教材

国际贸易实务

（第二版）

童宏祥　　主　编
程欣然　王晓艳　副主编

上海财经大学出版社

图书在版编目(CIP)数据

国际贸易实务/童宏祥主编. —2 版.—上海：上海财经大学出版社，2015. 8

(高职高专“十二五”国际商务专业规划教材)

ISBN 978-7-5642-1584-2/F・1584

Ⅰ. ①国… Ⅱ. ①童… Ⅲ. ①国际贸易-贸易实务-高等职业教育-教材 Ⅳ. F740. 4

中国版本图书馆 CIP 数据核字(2013)第 033202 号

□ 责任编辑 刘晓燕
□ 电　　话 021-65903667
□ 邮　　箱 exyliu@sina.com
□ 封面设计 钱宇辰
□ 责任校对 王从远

GUOJI MAOYI SHIWU
国 际 贸 易 实 务
(第二版)

童宏祥　　主　编
程欣然　王晓艳　副主编

上海财经大学出版社出版发行
(上海市武东路 321 号乙　邮编 200434)
网　　址：http://www. sufep. com
电子邮箱：webmaster @ sufep. com
全国新华书店经销
上海华教印务有限公司印刷装订
2015 年 8 月第 2 版　2015 年 8 月第 1 次印刷

710mm×960mm　1/16　22. 25 印张　403 千字
印数：9 001—13 000　定价：40. 00 元
(本书有电子课件和参考答案，欢迎与责任编辑联系)

前　言

《国际贸易实务》自2000年8月出版后，经过四次再版，受到了广大高等职业技术院校、中等职业学校师生的厚爱。为了更深入地探索高职高专职业技能型人才的培养，努力构建以学生就业为导向、以职业岗位能力为核心、以工作任务为主线、以专业素质为基础的职业型专业教材，编者对《国际贸易实务》进行了第五次改版，对教材的体系、结构、内容进行了较大的完善。

全书的特点：全书分为出口贸易与进口贸易两大部分，并以信用证支付方式、江海运输方式为背景，突出进出口贸易业务工作过程的主体地位，按照实际工作任务情境组织课程内容；强调专业理论知识为业务操作服务，边讲边议，通过“议题”、“实例”和“点评”等具体形式来提高学生对专业理论知识和操作技能的理解和掌握，并在每章设置了与其内容相应的专业理论知识和操作技能训练；系统地介绍了进出口贸易公司的注册与备案、合同的磋商、合同条款的拟订、合同的履行、主要单证的种类与缮制方法等具体内容，以及贸易融资与国际贸易惯例中的内容。

《国际贸易实务》结构新颖、突出实务、实例齐全、方法具体、强调技能，并注重了教学与全国国际贸易业务员考证内容的结合，具有较强的实用性，可作为高等职业技术学院和中等职业学校国际贸易实务课程的教材，也可以作为国际贸易从业人员的参考用书。

新版《国际贸易实务》是编者在高等职业教育改革中的一种探索，其目的是让学生在进出口贸易业务仿真情景下，通过“实战”的形式来实现教学与就业的对接。由于编者水平有限，书中错漏在所难免，恳请读者和使用本教材的同行不吝赐教。

本书由童宏祥主编和统稿，程欣然、王晓艳为副主编。具体分工是：童宏祥（项目一、项目二），程欣然（项目三、项目四），王晓艳（项目五），王莉锋（项目六、项目七），童莉莉（项目八），张歆悦（项目九），卢香竹（项目十），赵婕（项目十一）。

编　者

2015年6月

目 录

项目一　进出口贸易公司的建立

学习与考证要点

- 公司设立的登记程序
- 对外贸易经营者备案登记的程序
- 开业税务登记程序
- 对外贸易经营者海关注册登记程序
- 出口货物退(免)税认定程序
- 对外贸易经营者出口收汇核销备案登记程序
- 自理报检单位备案登记程序

业务背景

方正先生今年毕业于上海立达职业技术学院，面对就业市场的激烈竞争，在老师、父母和朋友等方方面面的支持下决定放弃各种应聘机会进行创业，成立以自己姓名命名的方正进出口贸易公司。根据我国有关法律法规的规定，该公司须在工商局、税务局和上海市对外经济贸易委员会登记核准，并在上海市出入境检验检疫局、海关等有关部门进行注册登记后，方可从事对外贸易业务。

2004 年 7 月 1 日，新修订的《中华人民共和国对外贸易法》及配套法规《对外贸易经营者备案登记办法》颁布实施，外贸经营权管理方式已由审批制改为备案登记制。据此，凡依法办理工商登记，依照有关法律、行政法规的规定从事对外贸易经营活动的法人、其他组织或者个人，都是对外贸易经营者。

对外贸易经营者在从事外经贸活动之前，应依法进行对外贸易经营者备案登记，申领加盖备案登记专用章的“对外贸易经营者备案登记表”，并到海关、税务、外汇、检验检疫等部门办理相关手续。之后，在从事具体商品的进出口业务时，再按照有关规定办理相应手续。

工作任务一　办理对外贸易经营者工商登记

业务导入

为了确认公司的企业法人资格，根据《中华人民共和国公司法》和《中华人民共和国公司登记管理条例》的有关规定，有限责任公司的设立、变更和终止，应依法办理公司登记。申请办理公司登记，申请人应当对申请文件、材料的真实性负责。依法登记后，领取“企业法人营业执照”，方可从事经营活动。

一、公司设立登记

（一）公司登记事项

公司登记事项应当符合法律、行政法规的规定，不符合规定的，不予登记。根据我国《公司登记管理条例》的有关规定，公司登记的主要事项如下：

1. 名称

公司名称应当符合国家有关规定，经核准登记的公司名称受法律保护。

2. 住所

公司住所是公司主要办事机构的所在地，只能有一个，须在该公司登记机关辖区内。

3. 注册资本与实收资本

公司注册资本和实收资本应当以人民币表示，法律、行政法规另有规定的除外。

4. 出资方式

股东的出资方式应当符合《公司法》第 27 条的规定，股东不得以劳务、信用、自然人姓名、商誉、特许经营权或者设定担保的财产等作价出资。

5. 公司类型

公司类型分为有限责任公司和股份有限公司等。一人有限责任公司应当在公司登记中注明自然人独资或者法人独资，并在公司营业执照中载明。

6. 经营范围

公司的经营范围由公司章程规定，其用语符合国民经济行业分类标准。

(二)公司设立登记程序

1. 企业申请名称预先核准

设立有限责任公司，应当由全体股东指定的代表或者共同委托的代理人向公司登记机关申请名称预先核准；设立股份有限公司，应当由全体发起人指定的代表或者共同委托的代理人向公司登记机关申请名称预先核准。企业名称实行网上计算机自动检索或人工查询，无异议后可办理企业名称登记。企业名称网上查询如图1—1所示。

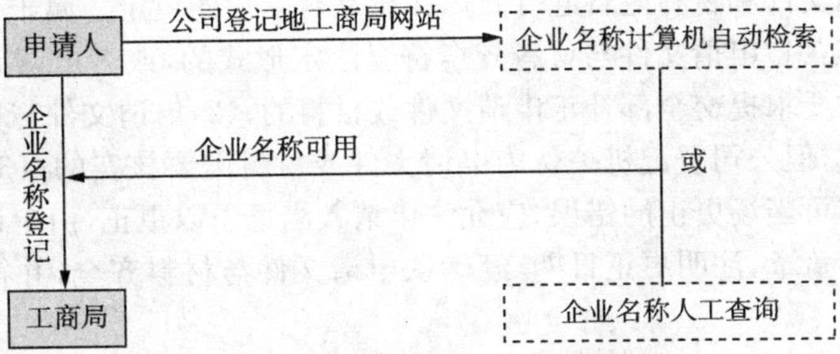

图1—1 企业名称网上查询示意图

企业申请名称预先核准应提交下列文件：

(1) 有限责任公司的全体股东或者股份有限公司的全体发起人签署的公司名称预先核准申请书；

(2) 全体股东或者发起人指定代表或者共同委托代理人的证明；

(3) 国家工商行政管理总局要求提交的其他文件。

公司登记机关受理后作出决定。予以核准的，出具"企业名称预先核准通知书"；不予以核准的，应出具"企业名称驳回通知书"，说明不予核准的理由，并告知申请人享有依法申请行政复议或者提起行政诉讼的权利。

2. 申请企业设立登记

设立有限责任公司应由全体股东指定的代表或者共同委托的代理人到公司登记机关，也可以通过信函、传真和电子邮件等方式提出设立登记申请，并提交有关文件。其主要有：

(1) 公司法定代表人签署的设立登记申请书;
(2) 全体股东指定代表或者共同委托代理人的证明;
(3) 公司章程;
(4) 验资机构出具的验资证明;
(5) 股东的主体资格证明或者自然人身份证明;
(6) 载明公司董事、监事、经理的姓名与住所的文件以及有关委派、选举或者聘用的证明;
(7) 公司法定代表人任职文件和身份证明;
(8) 企业名称预先核准通知书;
(9) 公司住所证明。

3. 公司登记机关作出是否受理的决定

公司登记机关对通过信函、传真和电子邮件等方式提出设立企业申请的,自收到申请文件和材料之日起5日内作出是否受理的决定。属于受理范围的主要情况有:(1)申请文件与材料齐全符合法定形式的,或者申请人按照公司登记机关的要求提交全部补正申请文件或材料的;(2)申请文件与材料齐全符合法定形式,但公司登记机关认为申请文件或材料需要核实的;(3)申请文件与材料存在可当场更正的错误,应允许申请人当场予以更正,由申请人在更正处签名或者盖章,注明更正日期,经确认申请文件与材料齐全,并符合法定形式的。

如果申请文件与材料不齐全或者不符合法定形式的,应当场或5日内一次告知申请人需要补正的全部内容。如为当场告知,应将申请文件与材料退回申请人;属于5日内告知的,应当收取申请文件、材料并出具收到的凭据。逾期不告知的,自收到申请文件与材料之日起即为受理。

公司登记机关对受理的申请者出具“受理通知书”;对不予受理的,出具“不予受理通知书”,说明不予受理的理由,并告知申请人享有依法申请行政复议或者提起行政诉讼的权利。

4. 公司登记机关颁发“企业法人营业执照”

公司登记机关对申请文件等材料核准无误后,按其注册资本总额的0.8‰收取设立登记费,并颁发“企业法人营业执照”。“企业法人营业执照”签发日期为公司成立日期,设立公司可凭其刻制印章,开立银行账户,申请纳税登记。

二、公司变更登记

公司如须变更登记事项,应向原公司登记机关申请,不得擅自改变登记事项。

(一)公司变更登记的内容及要求

1. 变更公司名称

应自变更之日起 30 日内申请变更登记。

2. 变更公司住所

应在迁入新址前申请变更登记，并提交新住所使用证明。如变更后的住所不在辖区，应在迁入新址前向该地公司登记机关申请变更登记。

3. 变更公司法定代表人

应自变更决定作出之日起 30 日内申请变更登记。

4. 变更公司注册资本

应提交依法设立的验资机构出具的验资证明。如果公司减少注册资本，应自公告之日起 45 日后申请变更登记，并提交公司在报纸上登载公司减少注册资本公告的有关证明。公司减资后的注册资本不得低于法定的最低限额。

5. 变更公司实收资本

应提交依法设立的验资机构出具的验资证明，并应按照公司章程载明的出资时间和出资方式缴纳出资。公司应在自足额缴纳出资之日起 30 日内申请变更登记。

6. 变更公司经营范围

应自变更决定作出之日起 30 日内申请变更登记。

7. 变更公司类型

应按变更公司类型的设立条件，在规定期限内申请变更登记，并提交有关文件。

8. 变更登记事项涉及“企业法人营业执照”载明事项

变更登记事项涉及“企业法人营业执照”载明事项的，应向原公司登记机关申请换发营业执照。

9. 其他事项

公司董事、监事和经理发生变动的，应向原公司登记机关备案；公司章程修改未涉及登记事项的，应将修改后的公司章程送原公司登记机关备案；公司变更登记事项涉及修改公司章程的，应提交由法定代表人签署的公司修订章程；因合并、分立而存续的公司，其登记事项发生变化的，应申请变更登记；因合并、分立而解散的公司，应申请注销登记；因合并、分立而新设立的公司，应申请设立登记。

（二）公司变更登记提交的材料

申请变更登记，须提交的文件主要有：(1)公司法定代表人签署的变更登记申请书；(2)依照《公司法》作出的变更决议或决定；(3)国家工商行政管理总局要求提交的其他文件。

三、公司登记的管理

（一）年度检验

根据我国《公司登记管理条例》的规定，公司登记机关于每年3月1日至6月30日对公司进行年度检验。公司在接受年度检验时，应提交年度检验报告书、年度资产负债表和损益表，以及“企业法人营业执照”副本。公司登记机关依据该公司的登记事项对年度检验材料进行审查，并收取年度检验费。

（二）证照管理

“企业法人营业执照”分为正本和副本，其法律效力相等。“企业法人营业执照”正本应置于公司营业场所的醒目位置，任何单位和个人不得伪造、涂改、出租、出借和转让营业执照，营业执照遗失或者毁坏的，公司应当在公司登记机关指定的报刊上声明作废，申请补领。

（三）法律责任

1. 虚报注册资本

凡以虚报注册资本取得公司登记的，由公司登记机关处以虚报注册资本金额5%以上15%以下的罚款；情节严重的，撤销公司登记或者吊销营业执照。

2. 提交虚假材料

凡以提交虚假材料取得公司登记的，由公司登记机关处以5万元以上50万元以下的罚款；情节严重的，撤销公司登记或者吊销营业执照。

3. 无正当理由未开业

公司成立后，无正当理由超过6个月未开业的，或开业后自行停业连续6个月以上的，公司登记机关将吊销其营业执照。

4. 公司未依法备案

公司未依照我国《公司登记管理条例》的规定办理有关备案的，由公司登记机关责令限期办理；逾期未办理的，处以3万元以下的罚款。

5. 公司不按照规定接受年检

公司不按照规定接受年度检验的，由公司登记机关处以1万元以上10万元以下的罚款，并限期接受年度检验；逾期仍不接受年度检验的，吊销营业执照。年度检验中隐瞒真实情况、弄虚作假的，由公司登记机关处以1万元以上5万元以下的罚款，并限期改正；情节严重的，将吊销其营业执照。

6. 公司未依法变更登记

公司登记事项发生变更时，未按我国《公司登记管理条例》的规定办理变更登记的，由公司登记机关责令限期登记；逾期不登记的，处以1万元以上10万元以下的罚款，情节严重的，将吊销其营业执照。

7. 伪造、涂改、出借营业执照

伪造、涂改、出租、出借和转让营业执照的，由公司登记机关处以1万元以上10万元以下的罚款；情节严重的，将吊销其营业执照。

8. 未将营业执照置于醒目位置

未将营业执照置于住所或者营业场所醒目位置的，由公司登记机关责令改正；拒不改正的，处以1 000元以上5 000元以下的罚款。

工作任务二　办理对外贸易经营者备案登记

业务导入

按照2004年7月1日施行的《对外贸易经营者备案登记办法》的规定，除法律规定不需要备案登记的以外，所有从事货物或技术进出口的对外贸易经营者，都应当向国务院对外贸易主管部门或者其委托的机构办理备案登记。只要依法办理对外贸易经营者备案登记，所有的对外贸易经营者都可以享有完全的外贸权。

一、对外贸易经营者备案登记办法

对外贸易经营者是指依法办理工商登记或者其他执业手续，依照《对外贸易法》和有关法律法规的规定，所从事对外贸易活动的法人、其他组织或个人。

（一）对外贸易经营者备案登记工作管理

根据《对外贸易经营者备案登记办法》的规定，对外贸易经营者备案登记工作实行全国联网和属地化管理。商务部是全国对外贸易经营者备案登记工作的主管部门，商务部委托符合条件的地方对外贸易主管部门（以下简称备案登记机关）负责办理本地区对外贸易经营者备案登记手续。

（二）对外贸易经营者备案登记的程序

拟设立新的外贸企业在工商行政管理部门办理注册登记，并在质量技术监督组织机构中的代码管理机构领取组织机构代码证后，在本地区备案登记机关办理备案登记。对外贸易经营者备案登记程序如下：

1. 领取“对外贸易经营者备案登记表”

对外贸易经营者可以通过商务部政府网站（http://www.mofcom.gov.cn）下载，或到所在地备案登记机关领取“对外贸易经营者备案登记表”（见样例1－1）。

样例1－1

对外贸易经营者备案登记表

备案登记表编号：　　　　　　　　　　　　　　　　进出口企业代码：

经营者中文名称			
经营者英文名称			
组织机构代码		经营者类型（由备案登记机关填写）	
住所			
经营场所（中文）			
经营场所（英文）			
联系电话		联系传真	
邮政编码		电子邮箱	
工商登记注册日期		工商登记注册号	

依法办理工商登记的企业还须填写以下内容：

企业法定代表人姓名		有效证件号	
注册资金		（折美元）	

依法办理工商登记的外国（地区）企业或个体工商户（独资经营者）还须填写以下内容：

企业法定代表人/个体工商负责人姓名		有效证件号	
企业资产/个人财产		（折美元）	
备注：			

填表前请认真阅读背面的条款，并由企业法定代表人或个体工商负责人签字、盖章。

备案登记机关签字、盖章：

年　　月　　日

对外贸易经营者备案登记表背面：

本对外贸易经营者作如下保证： 一、遵守《中华人民共和国对外贸易法》及其配套法规、规章。 二、遵守与进出口贸易相关的海关、外汇、税务、检验检疫、环保、知识产权等中华人民共和国其他法律、法规、规章。 三、遵守中华人民共和国关于核、生物、化学、导弹等各类敏感物项和技术出口管制法规以及其他相关法律、法规、规章，不得从事任何危害国家安全和社会公共利益的活动。 四、不伪造、变造、涂改、出租、出借、转让、出卖"对外贸易经营者备案登记表"。 五、在备案登记表中所填写的信息是完整的、准确的、真实的，所提交的所有材料是完整的、准确的、合法的。 六、"对外贸易经营者备案登记表"上填写的任何事项发生变化之日起，30 日内到原备案登记机关办理"对外贸易经营者备案登记表"的变更手续。 以上如有违反，将承担一切法律责任。 对外贸易经营者签字、盖章： 年 月 日

注：

1. 备案登记表中"组织机构代码"一栏，由企业、组织和取得组织机构代码的个体工商户填写。

2. 依法办理工商登记的外国（地区）企业，在经营活动中，承担有限/无限责任。依法办理工商登记的个体工商户（独资经营者），在经营活动中，承担无限责任。

3. 工商登记营业执照中，如经营范围不包括进口商品的分销业务，备案登记机关应在备注栏中注明"无进口商品分销业务"。

相关知识链接

组织机构代码证书

组织机构代码是国家质量技术监督检验检疫总局为满足政府部门的管理需求，确保对境内所有经济活动主体进行统一标志，根据国家有关代码编制原则，给每一个机关、企事业单位和社会团体颁发一个在全国范围内唯一的、始终不变的法定代码标志。具体业务由各地质量技术监督组织机构中的代码管理机构负责办理。组织机构代码广泛应用于税务、银行、外汇、海关、外贸和社会保障等各个方面，并在电子政务建设过程中起到了重要的作用。例如，银行代办企（事）业单位基本账户时，需要提供单位有效的组织机构代码相关资料，申请行通过登录人民银行账户信息系统，按照相应代码对企（事）业单位进行查询，可避免同一个单位重复开设基本账户的现象。

由于组织机构的名称、法定代表人、机构类型、经济行业、经济类型以及地址等信息经常发生变化，为确保代码所标志的对象相关信息的准确性，对代码证书和相关信息实施年审制度。

2. 填写“对外贸易经营者备案登记表”

对外贸易经营者应按“对外贸易经营者备案登记表”的要求，如实地填写各项内容，认真地阅读该表背面的条款，并由企业法人代表签字、盖章。

3. 提交备案登记材料

向备案登记机关提交的备案登记材料主要有：(1)按要求填写的“对外贸易经营者备案登记表”。(2)营业执照复印件。(3)组织机构代码证书复印件。(4)如为外商投资企业，应提交外商投资企业批准证书复印件；如为个体工商户(独资经营者)，须提交合法公证机构出具的财产公证证明；如为外国(地区)企业，须提交合法公证机构出具的资金信用证明文件。

4. 受理备案登记

备案登记机关应自收到对外贸易经营者提交的上述材料之日起 5 日内办理备案登记手续，符合规定的，在“对外贸易经营者备案登记表”上加盖备案登记印章，并将其信息和材料建立备案登记档案。

二、对外贸易经营者备案登记管理

(一)“对外贸易经营者备案登记表”的变更

根据商务部《对外贸易经营者备案登记办法》的有关规定，对外贸易经营者如需变更“对外贸易经营者备案登记表”上的任何登记事项，应在变更之日起 30 日内办理变更手续，逾期未办理的，该表自动失效。

(二)“对外贸易经营者备案登记表”的失效与撤销

1.“对外贸易经营者备案登记表”自动失效

对外贸易经营者如在工商部门办理注销手续或被吊销营业执照的，“对外贸易经营者备案登记表”自该日起失效。

2.“对外贸易经营者备案登记表”撤销

对外贸易经营者在商务部禁止期限内从事有关货物或者技术的进出口经营活动的，备案登记机关将撤销其“对外贸易经营者备案登记表”，并将有关情况及时通报海关、检验检疫、外汇和税务等部门。

三、对外贸易经营者备案登记操作实例

根据国家商务部授权，上海市对外经济贸易委员会负责办理上海市对外贸易经营者的备案登记手续。拟从事货物进出口和技术进出口业务的内资企

业和个人，应先向工商管理部门办理经营范围的变更或工商登记注册手续，再向上海市外经贸委办理对外贸易经营者备案登记手续(2004 年 7 月 1 日之前已经批准成立的，并且在 7 月 1 日之后未增加进出口经营范围的外商投资企业，不需要办理备案手续)。

(一) 上海市对外贸易经营者备案登记操作程序

1. 网上在线填写“上海市对外贸易经营者备案登记信息表”

2. 现场提交备案登记材料

网上填写好“上海市对外贸易经营者备案登记信息表”后，将下列备案登记材料送交上海市娄山关路 55 号 11 楼接待受理大厅：

(1) 已签字并盖章的“上海市对外贸易经营者备案登记信息表”；

(2) 营业执照复印件；

(3) 组织机构代码证书复印件；

(4) 企业法定代表人有效身份证明复印件；

(5) 对外贸易经营者为外商投资企业的，应提交外商投资企业批准证书复印件；

(6) 工商登记的独资经营者应提交合法公证机构出具的财产公证证明；

(7) 依法办理工商登记的国外企业应提交合法公证机构出具的资金信用证明文件。

上海市外经贸委在收到企业送交的备案登记材料后 5 个工作日内完成备案登记手续，并发放“对外贸易经营者备案登记表”。

（二）“对外贸易经营者备案登记表”的变更操作程序

对外贸易经营者如需变更登记事项，可直接上网在线填写变更内容，然后将原“对外贸易经营者备案登记表”和相关材料的复印件送交上海市外经贸委，换取变更后的“对外贸易经营者备案登记表”。

“对外贸易经营者备案登记表”的变更程序如下：

1. 网上在线变更“上海市对外贸易经营者备案登记信息表”

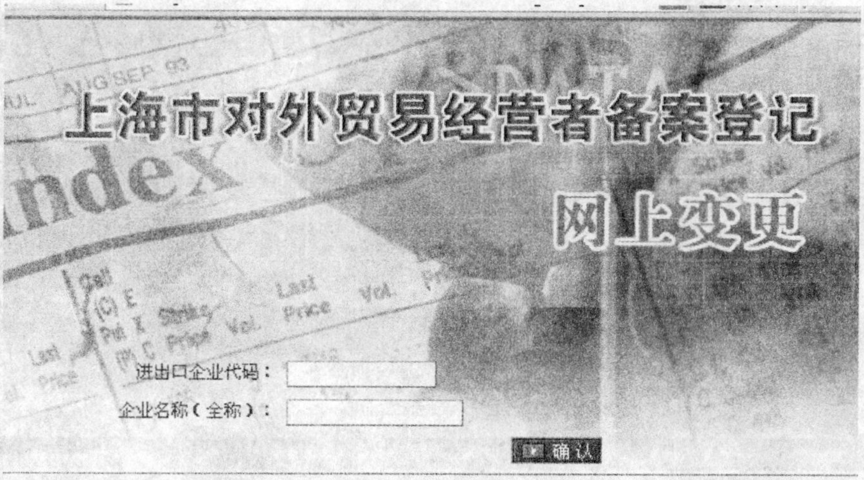

2. 现场提交备案登记材料

上网在线变更“对外贸易经营者备案登记信息表”后，下载并签字、盖章，并随附有关材料送交上海市外经贸委办理。该材料主要有：

（1）原“对外贸易经营者备案登记表”或“进出口资格证书”；

（2）营业执照复印件；

（3）外商投资企业批准证书复印件；

（4）独资经营者由合法公证机构出具的财产公证证明和资金信用证明文件，如不涉及变更，可以免交；

（5）企业法定代表人有效身份证明复印件，如不涉及变更，可以免交；

（6）如为“对外贸易经营者备案登记信息表”填写错误或企业英文名称变更，需要换发“备案登记表”的，请附书面情况说明。

凭换发后的“对外贸易经营者备案登记表”在30日内到当地海关、检验检疫、外汇和税务等部门办理相关的变更手续。逾期未办理的，将自动失效。

工作任务三　办理对外贸易经营者税务登记

业务导入

对外贸易经营者应凭加盖备案登记印章的"对外贸易经营者备案登记表"在30日内到当地主管国家税务机关依法办理税务登记。税务登记是税务机关对从事生产、经营的纳税人的经济活动进行登记并据此对纳税人实施税务管理的一种法定制度，是税务机关对纳税人实施税收管理的首要环节和基础工作，是征纳双方法律关系成立的依据和证明。所以，了解税务登记管理的有关规定，熟悉并掌握办理税务登记的程序和手续，对对外贸易经营者来说是十分必要的。

一、税务登记内容

（一）开业税务登记程序

开业税务登记是从事生产、经营的纳税人，包括企业、个体工商户和从事生产、经营的事业单位，在规定的时间内，持有关证件向生产经营所在地的税务机关申报办理税务登记。其程序如下：

1. 税务登记申请

对外贸易经营者到当地主管税务机关或指定的税务登记办理处，填报"申请税务登记报告书"，并随附下列证件和资料：

（1）营业执照或其他核准执业证件；

（2）有关合同、章程、协议书；

（3）银行账号证明；

（4）法定代表人、负责人、纳税人本人的居民身份证、护照或者其他证明身份的合法证件；

（5）组织机构统一代码证书；

（6）住所与经营场所的使用证明；

（7）税务机关要求提供的其他证件资料。

2. 税务机关受理

税务机关审核申请报告和有关证件资料，对符合登记条件的，按其登记的种类，发放税务登记表或注册税务登记表。

3. 税务登记表填写

对外贸易经营者应按规定如实地填写税务登记表或注册税务登记表，并加盖企业印章，经法定代表人签字后，将税务登记表或注册税务登记表报送主管国家税务机关。

4. 税务机关发放税务登记证件

税务机关对对外贸易经营者报送的税务登记表或注册税务登记表应在受理之日起 30 日内审核完毕。符合规定的，予以登记，发给税务登记证或注册税务登记表及其副本，并分税种填制税种登记表，确定纳税人所适用的税种、税目、税率、报缴税款的期限和征收方式及缴库方式等。

（二）变更税务登记

对外贸易经营者如发生税务登记内容变化时，应在工商行政管理机关办理变更登记之日后 30 日内，持有关证件资料到原税务登记机关申报办理变更税务登记。

1. 变更税务登记的范围

（1）纳税人名称的改变；

（2）法定代表人的改变；

（3）经济性质或经济类型的改变；

（4）分支机构的增设或撤销；

（5）住所或经营地点的改变；

（6）生产经营范围或经营方式的改变；

（7）注册资金的增减；

（8）隶属关系的改变；

（9）生产经营期限的改变；

（10）银行账号的改变或增减；

（11）其他税务登记内容的改变。

2. 变更税务登记应提交的资料

（1）“税务登记变更表”一式三份；

（2）营业执照副本、工商部门的变更登记表及复印件；

（3）变更登记内容的决议及有关证明文件，涉及变更法人代表的，应提供变更后的法人代表身份证原件及复印件一份；

（4）原税务登记证件正（副）本；

（5）其他有关资料。

对外贸易经营者携带相关资料到税务登记窗口办理税务登记变更手续，缴纳工本费。5日后，凭收费收据到申报大厅的税务登记窗口领取税务登记证正(副)本、变更税务登记表一份，并办理签收手续。

(三) 注销税务登记

对外贸易经营者发生解散、破产、撤销以及其他情形，依法终止纳税义务的，应当在向工商行政管理机关办理注销登记前，向原税务登记管理机关申报办理注销税务登记。

1. 注销税务登记应提交的资料

办理注销税务登记时须提交下列资料：

(1) 注销税务登记申请审批表一式三份；

(2) 主管部门或董事会的决议；

(3) 营业执照被吊销的，应提交工商机关的吊销决定；

(4) 税务登记证件正副本、发票购买卡和一般纳税人资格证书等；

(5) 其他需提供的资料。

2. 注销税务登记审批条件

办理注销税务登记必须符合下列条件：

(1) 发票已清理、缴销，发票卡已收回；

(2) 税款、罚款、滞纳金已结清；

(3) 无稽查系列立案检查而未结案的情况；

(4) 纳税人的主管部门已批准其注销。

符合注销审批条件的，在“注销税务登记申请表”上签署意见，并打印“注销税务登记通知书”送达对外贸易经营者。

在实际的工作中，由于市场分工的细化，税务登记申请、变更税务登记和注销税务登记等具体手续也可委托税务登记代理来完成。通过税务代理人完成应由对外贸易经营者向税务机关办理的手续，可减轻工作负担，节约办理费用。

二、税务登记管理

(一) 税务登记证的使用

对外贸易经营者应将税务登记证件张挂在经营场所内易见处，亮证经营。办理申请减税、免税、退税和领购发票时，必须出示税务登记证件，不得将其转借、涂改和毁损。如有遗失，应及时报告主管税务机关，并申请补办。

（二）税务登记证的核查

税务机关对已核发的税务登记证件，实行定期验证和换证制度，每年验审一次，审查核对税务登记证件、税务登记表的内容与纳税人的实际生产经营情况是否一致。对外贸易经营者应当在规定的期限内到税务机关办理验证手续。验审合格的，由税务机关在税务登记证件上载明验证标志。

（三）税务登记的法律责任

1. 纳税人未按照规定期限办理开业税务登记、变更税务登记、注销税务登记和换证手续的，税务机关应当自发现之日起 3 日内发出责令限期改正通知书。逾期不改正的，依照税收征管法的有关规定进行处罚。

2. 未按照规定使用税务登记证件的，或者转借、涂改、损毁、买卖、伪造税务登记证件的，按照税收征管法的有关规定进行处理。

三、对外贸易经营者税务预登记操作实例

（一）网上下载“税务登记表”

对外贸易经营者通过上海财税网站 www.csj.sh.gov.cn 下载“税务登记表”（见样例 1－2）。

样例 1—2

税 务 登 记 表

（适用于单位纳税人）

纳税人名称

申 请 日 期______年____月____日

上海市国家税务局

上海市地方税务局　　制

填　表　说　明

一、本表适用于各类单位纳税人填用。

二、从事生产、经营的纳税人应当自领取营业执照，或者自有关部门批准设立之日起30日内，或者自纳税义务发生之日起30日内，到税务机关领取税务登记表，填写完整后提交税务机关，办理税务登记。

三、办理税务登记应当出示、提供以下资料（所提供资料原件用于税务机关审核，复印件留存税务机关）：

1. 营业执照副本或其他核准执业证件原件及其复印件。

2. 组织机构代码证书副本原件及其复印件。

3. 注册地址及生产、经营地址证明（产权证、租赁协议）原件及其复印件；如为自有房产，请提供产权证或买卖契约等合法的产权证明原件及其复印件；如为租赁的场所，请提供租赁协议原件及其复印件，出租人为自然人的还须提供产权证明的复印件；如生产、经营地址与注册地址不一致，请分别提供相应证明。

4. 公司章程复印件。

5. 有权机关出具的验资报告或评估报告原件及其复印件。

6. 法定代表人（负责人）居民身份证、护照或其他证明身份的合法证件原件及其复印件；复印件分别粘贴在税务登记表的相应位置上。

7. 纳税人跨县（市）设立的分支办理税务登记时，还须提供总机构的税务登记证（国、地税）副本复印件。

8. 改组改制企业还须提供有关改组改制的批文原件及其复印件。

9. 税务机关要求提供的其他证件资料。

四、纳税人应向税务机关申报办理税务登记，完整、真实、准确、按时地填写此表。

五、使用碳素或蓝墨水的钢笔填写本表。

六、本表一式三份。税务机关留存二份，退回纳税人一份（纳税人应妥善保管，验换证时需携带查验）。

七、纳税人在新办或者换发税务登记时应报送房产、土地和车船有关证件，包括：房屋产权证、土地使用证、机动车行驶证等证件的复印件。

八、表中有关栏目的填写说明：

1. “纳税人名称”栏：指“企业法人营业执照”或“营业执照”或有关核准执业证书上的“名称”。

2. “身份证件名称”栏：一般填写“居民身份证”，如无身份证，则填写“军官证”、“士兵证”、“护照”等有效身份证件。

3. “注册地址”栏：指工商营业执照或其他有关核准开业证照上的地址。

4. “生产经营地址”栏：填办理税务登记的机构生产经营地地址。

5. “国籍或地址”栏：外国投资者填国籍，中国投资者填地址。

6. “登记注册类型”栏：即经济类型，按营业执照的内容填写；不需要领取营业执照的，选择“非企业单位”或者“港、澳、台商企业常驻代表机构及其他”、“外国企业”；如为分支机构，按总机构的经济类型填写。

纳税人名称			纳税人识别号				
登记注册类型			批准设立机构				
组织机构代码			批准设立证明或文件号				
开业(设立)日期		生产经营期限		证照名称		证照号码	
注册地址	区						
	行政区域码			邮政编码		联系电话	
生产经营地址	区						
	行政区域码			邮政编码		联系电话	
核算方式	请选择对应项目打"√" ☐ 独立核算 ☐ 非独立核算			从业人数	____其中外籍人数____		
单位性质	请选择对应项目打"√" ☐ 企业 ☐ 事业单位 ☐ 社会团体 ☐ 民办非企业单位 ☐ 其他						
网站网址				国标行业	☐☐ ☐☐ ☐☐ ☐☐		
适用会计制度	请选择对应项目打"√" ☐ 企业会计制度 ☐ 小企业会计制度 ☐ 金融会计制度 ☐ 行政事业单位会计制度						
经营范围			请将法定代表人(负责人)身份证件复印件粘贴在此处				

项目 / 内容 / 联系人	姓名	身份证件 种类	身份证件 号码	固定电话	移动电话	电子邮箱
法定代表人(负责人)						
财务负责人						
办税人						

税务代理人名称	纳税人识别号	联系电话	电子邮箱

注册资本	金 额	币 种	
投资总额	金 额	币 种	

投资方名称	投资方证件号	证件种类	金额	币种	投资比例	投资方经济性质	国籍或地址

自然人投资比例		外资投资比例		国有投资比例	

分支机构名称	注 册 地 址	纳税人识别号

总机构名称		纳税人识别号	
注册地址		经营范围	
法定代表人名称	联系电话	注册地址邮政编码	

代扣代缴、代收代缴税款业务情况	代扣代缴、代收代缴税款业务内容	代扣代缴、代收代缴税种

附报资料:

经办人签章:	法定代表人(负责人)签章:	纳税人公章:
____年____月____日	____年____月____日	____年____月____日

以下由税务机关填写：

纳税人所处街乡				隶属关系	
国税主管税务局		国税主管税务所(科)		是否属于国税、地税共管户	
地税主管税务局		地税主管税务所(科)			
经办人(签章)： 国税经办人：________ 地税经办人：________ 受理日期： ____年____月____日		国家税务登记机关 (税务登记专用章)： 核准日期： ____年____月____日 国税主管税务机关：		地方税务登记机关 (税务登记专用章)： 核准日期： ____年____月____日 地税主管税务机关：	
国税核发“税务登记证副本”数量：　本　发证日期：____年____月____日					
地税核发“税务登记证副本”数量：　本　发证日期：____年____月____日					

国家税务总局监制

（二）现场提交税务登记资料

对外贸易经营者将填写好的税务登记表(包括房室、土地、车船情况登记表)，连同办理税务登记所需的资料，向上海市国家税务局、地方税务局税务登记受理处，或上海市国家税务局、地方税务局各区县税务分局，或上海市国家税务局、地方税务局第三、七分局申请办理税务登记。

（三）开立存款账户

对外贸易经营者应当按国家有关规定，持税务登记证件在银行或者其他金融机构开立基本存款账户和其他存款账户，并将其全部账号向税务机关报告。

银行和其他金融机构应在对外贸易经营者的账户中登录税务登记证件号码，并在税务登记证件中登录对外贸易经营者的账户。

工作任务四　办理对外贸易经营者海关注册登记

业务导入

海关注册登记是指取得对外贸易经营者备案登记表的境内企业法人、个人独资和合伙企业，为进行对外贸易，向海关办理注册登记事宜。海关对进出口货物收发货人注册登记实行备案制。进出口货物收发货人在海关办理注册登记后，可以在中华人民共和国关境内各个口岸地或者海关监管业务集中点办理企业的报关业务。为此，对外贸易经营者必须了解海关注册登记的有关规定，熟悉并掌握办理海关注册登记的程序。

一、对外贸易经营者海关注册登记程序

（一）申请注册登记

对外贸易经营者（进出口货物收发货人）应当按照规定到所在地海关办理报关单位注册登记手续，并提交有关证件材料。其主要有：(1)企业法人营业执照副本复印件（个人独资、合伙企业或者个体工商户提交营业执照）；(2)对外贸易经营者登记备案表复印件（法律、行政法规或者商务部规定不需要备案登记的除外）；(3)企业章程复印件（非企业法人免提交）；(4)税务登记证书副本复印件；(5)银行开户证明复印件；(6)组织机构代码证书副本复印件；(7)“报关单位情况登记表”与“报关单位管理人员情况登记表”（见样例1－3和样例 1－4）；(8)其他与注册登记有关的文件材料。

样例 1－3

报关单位情况登记表

（以下内容不得空缺，如办理变更仅填写变更事项）

填表单位（盖章）：　　　　　　　　　　　　　　　　日期：　　　年　　月　　日

海关注册编码			预录入号				
注册日期							
名称	工商注册全称						
	对外英文名称						
地址	工商注册地址				邮政编码		
	对外英文地址						
注册资本（万）		资本币制			投资总额		
备案（批准）机关		备案（批准）文号			生产类型		
开户银行		银行账号			行业种类		
法定代表人（负责人）		证件类型		证件号		电话	
联系人		联系电话			报关类型		
纳税人识别号		营业执照编号					
组织机构代码		报关有效期					
进出口企业代码		工商注册有效期					
经营范围							
主要产品							

投资者		投资国别	投资方式	投资金额	到位金额
1					
2					
3					
4					
5					

以上填写保证无讹，请贵关（办）办理单位报关登记手续，我单位保证遵守海关的法律、法规和其他有关制度，承担相应的法律责任。

备注	

样例 1－4

报关单位管理人员情况登记表

填表单位(盖章)　　　　　　　　　　　　填表日期　　年　　月　　日

单位名称		
海关注册编码		
法定代表人	姓　　名	
	身份证件号	
	国籍(地区)	
	职　　务	
	出生日期	
	学　　历	
	住　　址	
	联系电话(手机)	
	备　　注	
报关业务负责人	姓　　名	
	身份证件号	
	国籍(地区)	
	职　　务	
	出生日期	
	学　　历	
	住　　址	
	联系电话(手机)	
	备　　注	
财务负责人	姓　　名	
	身份证件号	
	国籍(地区)	
	职　　务	
	出生日期	
	学　　历	
	住　　址	
	联系电话(手机)	
	备　　注	

注:企业管理人员的填报范围:(1)法定代表人;(2)报关业务负责人;(3)会计主管或者财务经理。

（二）海关审核申请人材料

注册地海关依法对申请注册登记材料是否齐全、是否符合法定形式进行核对。申请材料齐全是指申请人按照海关所公布的规定，如数提交全部材料。申请材料的法定形式是指申请人提交的材料必须符合法定的时限，记载事项和文书格式要符合法定的要求。

（三）海关核发注册登记证书

注册地海关接受申请后 3 日内办妥注册登记，并对申请材料齐全、符合法定形式的申请人核发“中华人民共和国海关进出口货物收发货人报关注册登记证书”，有效期限为三年，报关单位凭此办理报关业务。

二、对外贸易经营者注册登记变更、换证和注销

（一）注册登记变更

对外贸易经营者（进出口货物收发货人）如变更名称、法人代表、地址、企业性质或经营范围、注册资本及其他已在海关注册登记内容的，均应事先以书面形式报请主管地海关核准。注册登记变更程序如下：

1. 变更申请

对外贸易经营者（进出口货物收发货人）有关登记事项发生变更，应在变更后 1 个月内，持上级主管部门签发的与变更事项有关的批件、变更后的“对外贸易经营者备案登记表”、营业执照、税务登记证、“自理报关单位注册登记证明书”及与变更事项有关的其他文件到主管海关办理变更申请手续。注册登记需交验的材料主要有：

（1）企业介绍信（附本人有效身份证件）；

（2）企业变更申请书，变更后的营业执照；

（3）变更后的“对外贸易经营者备案登记表”；

（4）“自理报关单位注册登记证明书”；

（5）变更后的组织机构代码证；

（6）变更后的税务登记证；

（7）变更后的固定营业场所证明；

（8）变更后的董事会决议、股东会决议和公司章程与合同；

（9）与变更事项有关的其他文件；

（10）企业情况登记表。

2. 海关受理

主管海关对变更材料审核后，修改企业档案数据库，开通企业十位数编

码,并在收到申请文件之日起7个工作日内完成。

3. 海关重新核发证明书

主管海关为企业重新核发"自理报关单位注册登记证明书",并加盖"海关注册备案专用章",企业即可办理报关手续。

(二) 换证

进出口货物收发货人应当在"中华人民共和国海关进出口货物收发货人报关注册登记证书"有效期届满前30日内到注册地海关办理换证手续,逾期未到海关办理换证手续的,该证书自动失效。

1. 换证资料

进出口货物收发货人在换证时应当向注册地海关递交下列资料:

(1) 企业法人营业执照副本复印件(个人独资、合伙企业或者个体工商户提交营业执照);

(2) 对外贸易经营者登记备案表复印件(法律、行政法规或者商务部规定不需要备案登记的除外);

(3) "中华人民共和国外商投资企业批准证书"、"中华人民共和国台、港、澳、侨投资企业批准证书"复印件(限外商投资企业提交);

(4) "报关单位情况登记表";

(5) "报关员情况登记表"(无报关员的免交);

(6) "报关单位管理人员情况登记表"。

2. 海关审核与处理

材料齐全并符合法定形式的报关单位由注册地海关换发"中华人民共和国海关进出口货物收发货人报关注册登记证书"。

(三) 注册登记注销

1. 注册登记注销的情形

有下列情形之一的,应向海关办理注册登记注销手续。

(1) 破产、解散、自行放弃报关权或者分立成两个以上新企业的;

(2) 被工商行政管理机关注销登记或者吊销营业执照的;

(3) 丧失独立承担责任能力的;

(4) 进出口货物收发货人的对外贸易经营者备案登记表或者外商投资企业批准证书失效的;

(5) 其他依法应当注销注册登记的情形。

2. 注销注册登记材料

报关单位办理注销注册登记手续时应提交以下材料:

(1) 企业申请注销海关注册登记并经法人签章的书面报告；

(2)“中华人民共和国海关进出口货物收发货人报关注册登记证书”原件；

(3) 提前终止协议、提前解散的外资企业还须提供商务部或其授权机关批准企业提前终止协议(合同)、提前解散的批准文件的原件及加盖公章的复印件；

(4) 协议期满并不再续期的企业，还须提供企业董事会关于不再延长企业经营期限的董事会决议的原件及加盖公章的复印件。

工作任务五 办理对外贸易经营者出口货物退(免)税认定手续

业务导入

对外贸易经营者办理好备案登记后，应在30日内持对外贸易经营者备案登记表、工商营业执照、税务登记证、银行基本账户号码和海关进出口企业代码等文件，填写出口货物退(免)税认定表，到所在地主管出口退税的税务机关办理出口货物退(免)税认定手续。

一、出口货物退(免)税认定

(一) 出口货物退(免)税认定范围

在原核准经营范围内从事进出口经营活动的对外贸易经营者，不再办理退税认定手续；对外贸易经营者如超出原核准经营范围从事进出口经营活动的，仍需办理退税认定手续。其他规定如下：

1. 对外贸易经营者应按照备案登记的身份名称开展出口业务和申请出口退(免)税，个人须注册登记为个体工商户、个人独资企业或合伙企业，方可申请出口退(免)税。

2. 凡具有生产出口产品能力的对外贸易经营者，对其出口的货物按照现行生产企业出口货物实行“免抵退”税办法的规定办理出口退(免)税；如没有生产能力的对外贸易经营者，对其出口的货物按现行外贸企业出口退税的规定办理出口退(免)税。

3. 对认定为增值税小规模纳税人的对外贸易经营者出口的货物，按现行小规模纳税人出口货物的规定，免征增值税和消费税。

4. 外贸企业从流通企业购进直接出口的货物，准予按现行规定的手续和程序办理退(免)税；生产企业从流通企业购进并直接出口的货物，对退税试点的企业可按出口自产货物的规定，实行“免抵退”税办法(试点企业名单及具体办法另行下达)。对非退税试点的企业，其退税范围继续按《国家税务总局关于出口产品视同自产产品退税有关问题的通知》的规定执行。

（二）办理出口货物退(免)税认定程序

办理出口货物退(免)税认定手续的时间为对外贸易经营者备案登记之日起30日内。登记所需材料与程序分别是：填写出口货物退(免)税认定表(见样例1—5)；持对外贸易经营者备案登记表、工商营业执照、税务登记证、银行基本账户号码和海关进出口企业代码等文件，向所在地主管出口退税的税务机关办理出口货物退(免)税认定手续。

样例1—5

出口货物退(免)税认定表

编号：

<table>
<tr><td colspan="3">经营者中文名称</td><td colspan="8"></td></tr>
<tr><td colspan="3">经营者英文名称</td><td colspan="8"></td></tr>
<tr><td colspan="3">海关代码</td><td colspan="3"></td><td colspan="2">拼音助记符</td><td colspan="3"></td></tr>
<tr><td colspan="3">电话</td><td></td><td>传真</td><td></td><td>邮编</td><td></td><td>电子信箱</td><td colspan="2"></td></tr>
<tr><td colspan="3">住所</td><td colspan="8"></td></tr>
<tr><td colspan="3">经营场所(中文)</td><td colspan="8"></td></tr>
<tr><td colspan="3">经营场所(英文)</td><td colspan="8"></td></tr>
<tr><td colspan="3" rowspan="2">纳税人识别号</td><td colspan="3" rowspan="2"></td><td colspan="2" rowspan="2">纳税人类型</td><td colspan="3">一般纳税人(　)</td></tr>
<tr><td colspan="3">小规模纳税人(　)</td></tr>
<tr><td colspan="3">纳税信用等级</td><td colspan="8"></td></tr>
<tr><td colspan="3">主管征税机关名称</td><td colspan="8"></td></tr>
<tr><td rowspan="2">注册类型</td><td>代码</td><td></td><td rowspan="2">预算级次</td><td rowspan="2"></td><td rowspan="2">行业归属</td><td>代码</td><td></td><td rowspan="2">隶属关系</td><td colspan="2" rowspan="2"></td></tr>
<tr><td>文字</td><td></td><td>文字</td><td></td></tr>
<tr><td colspan="8">对外贸易经营者备案登记表编号</td><td>经营者类型</td><td colspan="2"></td></tr>
<tr><td rowspan="3">工商登记</td><td>注册号</td><td></td><td colspan="5">企业法人代表(个体工商负责人)姓名</td><td colspan="3"></td></tr>
<tr><td>注册日期</td><td></td><td colspan="5" rowspan="2">注册资金(企业资产/个人财产)
(人民币或美元)</td><td colspan="3" rowspan="2"></td></tr>
<tr><td>有效期</td><td></td></tr>
<tr><td colspan="11">经营范围：</td></tr>
<tr><td colspan="3">开户银行及行号(必填)</td><td colspan="3"></td><td colspan="2">银行账号</td><td colspan="3"></td></tr>
<tr><td colspan="3">财务负责人</td><td colspan="3">姓名</td><td colspan="2">电话</td><td colspan="3"></td></tr>
</table>

续表

<table>
<tr><td rowspan="2" colspan="2">经营者授权办税人员</td><td colspan="2">姓名</td><td>电话</td><td></td></tr>
<tr><td colspan="2">姓名</td><td>电话</td><td></td></tr>
<tr><td colspan="2">主管外汇管理局</td><td colspan="4"></td></tr>
<tr><td colspan="2">附送件：
(附送件需将原件及复印件同时提供，原件核对后退还企业，复印件须加盖企业公章并注明“与原件一致”)</td><td colspan="4">已办理备案登记并加盖备案登记专用章的“对外贸易经营者备案登记表”(　)
工商营业执照副本(　)
银行出具的开户证明(　)
海关自理报关登记注册证明书或海关进出口货物收发货人报关注册登记证书(　)
代理出口协议(　)
以上资料如果已附送，请在括号内打√。</td></tr>
<tr><td colspan="4">出口退税办法的认定</td><td colspan="2">退税机关认定</td></tr>
<tr><td rowspan="7">经营者类型及退税计算方法</td><td rowspan="3">1. 生产企业</td><td colspan="2">1. 免税</td><td colspan="2"></td></tr>
<tr><td colspan="2">2. 免抵税</td><td colspan="2"></td></tr>
<tr><td colspan="2">3. 免抵退税</td><td colspan="2"></td></tr>
<tr><td rowspan="2">2. 流通企业</td><td colspan="2">1. 免税</td><td colspan="2"></td></tr>
<tr><td colspan="2">2. 退税(单票对应法)</td><td colspan="2"></td></tr>
<tr><td rowspan="2">3. 其他企业</td><td colspan="2">1. 免税</td><td colspan="2"></td></tr>
<tr><td colspan="2">2. 退税</td><td colspan="2"></td></tr>
<tr><td colspan="2">纸质凭证申报方式</td><td>上门申报(　)
邮寄申报(　)</td><td>退税</td><td colspan="2">上门申报(　)
远程申报(　)</td></tr>
<tr><td colspan="2">是否分部核算</td><td>是(　)　否(　)</td><td colspan="2">分部核算部门代码</td><td></td></tr>
</table>

<table>
<tr><td rowspan="4">分支机构情况</td><td>名称</td><td>纳税人登记号</td><td>负责人</td><td>电话</td><td>部门代码</td></tr>
<tr><td></td><td></td><td></td><td></td><td></td></tr>
<tr><td></td><td></td><td></td><td></td><td></td></tr>
<tr><td></td><td></td><td></td><td></td><td></td></tr>
</table>

申请认定者请认真阅读以下条款，并由企业法定代表人或个体工商负责人签字、盖章以示确认。

一、遵守各项税收法律、法规及规章。

二、不伪造、变造、涂改、出租、出借、转让、出卖“出口货物退(免)税认定表”。

三、在认定表中所填写的信息及提交的材料是完整的、准确的、真实的。

四、“出口货物退(免)税认定表”上填写的任何事项发生变化之日起，30 日内到原认定机关办理“出口货物退(免)税认定表”的变更手续。

以上如有违反，将承担一切法律责任。

本表一式三份，纳税人、税务所、流转税管理科各一份。

企业法人签字：　　企业公章：　　年　　月　　日

税务所经办人：　　税务所所长：(公章)　　年　　月　　日

流转税管理科经办人：　　流转税管理科长：

认定机关签章　　年　　月　　日

二、出口货物退(免)税认定的变更与注销

已办理出口货物退(免)税认定的出口商,其认定内容发生变化的,须自有关管理机关批准变更之日起30日内,持相关证件向税务机关申请办理出口货物退(免)税认定变更手续。

出口商发生解散、破产、撤销以及其他依法应终止出口货物退(免)税事项的情形的,应持相关证件、资料向税务机关办理出口货物退(免)税注销认定。对申请注销认定的出口商,税务机关应先结清其出口货物退(免)税款,再按规定办理注销手续。

工作任务六　办理对外贸易经营者出口收汇核销备案登记

业务导入

对外贸易经营者取得出口经营权后,应当到海关办理"中国电子口岸"入网手续,到有关部门办理"中国电子口岸"企业法人IC卡和"中国电子口岸"企业操作员IC卡电子认证,并赴本地外汇管理局办理核销备案登记手续。

一、对外贸易经营者办理"中国电子口岸"入网手续

(一) 领取有关表格

对外贸易经营者持组织机构代码证、企业法人营业执照、税务登记证、中华人民共和国进出口企业资格证书、报关单位登记注册证明等证件向海关索取中国电子口岸入网资格审核申请表、中国电子口岸企业情况登记表和中国电子口岸企业IC卡登记表。

(二) 职能部门审核

1. 质量技术监督局审核

对外贸易经营者持中国电子口岸入网资格审核申请表和组织机构代码证到质量技术监督局,由质量技术监督局的工作人员对组织机构代码证原件与复印件的一致性进行审核。确认后,在该审核申请表内批注签章,并将资料退

回企业。

2. 工商局审核

对外贸易经营者持中国电子口岸入网资格审核申请表、企业法人营业执照的原件与复印件到工商局，由工商局的工作人员对企业法人营业执照原件与复印件的真实性进行审核。确认后，在该审核申请表内批注签章，并将资料退回企业。

3. 国税局审核

对外贸易经营者持中国电子口岸入网资格审核申请表、税务登记证原件与复印件到国税局，由国税局的工作人员对税务登记证的原件与复印件进行一致性审核。审核通过的，在该审核申请表的相应栏目内批注签章，并将资料退回企业。

4. 外经贸委审核

对外贸易经营者持中国电子口岸入网资格审核申请表、中华人民共和国进出口企业资格证书的原件与复印件到外经贸委，由外经贸委的工作人员对进出口企业资格证书的原件与复印件进行真实性审核。确认后，在该审核申请表的相应栏目内批注签章，并将资料退回企业。

5. 外汇管理局审核

对外贸易经营者持中国电子口岸入网资格审核申请表、核销员证、中国电子口岸企业情况登记表、中国电子口岸企业 IC 卡登记表到外汇管理局，由外汇管理局的工作人员对核销员证的原件与复印件的真实性，以及中国电子口岸企业情况登记表、中国电子口岸企业 IC 卡登记表进行审核。审核通过的，在该审核申请表的相应栏目内批注签章，并将资料退回企业。

6. 海关审核

对外贸易经营者持中国电子口岸入网资格审核申请表、报关单位登记注册证明、报关员证的原件与复印件、中国电子口岸企业情况登记表和中国电子口岸企业 IC 卡登记表到海关监管处企业备案管理科，由海关的工作人员对报关单位登记注册证明、报关员证的原件与复印件的真实性，以及中国电子口岸企业情况登记表、中国电子口岸企业 IC 卡登记表进行审核。审核通过的，在该审核申请表的相应栏目内批注签章，并将资料整理后装订成册退回企业。

对外贸易经营者持中国电子口岸入网资格审核申请表到海关技术处综合科购买 IC 卡、读卡器、数据库软盘，交预录入费，由经办关员在该审核申请表的相应栏目内记录并盖章。然后，将资料交通关管理处业务规范科。

二、对外贸易经营者办理出口收汇核销备案登记程序

办理出口收汇核销备案登记可在第一笔出口业务需要领取核销单时，到外汇局同时办理。办理核销备案登记手续所需材料主要有：

1. 单位介绍信、申请书；
2. 外经贸部门批准经营进出口业务批件正本及复印件；
3. “企业法人营业执照”（副本）或“企业营业执照”（副本）及复印件；
4. “中华人民共和国组织机构代码证”正本及复印件；
5. 海关注册登记证明书正本及复印件；
6. 外汇局要求提供的其他材料。

外汇局审核上述材料无误后，为出口单位办理登记手续，建立出口单位电子档案信息。

对外贸易经营者在外汇局备案登记的电子档案信息内容发生变更时，应当在办理工商、海关等部门的变更登记手续后一个月内，持有关部门变更通知，到外汇局办理变更登记手续，外汇局需在“中国电子口岸”变更该出口单位IC卡权限。

对外贸易经营者因终止经营或被取消对外贸易经营资格的，应当在一个月内，持相关部门的有关文件到外汇局办理注销登记手续，外汇局需在“中国电子口岸”注销该出口单位IC卡权限。

工作任务七　办理对外贸易经营者报检备案登记

业务导入

报检单位备案登记是指取得对外贸易经营者备案登记表的境内企业法人、个人独资和合伙企业，为进行对外贸易，必须根据有关法律法规的规定，向出入境检验检疫机构办理备案登记事宜。报检单位按其登记的性质，可分为自理报检单位和代理报检单位两种类型。

一、出入境检验检疫自理报检单位备案登记

国家质检总局负责全国自理报检单位的统一管理工作，各地直属检验检疫局负责所辖地区自理报检单位备案登记等工作的组织实施，各地检验检疫机构负责辖区内自理报检单位的备案登记和信息更改，根据实际情况对自理报检单位的备案信息定期进行核实和日常监督管理等具体管理工作。

（一）自理报检单位的范围

自理报检单位是指根据我国法律法规的规定办理出入境检验检疫报检/申报，或委托代理报检单位办理出入境检验检疫报检/申报手续的出入境货物或其他报检物的收发货人以及进出口货物的生产、加工、储存和经营单位等，其须办理备案登记手续，取得报检单位代码后，才可办理相关检验检疫报检/申报手续。其主要范围有：

1. 具有进出口经营权的国内企业；
2. 进口货物的收货人或其代理人；
3. 出口货物的生产企业；
4. 出口货物运输包装及出口危险货物运输包装生产企业；
5. 中外合资、中外合作、外商独资企业；
6. 国外（境外）企业、商社常驻中国代表机构；
7. 进出境动物隔离饲养和植物繁殖生产单位；
8. 进出境动植物产品的生产、加工、存储、运输单位；
9. 对进出境动植物、动植物产品、装载容器、包装货物、交通运输工具等进行药剂熏蒸和消毒服务的单位；
10. 从事集装箱的储存场地和中转场（库）、清洗、卫生除害处理、报检的单位；
11. 有进出境交换业务的科研单位；
12. 其他需报检的单位。

（二）自理报检单位备案登记程序

自理报检单位备案登记申请人可直接向其工商注册所在地的检验检疫机构提出申请办理备案登记手续（见图 1—2）。具体方法如下：

1. 登录中国电子检验检疫业务网

输入（http://www.eciq.cn）网址，在“业务在线”栏的“审批类”中点击“自

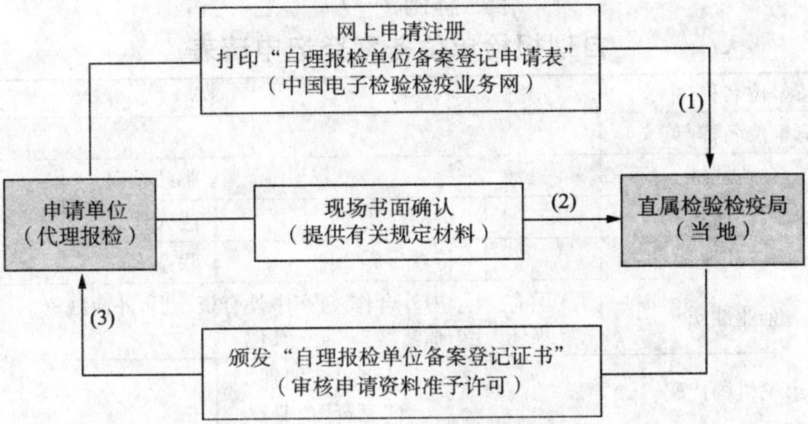

图 1—2　自理报检单位备案登记程序

理报检单位备案登记(企业用户)”项，选择“新注册单位”，登录，点击“登记备案申请”页面链接，进入自理报检单位登记备案管理。

2. 按提示输入各项基本信息

点击页面下方的“申请”按钮提交申请数据；进入操作结果说明，点击“打印”按钮，打印“自理报检单位登记备案申请表”。

3. 持下列有关资料到局本部咨询窗口核查

(1)“自理报检单位备案登记申请表”正本(见样例 1—7)，需法人签字，单位盖公章；

(2) 申请单位的“企业法人营业执照”(复印件和正本)；

(3) 由国家质量技术监督局颁发的申请单位组织机构代码证(复印件和正本)；

(4) 有进出口经营权的企业须提供上级主管部门批准企业成立的“批准证书”/“资格证书”(复印件和正本)；

(5) 申请人需要向检验检疫机构提供的其他有关证明材料；

(6) 检验检疫机构要求的其他相关材料。

检验检疫机构对申请人提供的资料等进行审核，核准后予以备案登记，并颁发“自理报检单位备案登记证明书”(见样例 1—6)。

样例 1—6

样例 1—7

自理报检单位备案登记申请表

申请单位名称(中文)					
申请单位名称(英文)					
企业地址				邮政编码	
海关注册代码		电话号码		法人代表人	
E-mail 地址		传真号码		联系人	
企业性质	☐ 国有 ☐ 中外合作 ☐ 中外合资 ☐ 外商独资 ☐ 集体 ☐ 私营 ☐ 其他				
组织机构代码		外资投资国别 (“三资”企业)			
经营单位					
开户银行		银行账号			
随附文件	☐ 企业营业执照复印件 ☐ 批准证书/资格证书复印件 ☐ 组织机构代码证复印件 ☐ 其他 以上文件的复印件应加盖公章。				
申请单位公章： 法定代表人签字：		报检专用章： 填报人： 日期：　　年　　月　　日			
* 以下由出入境检验检疫机构填写： 企业备案登记代码：		经办人： 日期：　　年　　月　　日			

二、自理报检单位的变更、终止与年审

(一) 自理报检单位备案登记信息的变更

自理报检单位备案登记的信息如有变动，须及时向原备案登记机构提出更改申请，涉及自理报检单位的名称、地址和法定代表人的，由检验检疫机构重新颁发“自理报检单位备案登记证明书”。如不按规定办理更改手续，造成无法落实检验检疫等严重后果的，按相关法律法规的规定处理。自理报检单位信息变更程序如图 1—3 所示。

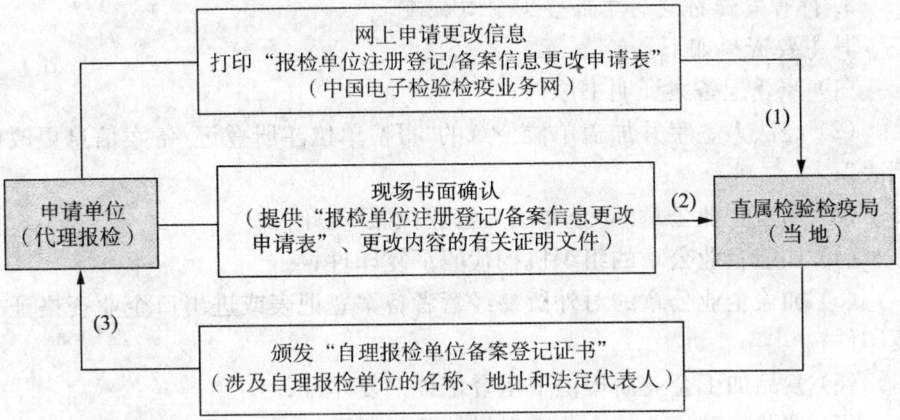

图 1－3　自理报检单位信息变更程序

自理报检单位备案登记(更改)申请办法如下：

1. 登录中国电子检验检疫业务网

输入(http://www.eciq.cn)网址，在“业务在线”栏的“审批类”中点击“自理报检单位备案登记(企业用户)”项，选择“已注册单位”，填写组织机构代码和登记号，登录，点击自理报检单位“更改申请”，进入“单位基本信息”页面，填写开户行和账号以及其他带“＊”而以前未填的项，并填写更改原因。

2. 提交申请数据

点击“申请”按钮，提交申请数据；进入操作结果说明，点击“打印”按钮，打印“报检单位注册登记/备案信息更改申请表”(见样例 1－8)。

样例 1－8

出入境检验检疫备案(注册)企业
更改申请表

申请日期：______年______月______日

企业名称					
注册(备案)登记号		联系人		联系电话	
更改内容	公章： 年　月　日				
检验检疫部门意见	经办人：　年　月　日				
备注					

3. 持有关资料到局本部咨询窗口核查

其主要资料如下：

(1) 原登记备案证明书原件；

(2) 经法人签字并加盖单位公章的"报检单位注册登记/备案信息更改申请表"；

(3) 加盖企业公章的"企业法人营业执照"复印件；

(4) 加盖企业公章的组织机构代码证复印件；

(5) 加盖企业公章的对外贸易经营者备案登记表或进出口企业资格证书复印件；

(6) 食品加工企业需提供卫生登记证书复印件；

(7) 涉及特殊行业的企业需提供特殊行业许可证。

(二) 自理报检单位备案登记终止

备案登记期满后，也须重新进行备案登记。备案登记如要终止，自理报检单位应以书面形式向原备案登记机构办理注销手续，经其核准后予以注销。

自理报检单位备案登记终止申请办法如下：

1. 登录中国电子检验检疫业务网

输入(http://www.eciq.cn)网址，在"业务在线"栏的"审批类"中点击"自理报检单位备案登记(企业用户)"项，选择"已注册单位"，填写组织机构代码和登记号，登录，点击自理报检单位"登记备案终止申请"，进入"单位基本信息"页面，填写更改原因。

2. 提交申请数据

点击页面下方的"申请"按钮，提交申请数据。进入操作结果说明，点击"打印"按钮，打印"报检单位终止登记备案申请表"。

3. 持下列有关资料到局本部咨询窗口办理注销手续

(1) 原登记备案证明书原件；

(2) 经法人签字并加盖单位公章的"报检单位终止登记备案申请表"。

(三) 自理报检单位备案登记年审

检验检疫机构对自理报检单位实行年审制度。申请单位通过中国电子检验检疫业务网(网址：www.eciq.cn)申请年审，打印出"自理报检单位备案年审申请表"(见样例1—9)，并持"自理报检单位备案年审申请表"、原发"自理报检单位备案登记证明书"到检验检疫机构进行现场审核。检验检疫机构受理后向其颁发统一加盖当地检验检疫局公章的"自理报检单位备案登记证明书"。"自理报检单位备案登记证明书"五年有效，到期后由自理报检单位申请换发新证。

样例 1－9

自理报检单位备案年审申请表

单位名称(盖章)

变更内容(如无变更,此栏可不填写)	单位名称	原				
		现				
	单位地址	原		邮编	原	
		现			现	
	联系人及电话号码	原		法人	原	
		现			现	
企业报检自查情况						

(正面)

(背面)

违规情况	
企业资信等级	
备注	1. 企业只填写正面。 2. “企业报检自查情况”栏填写既往两年来报检批次、货值、主要商品和违规情况等。

年　　月　　日

自理报检单位应遵守属地管理原则,如果自理报检单位及其已注册的报检员前往注册地以外的检验检疫机构报检时,由检验检疫机构核实其提供的自理报检单位备案登记信息后予以受理,并按照有关规定进行管理,无需在异地办理备案登记和报检员注册手续。

自理报检单位登记、变更、终止、年审程序如图 1－4 所示。

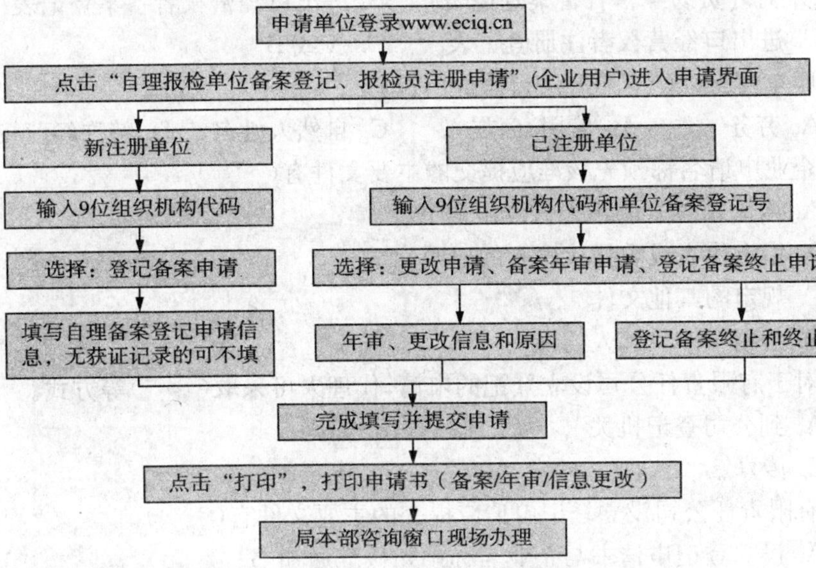

图 1－4　自理报检单位登记、变更、终止、年审程序

专业知识与操作技能训练

一、专业理论知识训练

(一) 不定项选择题

1. 国际贸易泛指国家(地区)与国家(地区)之间所进行的(　　)交换活动的总称。

A. 商品　B. 买卖双方　C. 劳务　D. 贸易

2. 根据我国《对外贸易法》与《对外贸易经营者备案登记办法》的规定,外贸经营权管理方式已由审批制改为(　　)。

A. 登记制　B. 备案登记制

C. 注册登记制　D. 注册与备案登记制

3. 对外贸易经营者在从事外经贸活动之前,应依法进行对外贸易经营者备案登记,申领(　　)。

A. 对外贸易经营者备案登记表　B. 进出口经营权者备案登记表

C. 进出口经营权者注册登记表　D. A 或 B

4. 股东不得以(　　)等进行作价出资。

A. 劳务　B. 信用、商誉　C. 自然人姓名　D. 特许经营权

5. 企业申请名称预先核准应提交的主要文件有(　　)。

A. 由公司签署的预先核准申请书

B. 指定代表或委托代理人的证明

C. 规定的其他文件

D. 公司全体发起人的证明

6. 对于有限责任公司设立登记的申请,代理人可采取(　　)等方式。

A. 到公司登记机关　B. 信函

C. 传真　D. 电子邮件

7. 有限责任公司设立登记申请应提交的主要文件有(　　)。

A. 设立登记申请书与企业名称预先核准通知书

B. 委托代理人的证明

C. 验资证明与公司住所证明

D. 公司章程与公司董事、监事、经理的姓名与住所的文件

8. 公司登记机关对企业设立登记的申请材料核准无误后，按其注册资本总额的（　　）收取设立登记费，并颁发“企业法人营业执照”。

A. 0.2‰　　B. 0.4‰　　C. 0.6‰　　D. 0.8‰

9. 变更公司名称、法定代表人、实收资本和经营范围，应在作出变更决定之日起（　　）内申请变更登记。

A. 15 日　　B. 30 日　　C. 45 日　　D. 60 日

10. 报检单位按其登记的性质，可分为（　　）。

A. 货代公司　　B. 代理报检单位

C. 专业报检单位　　D. 自理报检单位

（二）判断题

1. 外贸经营权管理方式已由审批制改为备案登记制，凡依法办理工商登记的法人、其他组织或者个人，都可直接从事对外贸易业务。（　　）

2. 设立有限责任公司应由全体股东指定的代表或者共同委托的代理人向公司登记机关申请名称预先核准。（　　）

3. 公司登记机关对企业名称不予以核准的，出具“驳回通知书”，申请人不得提起行政复议或行政诉讼。（　　）

4. 公司登记机关对通过信函、传真和电子邮件等方式提出设立企业申请的，自收到申请文件和材料之日起 7 日内作出是否受理的决定。（　　）

5. “企业法人营业执照”的签发日期为公司成立日期。（　　）

6. 变更登记事项涉及“企业法人营业执照”载明事项的，应向原公司登记机关申请换发营业执照。（　　）

7. 根据我国《公司登记管理条例》的规定，公司登记机关每 2 年对公司进行年度检验。（　　）

8. 取得对外贸易经营者备案登记表的境内企业法人、个人独资和合伙企业，为进行对外贸易，必须向出入境检验检疫机构办理备案登记事宜。（　　）

9. 已经办理对外贸易经营者备案登记的企业人员都可申领“原产地证明书”。（　　）

10. 办理出口收汇核销备案登记可在第一笔出口业务需要领取核销单时，到外汇局同时办理。（　　）

（三）简答题

1. 简述对外贸易经营者备案登记的主要程序。

2. 简述对外贸易经营者海关注册登记的主要程序。

二、操作技能训练

（一）业务背景

上海永胜集团公司计划筹建广州纺织品进出口公司，为了取得企业法人资格，能够顺利地从事进出口业务，为此广州纺织品进出口公司要分别办理相应的注册、备案登记手续。

（二）操作资料

筹建公司名称：广州纺织品进出口公司（法人代表为单明华）

公司地址：广州市北京路530号

TEL：(020)64043030　　FAX：(020)64043031

（三）操作要求

请你以广州纺织品进出口公司业务员王伟的身份，根据本章学习的理论知识填写进出口公司必须办理的注册和备案登记手续。

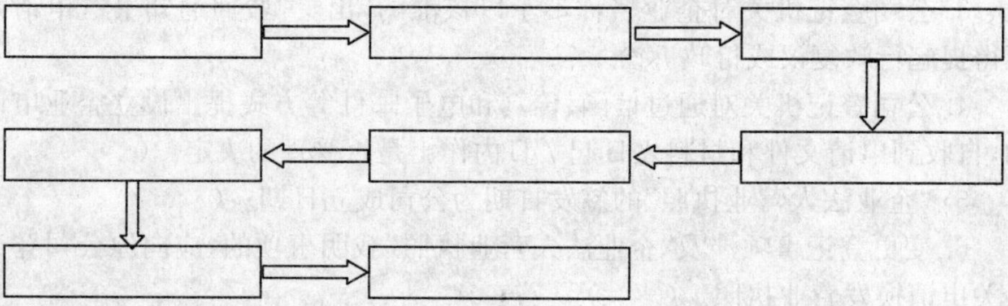

项目二　出口贸易合同的商订

学习与考证要点

- 寻找贸易机会的主要途径
- 交易磋商的主要环节及其内容
- 构成有效发盘和接受的基本条件
- 签订书面合同应注意的问题
- 了解书面贸易合同的主要内容

业务背景

方正进出口贸易公司是一家民营股份制企业，主要经营轻工产品和棉纺织品等进出口业务。作为商场上的一名新人，方正先生在前辈的指点下首先创建公司网站，在本公司网站上发布自己经营的产品和服务信息，并通过各种渠道寻找商机，与具有意向的贸易伙伴进行交易磋商，签订贸易合同。

工作任务一　交易磋商前的准备工作

业务导入

在出口贸易中，国际市场的情况变幻莫测，错综复杂，对我国各种出口商品的需求也不尽相同。为了尽可能取得对外出口贸易业务的成功，获取最大的经济利益，在正式交易前，应开展对国际市场的调研工作，积极寻找贸易机会，编制出口计划并组织好出口货源的准备工作。

一、编制出口计划

在交易磋商前，要对有关商品的国际市场进行仔细的调研，掌握市场的供求信息、价格动态和各国相关的政策法规，以便选择合适的目标市场，编制好出口计划。为此，需要开展对市场适销品种、市场供求关系和市场价格三方面的调研工作。

（一）对市场适销品种的调研

在国外同一销售市场上，销售着各国同类的商品。而这些商品在品质、规格、花色品种、包装装潢等方面都不完全相同，对市场的适销情况也不一样，对此，应该及时掌握。同时，要研究国际市场畅销品质的特点，了解国外产品的先进生产技术和先进工艺水平，听取国外经营者和消费者对我出口商品的品质、规格等方面的意见，以便协助生产部门研究改进，以利扩大出口。

（二）对市场供求关系的调研

国际市场商品的供求关系是受社会再生产周期发展规律和商品生产周期的长短及季节性变化等多方面因素的影响而经常变化的，时而供过于求，时而供不应求。同时，消费者的习惯爱好等多方面因素，对供求关系的变动也有一定的影响。我们应根据市场供求变动的规律，并结合我国商品供应的可能，选择最适当的目标市场。

（三）对市场价格的调研

国际市场价格除围绕国际价值经常上下波动外，还经常受政治、文化、经济和自然的多种因素的影响，例如，市场供求关系和国家的政策、措施等变化，都会引起市场价格的波动。我们必须具体分析这些因素，并根据价格变动趋势，选择在最有利的市场来推销商品。

二、寻找贸易机会

（一）寻找贸易机会的主要途径

1. 利用互联网络营销

在国际贸易的实践中，常用的网络营销方法主要有：

(1) 网址推广与网络品牌建立

网址推广与网络品牌建立是网络营销的核心工作。网络品牌的建立必须与网址推广联系在一起。只有在互联网上建立并推广企业的品牌，才能将企业的网下品牌在网上得以延伸，达到顾客和公众对企业的认知和认可，从而快速树立品牌形象，提升企业整体形象。

(2) 信息发布与获取

网站是一种信息载体，通过网站发布信息是网络营销的基本职能。其形式主要有：免费发布信息，根据企业产品或服务的特性在相关网站中发布，如在阿里巴巴全球贸易网免费发布信息，有时会取得意想不到的效果；检索商品信息，互联网是一个信息的海洋，可利用搜索引擎查询你所需的信息，寻找潜在客户；加入专业经贸信息网和行业信息网，行业信息网汇集了整个行业的资源，为供应商和客户了解行业信息提供了巨大方便，形成了一个网上虚拟的专业市场，可带来潜在的收益。

2. 参加展览会

参加展览会是推销自己、寻找客户的很好的方法，其主要展览会如下：

(1) 中国进出口商品交易会

中国进出口商品交易会的前身是中国出口商品交易会，又称广交会，创办于 1957 年春季，每年春秋两季在广州举办，迄今已有 50 年的历史，是中国目前历史最长、层次最高、规模最大、商品种类最全、到会客商最多、成交效果最好的综合性国际贸易盛会。

2006 年 10 月 15 日，温家宝总理在第 100 届中国出口商品交易会开幕式上宣布，将“中国出口商品交易会”更名为“中国进出口商品交易会”，其意味着参展内容进一步扩大，国际影响更广。

相关知识链接　中国进出口商品交易会参展指南

中国进出口商品交易会实行“省市组团、商会组馆、馆团结合、行业布展”的组展方式，按行政区域及中央部委系统设50个交易团，参展商按其所在行政区域或系统参加交易团。展位由交易团、联合交易团分团负责安排，招展性展位由商/协会负责安排。

1. 参展单位的资格和条件

(1) 依法取得法人营业执照，依法进行外贸经营者备案登记，并已办理进出口企业代码。

(2) 具有所申请参展展区的协调管理商会或外资协会会员资格。

(3) 上一年度中国进出口商品交易会统计的出口金额须达到规定的参展商最低出口金额标准。

(4) 申请参展的商品符合中国进出口商品交易会相关展区展品范围的要求。

(5) 无严重违反中国进出口商品交易会各项管理规定的行为，无严重侵犯知识产权，无涉及知识产权纠纷或贸易合同纠纷，无违规转让或转租(卖)展位等。

(6) 无违法的记录。

2. 参展申请

参展单位在规定时限内，按所在行政区域或系统向相关交易团、联合交易团分团提出参展申请。

(2) 中国华东进出口商品交易会

中国华东进出口商品交易会(简称“华交会”，http://www.east-china-fair.com)是中国规模最大、客商最多、辐射面最广、成交额最高的区域性国际经贸盛会，由上海市、江苏省、浙江省、安徽省、福建省、江西省、山东省、南京市、宁波市9省市联合主办。自1991年以来，华交会已成功举办了16届。第16届华交会展览面积达10.35万平方米，设标准摊位5 346个，有来自全世界142个国家或地区的逾2.37万名客商和国内10万余名专业客户到会洽谈，出口成交总额达33.21亿美元。

参展步骤：通过展会计划查询以及商展计划查看展览会的介绍、展会新闻和往届回顾，选择你感兴趣的展览会；直接在网站上进行在线报名；参展申请被确认后，须提供公司介绍和参展产品。

3. 利用工商名录

国际工商名录收录了各国著名的贸易公司、商号的名称、电传、电话、传真的号码，电子邮件地址，公司的地址，主要经营项目及历史经营情况。例如，《康帕斯国际工商指南》收录了70个国家150万家公司的名录，有书与光盘，每年更新，从中能获取最需要的第一手信息。

4. 通过驻外机构介绍

可通过我驻外商务机构、领事馆和有关人员的介绍认识新客户，也可利用各大公司在国外设立的分公司或通过有关国家的商会、工业协会和国际友好组织，寻找更多的贸易机会。

5. 出国考察

出国考察或参加国外举办的国际商展，拓展社交的空间，结识客户，获取贸易契机。

6. 其他途径

(1) 与来华的外国经济访问团、市场调查团、参加国际展览会的国外客商进行洽谈，选择贸易对象。

(2) 通过在有国际影响的报纸杂志上刊登广告，征求客户。

(3) 利用联合国采购、跨国采购等平台寻找贸易机会。

(二) 建立客户网络

为了保证交易的成功，在开展对市场适销品种、市场供求关系和市场价格调研的基础上，选择资信程度好、经济实力强的贸易伙伴，对不同资信程度的客户进行分类，建立客户的信息档案，形成一个广泛的、稳定的客户群，这是确保商战获胜的关键。

三、组织出口货源

组织出口货源应在市场调查的基础上，按照出口计划的要求，对某类商品在一定时期内出口的数量给予落实。组织出口货源时，应考虑四方面的因素：(1)关注国内生产和供应能力，了解出口商品的品种、规格等货源情况。(2)掌握国外市场的情况，主要是国外市场对商品的需求和该商品价格的变动趋势。(3)综合分析前一个时期的出口经营情况，调整出口产品的供应结构。(4)应在国外进行有关商标的注册，维护好自身的经济利益。

四、加入中国商品网发布或获取商品信息的实例

中国商品网中的中国商品、世界买家、供求合作三个栏目与国际贸易的关系非常密切，下面仅介绍中国商品栏目。该栏目是展示中国商品的公共平台，以“中国商品数据库”为基础，提供了 7 000 多种产品分类查询，并配备高效、准确的快速查询工具，实现国内外商务人士寻找产品供应商，建立产业供应链的意愿。加入中国商品数据库的方法如下：

1. 连接 Internet，录入 http://ccn.mofcom.gov.cn，进入该网站。

2. 点击标题栏上“中国商品”条目，再点击 中国商品库左边的“我要加入”按钮。

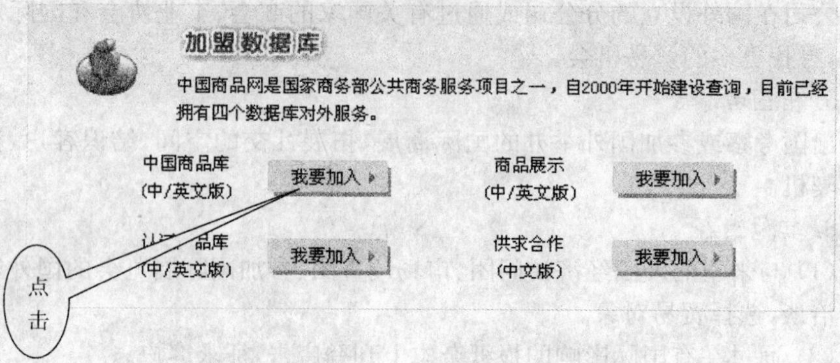

3. 点击“中国商品数据库在线入库”。

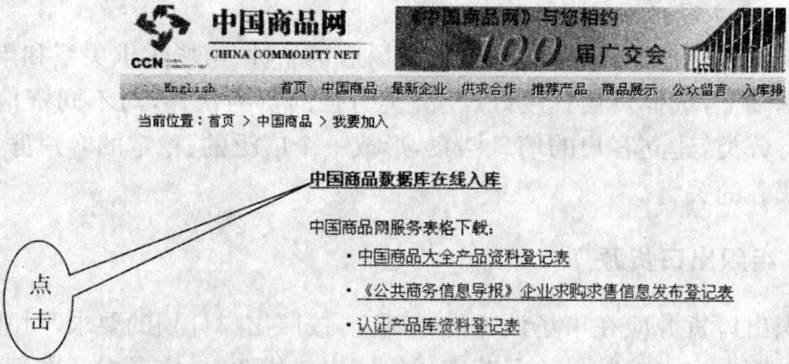

4. 输入企业名称关键字，按“检索”按钮，如未找到，点击“添加企业信息”按钮。

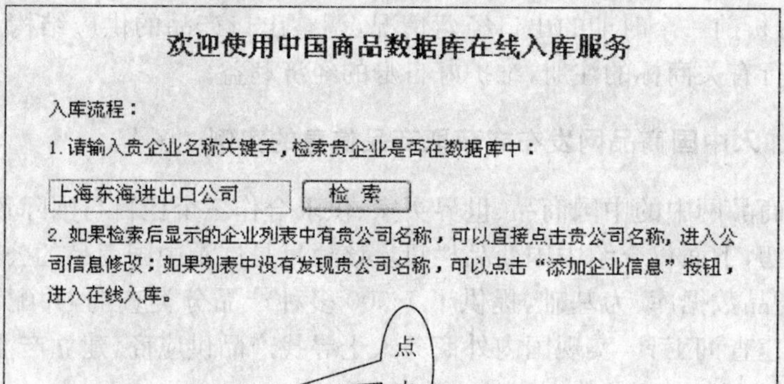

5. 在阅读说明后，按“我明白了，开始入库”按钮，就可输入。

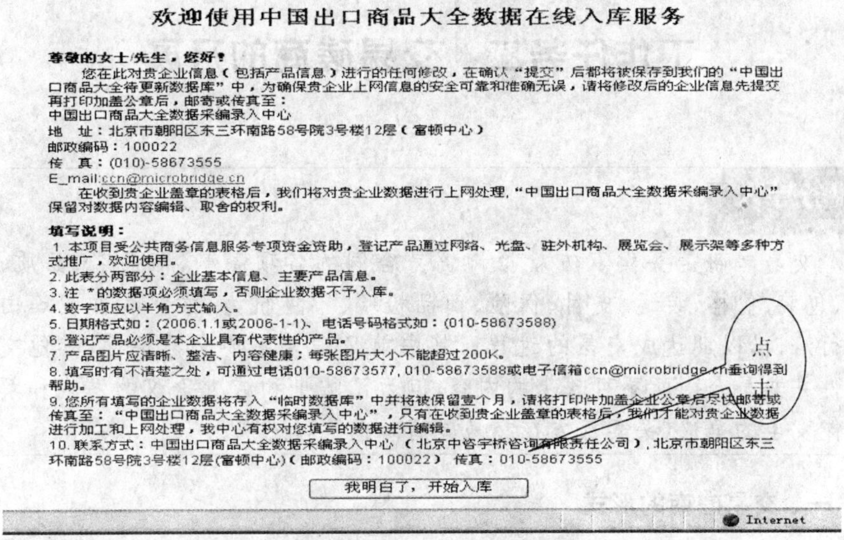

欢迎使用中国出口商品大全数据在线入库服务

尊敬的女士/先生，您好！

您在此对贵企业信息（包括产品信息）进行的任何修改，在确认“提交”后都将被保存到我们的“中国出口商品大全待更新数据库”中，为确保贵企业上网信息的安全可靠和准确无误，请将修改后的企业信息先提交再打印加盖公章后，邮寄或传真至：

中国出口商品大全数据采编录入中心

地　址：北京市朝阳区东三环南路58号院3号楼12层（富顿中心）

邮政编码：100022

传　真：(010)-58673555

E_mail:ccn@microbridge.cn

在收到贵企业盖章的表格后，我们将对贵企业数据进行上网处理，“中国出口商品大全数据采编录入中心”保留对数据内容编辑、取舍的权利。

填写说明：

1. 本项目受公共商务信息服务专项资金资助，登记产品通过网络、光盘、驻外机构、展览会、展示架等多种方式推广，欢迎使用。
2. 此表分两部分：企业基本信息、主要产品信息。
3. 注 *的数据项必须填写，否则企业数据不予入库。
4. 数字项应以半角方式输入。
5. 日期格式如：(2006.1.1或2006-1-1)、电话号码格式如：(010-58673588)
6. 登记产品必须是本企业具有代表性的产品。
7. 产品图片应清晰、整洁、内容健康；每张图片大小不能超过200K。
8. 填写时有不清楚之处，可通过电话010-58673577, 010-58673588或电子信箱ccn@microbridge.cn垂询得到帮助。
9. 您所有填写的企业数据将存入“临时数据库”中并将被保留壹个月，请将打印件加盖企业公章后尽快邮寄或传真至：“中国出口商品大全数据采编录入中心”，只有在收到贵企业盖章的表格后，我们才能对贵企业数据进行加工和上网处理，我中心有权对您填写的数据进行编辑。
10. 联系方式：中国出口商品大全数据采编录入中心（北京中咨宇桥咨询有限责任公司），北京市朝阳区东三环南路58号院3号楼12层(富顿中心)（邮政编码：100022）传真：010-58673555

6. 按要求输入企业基本信息和主要产品信息。

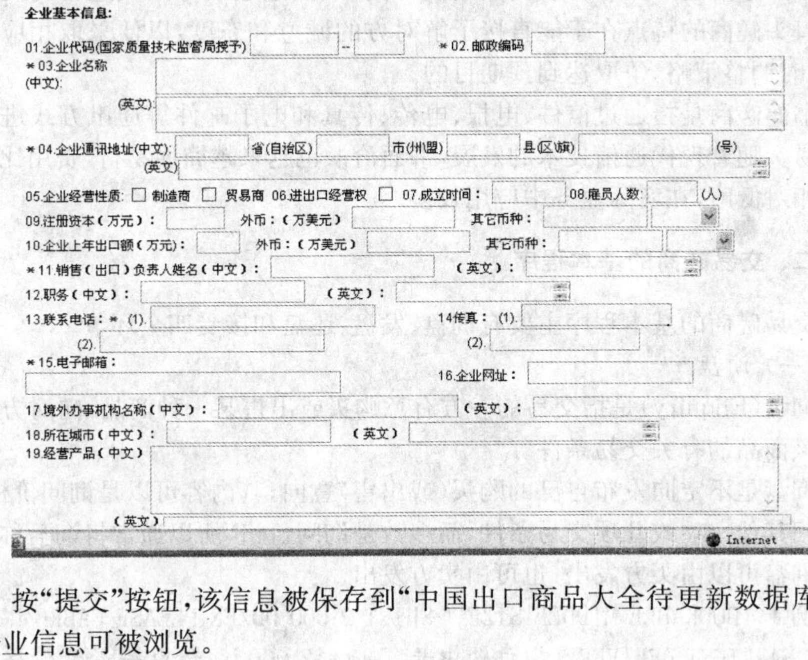

按“提交”按钮，该信息被保存到“中国出口商品大全待更新数据库”中，该企业信息可被浏览。

工作任务二　交易磋商的开展

业务导入

交易磋商是买卖双方就拟订贸易合同的各项条款，即品名、品质、数量、包装、价格、装运、支付、保险、商品检验、不可抗力、索赔和仲裁等内容进行洽谈，以期达成交易的过程。其中前7项为主要交易条件，其他交易条件并非是合同所不可缺少的内容，但为了防止和减少争议的发生和解决可能发生的争议，买卖双方在交易磋商时也不容忽视。

一、交易磋商的形式

交易磋商分为口头磋商和书面磋商两种形式。

口头磋商主要是指在谈判桌上面对面，或通过电话等形式进行的交易磋商。口头磋商的特点在于能直接了解对方的诚意和态度，以便采取相应的对策，及时调整策略，争取达到预期目的。

书面磋商是指通过信件、电报、电传、传真和电子邮件等通讯方式进行洽谈交易。随着现代通信技术的发展，书面洽谈也越来越简便易行，费用比口头磋商相对低廉，在实际业务中应用较多。

二、交易磋商的基本程序

交易磋商的基本程序主要有询盘、发盘、还盘和接受四个环节。

(一) 询盘

询盘(Enquiry)是指交易的一方有意购买或出售某一种商品，向对方询问买卖该商品的有关交易条件。

询盘是不定向发布自己的购买(或出售)意向，其内容可以是询问价格，也可询问其他一项或几项交易条件，而多数是询问价格，所以通常将询盘称作询价。询盘可以由买方发出，也可由卖方发出。

例1　BOOKABLE MIDDLE SIZE T-SHIRT 2 000 DOZEN PLEASE CABLE LOWEST PRICE EARLIEST DELIVERY(拟订购中号T恤衫2 000打，请电告最低价格和最快交货期)。

例 2 CAN SUPPLY T-SHIRT MARCH SHIPMENT CABLE INTERESTED(可供 T 恤衫 3 月装,如有兴趣请电告)。

询盘对于询盘人和被询盘人均无法律上的约束力,而且不是交易磋商的必经环节。但是,它往往是一笔交易的起点,所以作为被询盘的一方,应对接到的询盘给予重视,并及时作出适当的处理。

(二)发盘

发盘(Offer)又称报价,在法律上称为“邀约”,是买卖双方中的一方向对方提出各项交易条件,并愿意按这些条件达成交易、订立合同的一种肯定表示。《联合国国际货物销售合同公约》认为:“向一个或一个以上特定的人提出的订立合同的建议,如果十分确定并且表明发盘人在得到接受时承受约束的意旨,即构成发盘”。

例如,OFFER MIDDLE SIZE T-SHIRT 120 PACKED IN CARTONS OF 10 DOZ EACH STERLING FORTY PER DOZEN CIF LONDON DECEMBER SHIPMENT IRREVOCABLE SIGHT L/C SUBJECT REPLY REACHING US FIFTEENTH(兹发中号 T 恤衫 120 纸箱,每箱 10 打,每打 40 英镑 CIF 伦敦,12 月装,即期不可撤销信用证支付,限 15 日复到我方)。

在实际业务中,发盘通常是一方在收到对方的询盘之后提出的,也可直接发出。发盘多由卖方发出,习称售货发盘(Selling Offer),也可是买方发出,习称购货发盘(Buying Offer)或递盘(Bid)。

1. 构成发盘的条件

构成一项有效的发盘,必须具备下列四项条件:

(1) 发盘应向一个或一个以上特定的人提出

所谓“特定的人”,是指在发盘中指明个人姓名或企业名称的受盘人。而普通的商业广告或向外商寄发商品目录或价目表或其他宣传品,不是针对“特定的人”,因而不构成发盘行为。

(2) 发盘的内容十分确定

《联合国国际货物销售合同公约》规定,一项订立合同的建议“如果写明货物并且明示或暗示地规定数量和价格或规定如何确定数量和价格,即为十分确定”。但为了防止误解和可能发生的争议,在实际业务中,我们在对外发盘时,最好将品名、品质、数量、包装、价格、装运和支付条件等主要交易条件详细列明。

(3) 表明发盘人受其约束

发盘人应在发盘中明确向对方表示,愿按发盘的条件与对方订立合同的意思。如果发盘人只是就某些交易条件建议同对方进行磋商,而根本没有受其建议约束的意思,就不能被认为是一项有效的发盘。

(4) 传达受盘人

发盘必须被传达到受盘人时才生效。例如,发盘人用信件或电报向受盘人发盘,如该信件或电报在传递中遗失,以致受盘人未能收到,则该发盘无效。

2. 发盘的有效期

发盘的有效期(Duration of Offer)是指给予对方表示接受的时间限制,超过发盘规定的时限,发盘人即不受约束。

发盘人对发盘有效期可作明确的规定。例如,采用口头发盘时,除发盘人发盘时另有声明外,受盘人只能当场表示接受方为有效;采用函电成交时,可规定最迟接受的期限(如限5月31日复到此地),或规定一段接受的期限(如发盘有效期为10天)。如果发盘中没有明确规定有效期,受盘人应在合理时间内接受。

3. 发盘的撤回

发盘的撤回(Withdrawal of Offer)是指发盘人将尚未为受盘人收到的发盘予以取消的行为。

《联合国国际货物销售合同公约》规定,一项发盘只要撤回通知先于发盘或与发盘同时到达受盘人,该发盘就可被撤回。在实际业务中,发盘人因市场的变化需要修改发盘的内容时,就应用更快捷的方法将原发盘撤回。在现代通讯技术发达的时代里,贸易商都采用传真和电子邮件等方式进行发盘,撤回较困难,故须对发盘的内容作好事先周密的考虑。

4. 发盘的撤销

发盘的撤销 (Revocation of Offer) 是指发盘人将已经为受盘人收到的发盘予以取消的行为。

《联合国国际货物销售合同公约》第16条规定:“在未成立合同之前,发盘可以撤销,如果撤销通知于受盘人发出接受通知之前到达受盘人。但在下列情况下,发盘不得撤销:(a)发盘表明接受期限或以其他方式表示发盘是不可撤销的;(b)受盘人有理由信赖该发盘是不可撤销的,而且已本着对该发盘信赖行事。”

5. 发盘的终止

发盘的终止 (Termination) 是指发盘法律效力的消失。

在实际业务中,造成发盘终止的原因主要有:(1)受盘人作出还盘;(2)发盘人依法撤销发盘;(3)发盘中规定的有效期届满;(4)人力不可抗拒的意外事故造成发盘的失效;(5)在发盘被接受前,当事人丧失行为能力或死亡或法人破产等。

6. 区分发盘和发盘的邀请

发盘是一项肯定的订约建议,构成有效的发盘必须具备上述四项条件,特别是"发盘的内容十分确定"和"表明发盘人受其约束"这两项。发盘的邀请则是一项不肯定的订约建议,不具备构成发盘所必需的四项条件。虽然发盘的邀请也可向一个或一个以上的特定的人做出,并送达对方,即使对方立即无条件同意发盘中所提出的全部条件,作出发盘邀请的一方也不承担与对方订立合同的义务。同时,发盘邀请的内容也不是"十分确定"的,即所含的交易条件是不明确的,或者不是终局性的。

议题一

上海外贸公司欲向美商密斯公司出口服装一批,于当年6月10日向该公司发盘,限6月30日复到有效。6月20日上海外贸公司接到总公司的通知,该服装价格即日起提高20%,于是告知密斯公司6月10日的发盘无效。6月22日密斯公司经研究来电表示:"我方无条件接受6月10日发盘的条件。"请分析,上海外贸公司6月10日的发盘仍有效吗?为什么?

(三) 还盘

还盘(Counter-offer)是指受盘人在接到发盘后,不同意或不完全同意发盘人在发盘中提出的条件,为了进一步磋商交易,对发盘提出修改意见。

例如,YOURS OFFER-PRICE TOO HIGH COUNTER-OFFER US DOLLARS THIRTY REPLY FOURTEENTH(你方报价太高还盘30美元限14日复)。

贸易谈判中,一方在发盘中提出的条件与对方能够接受的条件不完全吻合的情况是经常发生的。虽然从法律上讲,还盘并非交易磋商的必经环节,但在实际业务中,还盘却时常发生。有时一项交易须经过还盘、再还盘……才能最终达成。需要注意的是,从法律意义上说,还盘是对发盘的一种拒绝,还盘一经做出,原发盘即失去效力,发盘人不再受其约束。一项还盘等于是受盘人向原发盘人提出的一项新的发盘。

(四) 接受

接受(Acceptance)在法律上称"承诺",是买方或卖方同意对方在发盘中提出的各项交易条件,并愿按这些条件与对方达成交易、订立合同的一种肯定的表示。一方发盘经另一方接受,交易即告达成,双方就应分别履行其所承担的合同义务。

表示接受，一般用“接受”（Accept）、“同意”（Agree）和“确认”（Confirm）等术语，例如，YOURS FIFTEENTH WE ACCEPT（你方 15 日电我方接受）。

1. 构成接受的条件

构成一项有效的接受，必须具备以下条件：

（1）接受必须由受盘人做出

这一条件与发盘必须向特定的人发出是相对应的，因此，接受也只能由受盘人做出，才具有效力。其他任何人对发盘表示同意，不能构成接受，合同也就不会成立。

（2）接受必须表示出来

接受必须以口头或书面的形式向发盘人明确表示，还可用行为表示接受。例如，某进口商向出口商发盘，由于发盘内容明确，所列条件又符合出口商的要求，出口商接到发盘后，马上将货物装运出去；或买方同意卖方在发盘中提出的交易条件，并随即支付货款或开出信用证。

在实际业务中，发盘人如果以口头形式发盘，受盘人一般以口头形式表示接受。发盘人如果以书面形式发盘，受盘人则应以书面形式表示接受。

（3）接受必须在发盘的有效期内传达到发盘人

发盘中规定有效期是约束发盘人承担义务，在有效期内不能任意撤销或修改发盘的内容。同时，受盘人只有在有效期内作出的接受，才具备法律效力。如果发盘没有规定接受的时限，则受盘人应在合理时间内表示接受。

（4）接受必须与发盘相符

从原则上讲，接受必须是无条件地同意发盘的全部条件，才能达成交易，订立合同。在实际业务中，常有这种情况，受盘人在答复中使用了“接受”、“同意”等字眼，但又对发盘的商品价格、付款、质量、数量、交货地点和时间等实质性的内容做了增加、限制或修改，这在法律上不能构成有效的接受，其实质仍属于还盘。如果是属于非实质性的变更，除发盘人及时向受盘人表示反对外，仍可构成接受，合同得以成立。对此，《联合国国际货物销售合同公约》也作了明确的规定：“对发盘表示接受但载有添加或不同条件的答复，如所载的添加或不同条件在实质上并不变更该项发价的条件，除发价人在不过分迟延的期间内以口头或书面通知反对期间的差异外，仍构成接受。如果发价人不做出这种反对，合同的条件就以该项发价的条件以及接受通知内所载的更改为准。”

点评：

- 接受必须在发盘的有效期内作出。
- 接受必须是肯定确切的表示。
- 一旦接受，合同即告成立。

工作任务三　出口贸易合同的订立

业务导入

买卖双方进行交易磋商，无论是通过口头磋商还是书面磋商，只要当任何一方作出的发盘被另一方接受时，在法律上就确立了合同关系。

在我国对外贸易业务中，合同或确认书通常都为一式两份，由双方合法代表分别签字后各执一份，作为合同订立的证据和履行合同的依据。

一、有效合同成立的条件

一般来说，一项有法律约束力的合同，需具备下列五个条件：

（一）当事人必须在自愿和真实的基础上达成协议

法律上把当事人的意思表示一致分解为要约和承诺。当要约人用明示的方式向受约人提出要约，要约一经承诺，合同即告成立。我国《合同法》明确规定："合同当事人的法律地位平等，一方不得将自己的意志强加给另一方"；"当事人依法享有自愿订立合同的权利，任何单位和个人不得非法干预"。可见，贸易合同必须建立在当事人自愿和真实的基础上。

（二）当事人必须具有订立合同的行为能力

一般来说，具有法律行为能力的人是指登记注册的企业法人和自然人中的法定成年人。没有法律行为能力的人，或限制法律行为能力的人，如未成年人、精神病患者等，都被视为没有签订合同能力的人。各国法律一般都规定缺乏订约能力的人所订立的合同，根据情况可以撤销或宣布无效。

（三）合同必须有对价和合法的约因

所谓"对价"(Consideration)，是指当事人为了取得合同利益所付出的代价，这是英美法的概念。例如，在买卖合同中，买方得到卖方提供的货物必须支付货款，而卖方取得买方支付的货款必须交货，买方支付和卖方交货就是买卖合同的“对价”。

所谓“约因”(Cause)，这是法国法律的概念，“约因”与英美法中的“对价”相类似，是指当事人签订合同所追求的直接目的。

买卖合同在具有“对价”和“约因”的情况下，才是有效的。无“对价”或无“约因”的合同，是得不到法律保护的。

议题四

某企业为了避免和减少本产品因制假所带来的损失，登报启事：对任何举报制假者或制假地的企业和个人给予重奖。某工商部门在执法时，发现了制假单位并没收了该生产工具。请分析，该工商部门是否可以向企业收取酬金呢？

（四）合同标的和内容必须合法

几乎所有国家的法律都要求当事人所订立的合同必须合法，合法是合同的基本性质。凡是违反法律、违反公共秩序或公共政策以及违反善良风俗或道德的合同，一律无效。我国《合同法》规定：“当事人订立、履行合同，应当遵守法律、行政法规，尊重社会公德，不得扰乱社会经济秩序，损害社会公共利益。”

议题五

某地出口商为了加强在本地的商品竞争，欲雇他人实施暴力将同行驱逐出该地，与他人签订了雇凶协议，并明确表示对施暴者支付酬金。请分析，该协议是否有效？为什么？

（五）合同必须符合法律规定的形式

世界上大多数国家，只对少数合同要求按法律规定的特定形式订立，而对大多数合同形式一般不从法律上规定。《联合国国际货物销售合同公约》规定：“买卖合同无须以书面订立或证明，在形式方面不受任何其他条件的限制，买卖合同可以包括人证在内的任何方法证明。”可见，《联合国国际货物销售合同公约》对国际货物买卖合同的形式不加以限制，无论采用书面或口头方式，均不影响合同的效力。

我国《合同法》规定：“当事人订立合同，有书面形式、口头形式和其他形式。法律、行政法规规定采用书面形式的，应当采用书面形式。当事人约定采用书面形式的，应当采用书面形式。”根据这项规定，我国对国际货物买卖合同的形式，原则上也不加以限制，但如果法律、行政法规规定及当事人约定采用书面形式时，应当采用书面形式。

二、出口贸易合同的签订

在国际贸易实践中，买卖双方进行交易磋商，无论是通过口头磋商还是书面磋商，当交易达成后，买卖双方往往还需要签订一份正式的书面合同，将双方的权利、义务等明文规定下来。

（一）书面合同的作用

1. 作为合同成立的证据

按照各国法律的要求，凡是合同都须能被证明，提供证据，以证明合同关系的存在。当双方在事后发生争议提交仲裁或诉讼时，仲裁庭和法庭也要先确定双方之间是否已建立了合同关系，将要求当事人对合同处理提供证据。用函电磋商达成的交易，证据自然不成问题。但是对于通过口头谈判达成的交易，书面合同的作用就特别明显了。如不用一定的书面形式加以确定，合同将由于不能被证明而难以得到法律的保障。因此，尽管许多国家的法律并不否认口头合同的效力，但在国际贸易中，一般多要求签订书面合同，“空口无凭，立字为据”的意义也在于此。

2. 合同履行的依据

在国际贸易中，合同的履行涉及企业内的许多部门，涉及外部的许多相关机构，如运输公司、保险公司、银行等，过程也相当复杂。口头合同如不转变成书面合同，几乎无法履行。即使通过信件、电报、电传等达成交易，如不将分散于多份信函、电报或电传中的双方协议一致的条件集中归纳到一份书面合同上来，也将难以正确履行合同。因此，买卖双方不论通过口头还是书面磋商，在达成交易后，双方都要求将商定的交易条件、各自应享受的权利和承担的义务，全面清晰地在一个文件上用文字规定下来，作为履行合同的依据。

3. 合同生效的条件

在一般情况下，合同的生效是以接受生效为条件的，只要接受生效，合同就成立。但是在下述两种特定的情况下，书面合同就作为合同生效的条件了。

首先，如果在交易磋商时，买卖双方的一方曾声明并经另一方同意，合同的成立以双方签订正式书面合同或确认书为准，在这种情况下，即使双方已对交易条件全部取得一致意见，在正式书面合同或确认书签订之前，还不存在法律上有效的合同。这样，正式书面合同或确认书的签署就成为合同生效必不可少的条件了。

其次，根据国家法律或政府政策的规定必须经政府部门审核批准的合同，也必须是正式书面合同。此类合同生效时间应为授权机构批准之日，而并非双方当事人在合同上签字的日期。

（二）书面合同的形式

书面合同形式主要有正式的合同（Contract）和确认书（Confirmation），也有协议（Agreement）、备忘录（Memorandum），实际业务中还有订单（Order）和委托订购单（Indent）等形式。

在我国出口业务中，书面合同主要采用两种形式：一种是条款完备、内容较全面的正式合同，如销售合同（Sales Contract）；另一种是内容较简单的简式合同，如销售确认书（Sales Confirmation）。

1. 合同

合同（Contract）的内容比较全面，除商品的名称、规格、包装、数量、单价、装运港和目的港、交货期、付款方式、运输标志、商品检验等条款外，还有异议索赔、仲裁、不可抗力等条款。它的特点在于：内容比较全面，对双方的权利和义务以及发生争议后如何处理，均有详细的规定。签订这种形式的合同，对于明确双方的责任、避免争议的发生都是有利的。因此，对大宗商品或成交金额较大的交易，一般应采用这种合同形式。

2. 销售确认书

销售确认书（Sales Confirmation）属于一种简式合同，其内容一般包括商品名称、规格、包装、数量、单价、交货期、装运港和目的港、付款方式、运输标志、商品检验等项主要条款。对于异议索赔、仲裁、不可抗力等条款，一般都不予列入。这种格式的合同，使用于金额不大，批数较多的小土特产品和轻工产品，或者已订有代理、包销等长期协议的交易。

上述两种形式的合同，虽然在格式、条款项目和内容的繁简上有所不同，但在法律上具有同等效力，对买卖双方均有约束力。

（三）书面合同的内容

进出口贸易合同的基本内容由约首、正文和约尾三部分组成。

1. 约首

约首是合同的首部，包括合同的名称、合同号数、订约的日期、行约地点、买卖双方的名称和地址及序言等内容。

2. 正文

正文是合同的主体和核心，具体列明各项交易的条件。其主要条款有：(1)品名条款；(2)品质规格条款；(3)数量条款；(4)包装条款；(5)价格条款；(6)支付方式；(7)运输条款；(8)保险条款；(9)检验条款；(10)不可抗力条款；

(11)索赔条款;(12)仲裁条款。

3. 约尾

约尾是合同的结尾部分,包括合同适用的法律和惯例、合同的有效期、合同的有效份数及保管办法、合同使用的文字及其效力、双方代表的签字等内容。有时,缔约地点、缔约时间也出现在约尾。

三、签订书面合同应注意的问题

签订书面合同是一项具体、复杂而又特别重要的工作,在操作过程中要特别注意以下几个问题:

(一) 要注意合同各条款间的内在联系

合同是一个有机整体,各个条款之间应相互衔接,保持一致,不应出现相互矛盾的内容。例如,合同中规定采用 CIF 术语,同时又规定出口方必须保证货物于×月×日前到达目的港。这实际上已经否定 CIF 术语的作用,增加了出口方的责任与风险。

(二) 合同条款要完善和明确

首先,合同条款一定要订得具体、完善,防止错列和漏列主要事项。其次,合同的文字要简练、严谨、明确,切忌使用模棱两可或含混不清的词句和文字。

(三) 必须符合我国有关的法律和法规的规定

我国对外签订的国际货物买卖合同都必须遵守我国的法律规定,不符合我国法律规定的合同将视为无效,不能得到我国法律的承认和保护。

(四) 必须贯彻我国的各项对外政策

目前,对外贸易已经成为各国对外关系的一个十分重要的方面,“政治问题贸易化”或“贸易问题政治化”的现象越来越普遍化。我国奉行独立自主的对外政策,愿意在和平共处五项原则的基础上发展与各国、各地区的经济和贸易关系。为此,对外签订贸易合同必须符合和贯彻我国对外政策与方针。

(五) 必须遵守有关的国际公约与国际贸易惯例

国际贸易已经超出一国的国内行为,因此,必须接受有关国际公约的约束。目前,《联合国国际货物销售合同公约》已经成为国际货物买卖方面影响最大的国际公约。我国是《联合国国际货物销售合同公约》的签字国,理应遵守《联合国国际货物销售合同公约》的各项规定,但除我国政府提出保留的意见以外。此外,我国对外签订的各种贸易协定、支付协定,以及有关的国际贸易惯例也是对外签订贸易合同应该遵守的规则。

四、出口贸易合同的签订实例

方正进出口贸易公司与日本高田商社就全棉色织T恤衫交易条件达成一致后，双方需要签订一份正式的书面合同，将双方的权利、义务等明文规定下来。为此，方正先生拟订销售合同书（见样例2—1）一式两份，签章后寄给日本高田商社。日本高田商社对合同进行审核，核准无误后会签，双方各持一份作为履行合同的依据。

样例2—1

方正进出口贸易公司

FANGZHENG IMPORT & EXPORT TRADE CORPORATION

222 ZHONGSHAN ROAD SHANGHAI CHINA

TEL：(021) 65788877

销售确认书

S/C No.：TXT264

Fax：(021) 65788876

Sales Confirmation

DATE：Apr. 10, 2012

To Messrs：

TKAMRA CORPORATION

6-7, KAWARA MACH OSAKA JAPAN

谨启者：兹确认售予你方下列货品，其成交条款如下：

Dear Sirs,

We hereby confirm having sold to you the following goods on terms and conditions as specified below:

唛头 SHIPPING MARK	货物描述及包装 DESCRIPTIONS OF GOODS, PACKING	数量 QUANTITY	单价 UNIT PRICE	总值 TOTAL AMOUNT
T. C TXT264 OSAKA C/NO. 1-UP	100% COTTON COLOUR WEAVE T-SHIRT TM111 TM222 TM333 TM444 PACKED IN CARTON 20 PCS OF EACH	 2 000 PCS 2 000 PCS 1 000 PCS 1 000 PCS	CIF OSAKA USD 11.00 USD 10.00 USD 9.50 USD 8.50	 USD 22 000.00 USD 20 000.00 USD 9 500.00 USD 8 500.00

装运港：SHANGHAI PORT
LOADING PORT：
目的港：OSAKA PORT
DESTINATION：
装运期限：LATEST DATE OF SHIPMENT 120630
TIME OF SHIPMENT：
分批装运：PROHIBITED
PARTIAL SHIPMENT：
转船：PROHIBITED
TRANSSHIPMENT：
保险：FOR 110 PERCENT OF THE INVOICE VALUE COVERING ALL RISKS AND WAR RISK

INSURANCE：
付款条件：L/C AT SIGHT
TERMS OF PAYMENT：

买方须于2012 年5 月20 日前开出本批交易的信用证(或通知售方进口许可证号码)，否则，售方有权不经过通知取消本确认书，或向买方提出索赔。The Buyer shall establish the covering Letter of Credit (or notify the Import License Number) before May 20, 2012, falling which the Seller reserves the right to rescind without further notice, or to accept whole or any part of this Sales Confirmation non-fulfilled by the Buyer , or , to lodge claim for direct losses sustained, if any.

凡以 CIF 条件成交的业务，保额为发票价的 110% ，投保险别以售货确认书中所开列的为限，买方如果要求增加保额或保险范围，应于装船前经卖方同意，因此而增加的保险费由买方负责。For transactions conclude on C. I. F basis, it is understood that the insurance amount will be for 110% of the invoice value against the risks specified in Sales Confirmation. If additional insurance amount or coverage is required, the buyer must have consent of the Seller before Shipment, and the additional premium is to be borne by the Buyer.

品质/数量异议：如买方提出索赔，凡属品质异议，须于货到目的口岸之60 日内提出，凡属数量异议，须于货到目的口岸之30 日内提出，对所装货物所提任何异议属于保险公司、轮船公司等其他有关运输或邮递机构的责任范畴，卖方不负任何责任。QUALITY/QUANTITY DISCREPANCY：In case of quality discrepancy, claim should be filed by the Buyer within 60 days after the arrival of the goods at port of destination; while for quantity discrepancy, claim should be filed by the Buyer within 30 days after the arrival of the goods at port of destination . It is understood that the seller shall not be liable for any discrepancy of the goods shipped due to causes for which the Insurance Company, Shipped Company other transportation organization/or Post Office are liable.

本确认书内所述全部或部分商品，如因人力不可抗拒的原因，以致不能履约或延迟交货，卖方概不负责。The Seller shall not be held liable for failure of delay in delivery of the entire lot or a portion of the goods under this Sales Confirmation in consequence of any Force Majeure incidents.

买方在开给卖方的信用证上请填注本确认书号码。The Buyer is requested always to quote THE NUMBER OF THIS SALES CONFIRMATION in the letter of Credit to be opened in favour of the Seller.

买方收到本售货确认书后请立即签回一份，如买方对本确认书有异议，应于收到后五天内提出，否则认为买方已同意接受本确认书所规定的各项条款。The buyer is requested to sign and return one copy of the Sales Confirmation immediately after the receipt of same, Objection, if any, should be raised by the Buyer within five days after the receipt of this Sales Confirmation, in the absence of which it is understood that the Buyer has accepted the terms and condition of the sales confirmation.

买方：高田　　TRADING CORPORATION
THE BUYER：

卖方：方正　　FANGZHENG IMPORT & EXPORT TRADE CORPORATION 方正进出口贸易公司
THE SELLERS：

专业知识与操作技能训练

一、专业理论知识训练

(一) 不定项选择题

1. 交易磋商分为(　　)形式。

A. 口头磋商　B. 书面磋商　C. 电话磋商　D. 直接磋商

2. 书面磋商是通过(　　)等通讯方式进行洽谈交易。

A. 信件　B. 电报　C. 传真　D. 电子邮件

3. 交易磋商的基本程序主要有询盘、发盘、还盘和接受四个环节,其中(　　)是必不可少的。

A. 询盘　B. 发盘　C. 还盘　D. 接受

4. 发盘可由卖方发出,也可由买方发出,前者与后者习称为(　　)。

A. 售货发盘　B. 购货发盘与递盘

C. 递盘　D. 售货发盘与递盘

5.《联合国国际货物销售合同公约》规定发盘可撤回的条件是(　　)。

A. 电子邮件撤回　B. 撤回通知先于发盘到达受盘人

C. 传真函撤回　D. 撤回通知与发盘同时到达受盘人

6. 发盘的终止是指发盘法律效力的消失,其主要原因有(　　)。

A. 受盘人作出还盘　B. 发盘人依法撤销发盘

C. 发盘有效期届满　D. 当事人在发盘被接受前破产

7.《联合国国际货物销售合同公约》就接受的生效采纳了(　　)。

A. 投邮主义原则　B. 到达主义原则

C. 事实原则　D. 行为地原则

8. 在国际贸易中,书面合同具有(　　)等作用。

A. 合同成立的证据　B. 合同履行的依据

C. 合同生效的条件　D. 法律规定的条件

9. 在我国进出口业务中,书面合同形式主要有(　　)。

A. 合同书　　B. 确认书　　C. 销售合同书　D. 销售确认书

10. 进出口贸易合同的基本内容由(　　)组成。

A. 约首　　B. 正文　　C. 约尾　　D. 签章

(二) 判断题

1. 发盘是指交易一方向对方提出各项交易条件,并愿意按照这些条件达成交易的意思表示,所以发盘人是卖方。(　　)

2. 发盘必须规定有效期,否则该发盘无效。(　　)

3. 发盘发出后,发盘人可在发盘有效期内撤回。(　　)

4. 还盘一经作出,原发盘即告失效。(　　)

5. 发盘表明是不可撤销的,但在合同未成立之前,如果发盘撤销通知于受盘人发出接受通知之前到达受盘人,也是可以撤销的。(　　)

6. 还盘是对发盘的一种拒绝,发盘人不再受其约束,一项还盘等于是受盘人向原发盘人提出的一项新的发盘。(　　)

7. 接受与发盘一样都是可以撤销的。(　　)

8. 买卖双方需要签订一份书面合同将双方的权利、义务等明文规定下来,所以该合同必须是书面的。(　　)

9. 合同书的条款内容比较全面,对于明确双方的责任、避免争议的发生都是有利的,因此国际贸易必须采用这种形式。(　　)

10. 合同书与确认书在条款项目和内容的繁简上有所不同,但在法律上具有同等效力。(　　)

(三) 简答题

1. 简述寻找贸易机会的主要途径。

2. 构成一项有效发盘的条件主要有哪些?

3. 构成一项有效接受的条件主要有哪些?

4. 一项有法律约束力的合同应具备哪些条件?

二、操作技能训练

(一) 业务背景

广州纺织品进出口公司(电子信箱地址:wanju@168.cn)主要经营各种纺织品和服装等的进出口业务,在欧美、日本等国际市场上享有一定的声誉。业务员王伟在互联网上获悉法国 OLAEARA TRADE CO., LTD(地址:310-224 HOLA STREET MARSEILLE FRANCE TEL:491-38241234 FAX:491-38241235 电子信箱地址 OLAEARA@123.OR.JP)对男式衬衫感兴趣,于是与对方取得联系并进行贸易磋商。

(二)操作资料

5月11日 OLAEARA 公司来函:

"对你方衬衫很感兴趣,请报价 CIF MARSEILLE 的价格。"

5月12日向 OLAEARA 公司发报价函:

"男式衬衫,Art No.88(BLUE)每件 6.50 美元,Art No.44(BLACK)每件 7.50 美元,Art No.77(RED)每件 5.5 美元,Art No.66(YELLOW)每件 7.8 美元,Art No.99(GREEN)每件 7.9 美元,CIF 马赛,不可撤销即期信用证。每件装入一个塑料袋,20 件装入一个纸箱。交货时间不迟于 2012 年 7 月 31 日。"

5月13日 OLAEARA 公司来函:

"对 Art No.88(BLUE)、Art No.44(BLACK)衬衫感兴趣,其他条件可以接受,但价格太贵。如 Art No.44(BLACK)能降 0.50 美元,愿意订货各3 000件。"

5月14日发接受函:

广州纺织品进出口公司根据 OLAEARA 公司提出的价格,重新核算 Art No.44(BLACK)衬衫利润率,表示"同意贵方的价格要求,其他交易条件不变"。

(三)操作要求

请你以广州纺织品进出口公司业务员王伟的身份,根据上述资料用英语拟写一份发盘函和接受函。

项目三　出口贸易合同的拟订

——品质、数量、包装和价格条款

学习与考证要点

- 表示品质的主要方法
- 包装的种类及主要内容
- 六种常用贸易术语中买卖双方的各自义务
- 佣金、折扣和价格核算的计算方法
- 品质、数量、包装和价格条款的主要内容及订立方法

业务背景

方正进出口贸易公司与具有意向的日本客商 TKAMRA CORPORATION 进行交易磋商后，根据双方就货物质量、数量、包装和价格的一致意见拟订商品的品质条款、数量条款、包装条款和价格条款，规定品质的表示方法、约定数量、包装方式和单价。

工作任务一　商品品质条款的拟订

业务导入

商品的品名是区别于其他商品的标志，商品品质的优劣直接关系到商品使用价值的高低，也影响到商品的价值。因此，在国际贸易中，买卖双方在交易磋商时，首先需要确定的是商品的品名、品质，并将其作为贸易合同的主要条款予以确定。

一、商品品质

（一）商品名称

商品名称(Name of Commodity)又称品名，是指区别于其他商品的一种称呼或概念。商品的名称常常与品质联系在一起，构成描述或说明货物的重要组成部分。

根据《联合国国际货物销售合同公约》的规定，商品名称的描述是构成商品说明的一个主要部分，是买卖双方交接货物的一项基本依据。若卖方交付的货物不符合约定的品名，买方有权要求损害赔偿，直至拒收货物或撤销合同。因此，列明合同标的物的具体名称，具有重要的法律和实践意义。

（二）商品品质的表示方法

商品品质(Quality of Goods)是指商品的外观形态和内在质量的综合。前者是指人们的感官可以直接感觉到的外形特征，如商品的结构、造型、款式、色泽和味觉等；后者则是指商品的物理和机械机能、化学成分、生物特征和技术指标等。

在贸易合同中，对商品的品质、规格主要有两种方法表示：

1. 用样品表示商品的品质

在国际贸易中，以实物样品来说明商品的品质，通常分为凭卖方样品买卖和凭买方样品买卖两种。

(1) 凭卖方样品买卖

凭卖方样品买卖(Sale by Seller's Sample)是由卖方提供样品并经买方确认后，作为交货样品的依据。在出口交易中，卖方应注意样品的代表性，不可将品质定得太高或太低，要留存“复样”，作为交货时检验品质的依据。

(2) 凭买方样品买卖

凭买方样品买卖(Sale by Buyer's Sample)是由买方提供样品，卖方应按来样复制或从自己的在库商品中选择与来样品质一致的样品交买方确认后，将其样品作为交货的依据。复制样品又称为回样(Return Sample)，当买方确认了回样后，卖方再按其样品品质进行加工。

2. 用文字约定商品的品质

在国际贸易中，大部分商品可用文字说明其品质。具体可分为下列几种：

(1) 凭规格买卖

凭规格买卖(Sale by Specification)是指用来反映商品品质的某些主要指标,如成分、重量和尺寸等。由于凭规格销售比较简单准确,所以在国际贸易中应用十分普遍。

例如,中国东北大米的合同规格:水分(最高)14%,杂质(最高)2%,不完善粒(最高)7%。

(2) 凭等级买卖

凭等级买卖(Sale by Grade)是在交易合同中列明买卖货物的级别,以其作为商品品质的依据。例如,钨砂特级的合同规格:三氧化钨(最低含量)70%,锡(最高含量)0.2%。

(3) 凭标准买卖

凭标准买卖(Sale by Standard)是由政府有关机构或有关的国际组织对商品统一制定标准,作为交易品质的依据。例如,国际标准化组织质量管理和质量保证技术委员会为适应国际间发展贸易的需要,制定了 ISO9000 系列标准体系,于 1987 年正式发布,目前已有近 100 个国家和地区推行这套系列标准;我国于 1994 年 4 月成立了中国质量体系认证机构国家认可委员会,该质量标准也获得了一部分国家同行的认可。目前世界上约有近 300 个国际和区域性组织制定标准或技术规则,其中最大的是国际标准化组织(ISO)、国际电工委员会(IEC)、国际电信联盟(ITU)。ISO、IEC、ITU 标准为国际标准。此外,被 ISO 认可的其他国际组织制定的标准也视为国际标准。

此外,还有两种表示标准的方法:一是"良好平均品质"(Fair Average Quality,F.A.Q.),指在一定时期内某地出口产品的平均品质规格。这一品质的确定,通常是由装货地有关行业的权威机构在该季节出口的各批货物中,抽出一部分样品予以混合并由该机构封存,并附注该商品的一些主要规格指标,作为装运货物的依据。我国习惯上称之为"大路货",在粮油、食品和土畜产品中,又称其为"统货"。二是"良好可销品质"(Good Merchantable Quality,G.M.Q.),是指卖方所交货物为"品质良好,合乎销售",通常用于无法以样品或国际公认的标准来检验的产品,如木材、冷冻或冰鲜鱼虾等。由于该标准过于笼统,因此,在我国的对外贸易业务中很少被采用。

(4) 凭商标或牌号买卖

凭商标或牌号买卖(Sale by Trade Mark or Brand)是指有些商品的质量在国际市场上已被广大消费者一致公认并予以接受,久而久之,该商标或牌号就代表了有关商品的品质。如德国的奔驰汽车、中国的海尔冰箱等。

(5) 凭产地名称买卖

凭产地名称买卖(Sale by Name of Origin)是指某些商品由于受产地自然条件和传统的生产技术或加工工艺的影响,在品质上具有其他地区产品所不具备的特色,因而其产地名称成为代表该项产品的品质标志。如中国的黄山毛峰茶叶、青岛啤酒等。

(6) 凭说明书买卖

凭说明书买卖(Sale by Description)是指机器、电器和仪表电子等技术密集型的商品,因其结构复杂,加工精细,难以用几个简单的指标说明其品质,只能用说明书和图样来说明其构造、用途和性能等。因此,在进行这类商品的交易时,可凭说明书买卖。如数控机床、笔记本电脑等。

二、贸易合同品质条款的拟订

(一) 品质条款的主要内容

品名的表示通常是在贸易合同中的品名条款上列明缔约双方同意买卖的商品名称,如长毛绒玩具、计算机等。

合同中的品质条款通常应列明商品的规格或等级或标准或商标等。由于商品种类繁多,品质千差万别,品质条款的内容有简有繁,如长毛绒狗熊、东芝笔记本电脑等。

(二) 拟订品质条款应注意的问题

1. 订立品名时应注意的问题

(1) 商品名称是买卖合同中必须首先确定的一个概念,应明确、具体,对已确定的品名或译文的名称应表述准确,尽可能使用国际上通用的商品名称,避免双方误解。

(2) 新的商品名称的提出,要用学名而不要用国内习惯名称。

(3) 合理选择有利于降低费用和方便进出口的商品名称。例如,根据有关国家的海关税则和进出口限制的有关规定,在不影响我国对外贸易政策的前提下,从中选择有利于降低关税或方便进口的名称,作为合同的品名;或根据班轮运价表中对同类商品而不同名称的货物所规定的不同等级的收费标准,采用较低运费的相关品名。

议题一

某出口商与外商签订一份销售合同，品名为“手工制造书写纸”。我方均按该名进行制单，但外商收到货物后，经检验发现货物部分工序为机械操作，按该国法律应属“不正当表示”，要求我方赔偿。后经中国国际贸易促进委员会与有关人士调解，双方在友好协商的过程中取得谅解。对此，请给予评价。

2. 拟订品质条款时应注意的问题

(1) 品质的规定要具有合理性。卖方在提高出口商品的质量、增强国际竞争力的同时，又必须从实际出发，根据本企业的实际技术条件制定相应的品质。如果标准制定得过高，将会给合同履行带来一定的困难，使企业处于被动的状态。

(2) 品质的规定要具有确定性。卖方应根据商品特性来确定品质的表示方法。在规定商品品质时，应明确具体，避免因表述不清而引起争议。同时，对一些特殊的商品要有一定的灵活性，可采取品质机动幅度和品质公差的办法。品质机动幅度和品质公差的方法主要有以下三种：①规定范围，即对某种商品的规格，应允许有一定幅度的差异。例如，羽绒的含量正常规定点为50%，允许上下差幅为1%。②规定极限，是对某种商品的规格规定上下极限。例如，白籼米碎粒含量允许最多不超过1%。③规定上下差异，指卖方所交货物的品质允许在误差的范围内。例如，机械手表走时允许每月误差零点几秒。这一误差，如为国际同行业所公认，即成为“品质公差”(Quality Tolerance)。

(3) 品质的规定方法应避免多样性。在国际贸易中，要避免品质双重指标的要求，否则会给合同履行带来一定的困难。如果必须以两种方法表示，应明确以何种指标作为表示商品品质的主要依据，其他表示方法仅供参考，并向买方明确表示。

议题二

大连粮油贸易公司向日商出口大米。合同规定水分最高为10%，杂质不得超过1%，碎粒不得超过2%。在交货时，该公司向日商寄送样品，确认成交货物与样品一致。日商在货抵达后经检验发现货物品质与合同规定相符，但比样品低，据此向我方提出赔偿。请分析，日商的要求合理吗？为什么？

三、拟订贸易合同品质条款的实例

拟订贸易合同中的品质条款，见样例 3—1。

样例 3—1

方 正 进 出 口 贸 易 公 司

FANGZHENG IMPORT & EXPORT TRADE CORPORATION

222 ZHONGSHAN ROAD SHANGHAI CHINA

TEL：(021)65788877　　**销 售 确 认 书**　　S/C No.：TXT264

Fax：(021)65788876　　**Sales Confirmation**　　DATE：Apr. 10, 2012

To Messrs:

TKAMRA CORPORATION
6-7, KAWARA MACH OSAKA JAPAN

谨启者：兹确认售予你方下列货品，其成交条款如下：

Dear Sirs,

品质条款

We hereby confirm having sold to you the following goods on terms and conditions as specified below:

唛 头 SHIPPING MARK	货物描述及包装 DESCRIPTIONS OF GOODS, PACKING	数 量 QUANTITY	单 价 UNIT PRICE	总 值 TOTAL AMOUNT
T.C TXT264 OSAKA C/NO. 1-UP	100% COTTON COLOUR WEAVE T-SHIRT		CIF OSAKA	
	TM111	2 000 PCS	USD 11.00	USD 22 000.00
	TM222	2 000 PCS	USD 10.00	USD 20 000.00
	TM333	1 000 PCS	USD 9.50	USD 9 500.00
	TM444	1 000 PCS	USD 8.50	USD 8 500.00
	PACKED IN CARTON 20 PCS OF EACH			

工作任务二　商品数量条款的拟订

业务导入

商品的数量是指以一定度量衡表示商品的重量、个数、长度、面积、体积和容积的量。数量不仅是计算成交金额的基础，也是买卖双方交接货物的重要依据。因此，正确掌握成交数量和订好合同中的数量条款，具有十分重要的意义。

一、计量单位与度量衡制度

(一) 数量的计量单位

计量单位(Unit of Quantity)是指用以表示商品标准量的名称。商品数量的计量单位首先取决于商品的种类和性质,不同的商品需要采用不同的计量单位来表示。同时,对于不同的度量衡制度,商品的计量单位也有所不同。在国际贸易中,常用的计量单位主要有以下六种。

1. 重量单位

重量单位(Weight)是目前国际贸易中用得最多的一种计量方法,如大宗农副产品和矿产品都习惯按重量计算。常见的重量单位有克 (Gram,G)、千克 (Kilogram,KG)、公担(Quintal,Q)、公吨 (Metric Ton,M/T)、长吨(Long Ton,L/T)、短吨(Short Ton,S/T)、磅 (Pound)和盎司(Ounce)等。

2. 长度单位

长度单位(Length)多用于金属绳索、布匹、胶管和电线电缆等商品,其主要有米(Meter,M)、英尺(Foot,FT)、码(Yard,YD)等。

3. 面积单位

面积单位(Area)多用于玻璃、地毯、木板、纺织品和皮革等商品的计量,其主要有平方米(Square Meter,M^2)和平方英尺(Square Foot,FT^2)等。

4. 体积单位

体积单位(Volume)多用于木材、天然气和化学气体等商品的计量,常见的有立方米(Cubic Meter,M^3)、立方英尺(Cubic Foot,FT^3)等。

5. 容积单位

容积单位(Capacity)多用于酒、石油和谷物等商品的计量,如公升(Litre,L)、加仑(Gallon,GAL)等。

6. 个数单位

个数单位(Number)多用于工业制成品或土特产的计量,如衬衫、纸张、水果、车辆和电视机等。个数单位主要有:件(Package,PKG)、只(Piece,PC)、双(Pair)、套(Set)、打(Dozen,DOZ)、罗(Gross,GR)、令(Ream,RM)、卷(Roll)、辆(Unit)、箱(Case)、桶(Barrel)、袋(Bag)、捆(Bale)等。

(二) 度量衡制度

在国际贸易中,常用的度量衡制度主要有国际单位制(International System of Units)、公制(The Meter System)、美制(The US System)和英制(The B System)等几种。我国自 1959 年至 1984 年,一直使用公制,1984 年 2 月开

始采用国务院新颁布的以国际单位制为基础的《法定计量单位制》。

二、重量的表示方法

在国际贸易中，绝大多数商品是按重量计价的。根据商品的性质和商业习惯，通常按重量计算主要有四种方法。

（一）按毛重计算

毛重（Gross Weight）是指商品皮重与净重之和，即商品本身的实际重量加上包装材料后的总重量。有一些价值不高的，如粮食、饲料等大宗商品，通常都是以毛重作为计价基础，习惯上称之“以毛作净”（Gross for Net）。

（二）按净重计算

净重（Net Weight）是指商品本身的实际重量，即毛重减去皮重后的重量。皮重（Tare）是指商品包装材料的总重量，其计算方法有：

1. 实际皮重

实际皮重（Real，Actual Tare）是毛重减去商品净重后所剩全部包装材料的重量。

2. 习惯皮重

习惯皮重（Customary Tare）指一些比较规范化的商品包装，因包装材料的重量比较固定划一，可按该包装公认的重量计算。

3. 平均皮重

平均皮重（Average Tare）是指买卖双方通过抽查，得出某一批商品包装材料的平均重量后，计算出的全部货物的总皮重。

4. 约定皮重

约定皮重（Computed Tare）是由买卖双方根据约定的包装重量进行计算。

（三）按公量计算

公量（Conditioned Weight）是指用科学、公认的方法去除商品中所含水分，得出商品的“干量”，再加上标准含水量后所求得的商品重量。该计量方法通常用于那些价值较高而含水量又不很稳定的商品，如羊毛、生丝等。

公量的计算公式如下：

$$公量=实际重量\times[(1+标准回潮率)]/(1+实际回潮率)$$

（四）按理论重量计算

理论重量（Theoretical Weight）是指某些规格尺寸固定、用材质量均匀的商品，仅根据商品规格就可推算出的商品数量。如马口铁，根据其厚度就可以测算出重量。

议题三

大连某粮油进出口公司向日本出口大豆600公吨，合同约定需麻袋装，每袋包装30千克。我方按合同规定时间装运出口，并办妥了结汇手续。事后日方来电称：我方所交货物扣除皮重后，实际到货不足600公吨，要求按净重计算价格，退回因短装多收的货款。试分析，日商的做法可行吗？为什么？

三、贸易合同中数量条款的拟订

（一）数量条款的主要内容

数量条款是由成交的商品数量和计量单位所组成，对于按重量成交的商品，应明确计算的方法。

（二）拟订数量条款应注意的问题

1. 列明交易的具体数量和计量单位

合同中必须确定成交的具体数量和计量单位，不要使用“大约”或“左右”等字样。在规定计量单位时，要按照商业的习惯，并注意有些同名计量单位的不同内涵。例如，1蒲式耳在美制度量衡制度中，表示大麦重量为48磅，玉米重量却为56磅。

2. 明确按毛重或净重计算

对大宗交易商品，一定要明确是按毛重还是按净重计算，如未注明，按国际惯例应视为按“以毛作净”计算。

3. 合理规定数量的机动幅度

数量的机动幅度(Quantity Allowance)是在数量条款中规定卖方实际货物数量可多于或少于合同所规定数量的一定幅度。主要方法有：

(1) 溢短装条款

溢短装条款(More or Less Clause)是指运输途中容易发生缺损的商品，或为适应运输工具配载限制的需要，在买卖合同中规定允许溢装或短装的限量。例如，“中国大米2 000公吨，卖方可溢短装5%”。溢短装条款通常适用于粮油食品、土畜产品的交易。有时为了防止交易一方利用合同中的溢短装条款获利，可在合同中明确规定溢短装部分的计价办法，如溢装部分按货物装船时或到达目的地时的市价计算。

(2)“约”量条款

“约”量条款是指在交易数量前加一个“约”、“大约”或“近似”字样(About, Circa, Approximate Clause)，表示实际交货数量可以有一定弹性的条款，如约 400 磅等。国际上对“约”字的解释不一致，如在谷物交易中，上下可差 5%；在木材交易中则多至 10%；一般商品多在 3%～5%之间。国际商会制定的《跟单信用证统一惯例》(第 600 号出版物)规定：“约”或“大约”这类词语用于信用证金额，或用于信用证规定的数量时，应理解为 10%的增减幅度。

议题四

上海某畜牧进出口公司向美国出口灰鸭毛一批，合同规定含绒量 90%，允许上下浮动 1%。货到目的地后，美方提出了货物质量比合同规定的含绒量低了 0.5%的质疑，并出具了相应的品质检验证书，据此向我方提出赔偿损失的要求。请问，我方是否违约？依据如何？

四、订立贸易合同数量条款的实例

订立贸易合同中的数量条款，如样例 3－2 所示。

样例 3－2

方 正 进 出 口 贸 易 公 司

FANGZHENG IMPORT & EXPORT TRADE CORPORATION

222 ZHONGSHAN ROAD SHANGHAI CHINA

TEL：(021)65788877　　**销 售 确 认 书**　　S/C No.：TXT264

Fax：(021)65788876　　**Sales Confirmation**　　DATE：Apr. 10, 2012

To Messrs：

TKAMRA CORPORATION

6-7, KAWARA MACH OSAKA JAPAN

谨启者：兹确认售予你方下列货品，其成交条款如下：

Dear Sirs,

We hereby confirm having sold to you the following goods on terms and conditions as specified below:

数量条款

唛 头 SHIPPING MARK	货物描述及包装 DESCRIPTIONS OF GOODS, PACKING	数 量 QUANTITY	单 价 UNIT PRICE	总 值 TOTAL AMOUNT
T.C TXT264 OSAKA C/NO. 1-UP	100% COTTON COLOUR WEAVE T-SHIRT TM111 TM222 TM333 TM444 PACKED IN CARTON 20 PCS OF EACH	2 000 PCS 2 000 PCS 1 000 PCS 1 000 PCS	CIF OSAKA USD 11.00 USD 10.00 USD 9.50 USD 8.50	USD 22 000.00 USD 20 000.00 USD 9 500.00 USD 8 500.00

工作任务三　商品的包装

业务导入

商品包装是商品进入流通领域的必要条件，也是实现商品使用价值和增值的一种手段。商品包装要做到牢固、实用、经济和美观，达到商品包装标准和系列化，从而保护商品完好无损地从生产地转移到流通领域，并能起到节约运力、提高仓储使用率和降低费用的作用。从市场竞争的角度出发，商品包装对于美化商品、指导消费和树立企业的良好形象有着积极的意义，已经成为吸引消费者、开展市场竞争的重要手段。

一、商品包装的种类

商品包装是指盛装商品的各种容器或包装物，以及采用不同形式的容器或包装物对商品进行包装的操作过程。根据商品包装在流通过程中的作用，可分为运输包装和销售包装两大类。

(一) 运输包装

1. 运输包装的条件

运输包装(Package for Transport)又称外包装，是为适应货物的装卸、储存和运输的要求进行的包装，包括单件运输包装和集合运输包装。其主要功能是保护货物在运输过程中不受外界影响，完好无损地将货物运送到目的地。

在国际贸易中，商品的运输包装应具备下列要求：

(1) 运输包装的设计和用料必须符合商品的特性，适应于长途运输和各种不同的运输方式，以保护商品的安全和数量完整。

(2) 运输包装的用料应符合进口国海关的有关规定。

(3) 运输包装的用料与设计要符合节约原则，并考虑到便于装卸、储存和运输的特点。

2. 包装的种类

(1) 单件运输包装

单件运输包装(Single-piece Package for Transport)是指货物在运输过程中作为一个计件单位的包装。常见的单件运输包装有：

① 箱(Case)，主要用于价值较高和易损货物的包装，视不同商品的特点，

选择使用木箱、纸箱和板箱等。

② 包(Bale),常用于易抗压的货物包装,如羊毛、棉花、生丝、布匹等。一般为棉袋或麻袋,并适宜于机压打包。

③ 桶(Drum),多用于液体、半液体和粉状等货物的包装。桶的材料有木材、铁皮和塑料等。

④ 袋(Bag),可用于粉状、颗粒状、块状的农产品和化肥等货物的包装。袋的材料通常是棉质、麻质,但也有纸质和塑料的。

(2) 集合运输包装

集合运输包装(Composite Package for Transport)是由若干单件运输包装组合而成的一件大包装。采用集合运输包装,可以大大提高装卸效率,降低运输成本,减少商品损耗。集合运输包装有集装箱、集装包(袋)和托盘三种类型。

① 集装箱(Container)是由钢板等材料制成的长方体形状,可反复使用,既是货物的运输包装,又是运输工具的组成部分。为了适应不同商品的特性和装卸的要求,有的箱内还设有空调或冷冻设备,有的备有装入或漏出的孔道等。集装箱是现代化的运输包装,可以有效地保护商品,加快货物的装卸速度,提高码头的使用效率。

根据 ISO 的规定,集装箱共分为 13 种规格,装载量为 5～40 吨不等。用得最多的是 8×8×20 英尺和 8×8×40 英尺的集装箱。国际上以 8×8×20 英尺为计算集装箱的标准单位,称为"TEU"(Twenty-foot Equivalent Unit),中文翻译为"20 英尺等量单位"。凡是非 20 英尺的集装箱,均折合成 20 英尺集装箱进行统计。

集装箱根据商品使用的性质,又可分为九种,如表 3—1 所示,部分样式如图3—1所示。

表 3—1　　　　集装箱分类

集装箱分类	适用范围
干货集装箱 Dry Cargo Container	除冷冻货、活动物和植物外,在尺寸、重量等方面适合集装箱运输的货物,几乎均可使用干货集装箱。这种集装箱式样较多,使用时应注意箱子内部的容积和最大负荷。
冷藏集装箱 Reefer Container	设有冷冻机的集装箱。在运输过程中,启动冷冻机使货物保持在所要求的指定温度。箱内顶部装有挂肉类、水果的钩子和轨道,适用于装载冷藏食品、新鲜水果和特种化工产品等。

续表

集装箱分类	适用范围
散货集装箱 Bulk Cargo Container	适用于装载小麦、谷类、水泥、化学制品等散装粉粒状货物。
框架集装箱 Flat Rack Container	设有箱顶和两侧,可从集装箱侧面装卸货物。
敞顶集装箱 Open Top Container	设有箱顶,可使用吊装设备从箱子顶上装卸货物,适用于装载超长的货物。
牲畜集装箱 Pen Container	在集装箱两侧设有金属网,便于喂养牲畜和通风。
罐式集装箱 Tank Container	设有液灌顶部的装货孔进入,卸货有排出孔靠重力作用自行流出,或从顶部装货孔吸出门,适用装运各种液体货物。
平台集装箱 Platform Container	适用于运载超长超重的货物,长度可达 6 米以上,载重量可达 40 公吨以上。
汽车集装箱 Car Container	专供运载汽车的分层载货的集装箱。

图 3—1 集装箱的部分样式

②集装包(袋)(Flexible Container)是用塑料纤维编织成的抽口式大包,两边有 4 个吊带,每包可装 1 吨至 4 吨的货物。集装袋也是用塑料纤维编织成的圆形大口袋,每袋可容纳 1 吨至 1.5 吨货物,适用于已经装好的桶装和袋装多件商品。

③托盘(Pallet)是指用于集装、堆放货物以便于装卸货物搬运和运输的平台装置,其主要特点是装卸速度快、货损货差少。托盘按其基本形态分为:用叉车、手推平板车装卸的平托盘、柱式托盘、箱式托盘;用人力推动的滚轮箱式托盘、滚轮保冷箱式托盘;采用板状托盘,用设有推换附件的特殊叉车进行装卸作业的滑板,或装有滚轮的托盘卡车中使货物移动的从动托盘;其他还有装运桶、罐等专用托盘之类的与货物形状吻合的特殊构造的托盘。托盘按形状不同可分为多种形式,如双面叉、四面叉、单面使用型、双面使用型等。按其材

质的不同，有木制、塑料制、钢制、铝制、竹制和复合材料等。常见的托盘有平板托盘(Flat Pallet)和箱型托盘(Box Pallet)等。托盘样式如图3－2所示。

图 3－2　平板托盘和箱型托盘

3. 包装标志

(1) 运输标志

在进出口货物的交接、运输、通关和储存的过程中，为了便于识别货物，避免错发，在每件货物的外包装上，必须以不易脱落的油墨或油漆刷上一些易于识别的图形、文字和数字等明显标志。

运输标志 (Shipping Mark)简称唛头，其内容一般包括收货人简称、合同编号、目的港(地)和件数等。运输标志一般由卖方决定，有时也可由买方指定，但须在合同中明确规定买方应在货物装运前若干天告之卖方，以免影响货物发运。运输标志如图3－3所示。

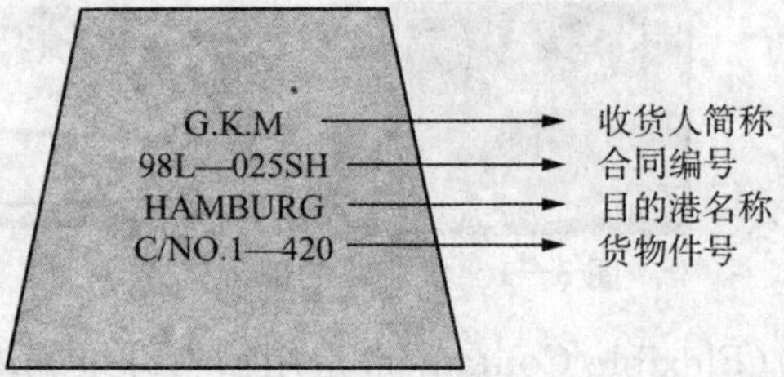

图 3－3　运输标志

(2) 指示性标志

指示性标志(Indicative Mark)是关于操作方面的标志。它是根据货物的特性，对一些容易破碎、残损、变质的货物以简单醒目的文字、图形或图案在运输包装上做出标志，用以提醒操作人员在货物的运输、储存和搬运过程中应引起注意以免损坏货物。常用的指示性标志如表 3－2 所示。

表 3—2　　常用的指示性标志

中文	英文	图示标志
小心轻放 玻璃制品 易碎品	Handle With Care Glass Fragile	
禁用手钩	Use No Hand Hooks	
向上	The Way Up	
怕热	Keep In Cool Place	
怕湿	Keep Dry	
由此开启	Open Here	

(3) 警告性标志

警告性标志又称危险品标志。凡在运输包装内装有爆炸品、易燃品、有毒物品、腐蚀性物品、氧化剂和放射性物品等危险货物时，都必须在运输包装上标明各种危险品的标志，以示警告，使装卸、运输和保管人员按货物特性采取相应的防护措施，以保护货物和有关人身的安全。

除我国颁布的《危险货物包装标志》外，联合国政府间海事协商组织也规定了一套《国际海运危险品标志》，因此，在我国危险货物的运输包装上，要标明我国和国际上所规定的两种危险品标志。

有关联合国危险货物运输标志(Symbols of the United Nations Committee for the Transport of Dangerous Goods)如图 3—4 所示。

(a) 爆炸品
UN Transport symbol for explosives

(b) 有毒物品（第2类和第6.1类）
UN Transport symbol for poisonous substances (gases Class 2., other poisonous substances Class 6.1)

(c) 易自燃物品
UN Transport symbol for substances liable to spontaneous combustion

图 3—4 有关联合国危险货物运输标志

（二）销售包装

1. 销售包装的含义

销售包装(Sales Package)又称内包装，是为适应商品销售的需要，直接盛装一定零售商品的包装，通常作为商品的组成部分卖给消费者。销售包装具有保护商品的品质，便于携带，美化商品，有利于商品的销售。

2. 销售包装的要求

随着国际市场竞争的加剧和人们的消费水平的提高，市场对销售包装的要求越来越高。其主要表现为：

(1) 要便于运输和储存。销售包装所用的材料、结构、尺寸都要适应运输和储存的需要，提高装卸的速度，增强保护商品的效力。

(2) 要便于消费者识别、携带和使用。销售包装的文字说明应包括商品的名称、商标、品牌、数量、规格、成分和使用说明等内容，使用外文的说明要注意词义的正确表达，要使消费者了解商品的特性和正确使用商品的方法。例如，药物类商品的销售包装上，必须说明药物的成分、适用症状和服药的方法等。

(3) 要便于陈列和经销。销售包装可根据商品的特点采用不同的形状，如堆叠式、可挂式和展开式包装，以便于陈列经销。同时，销售包装上还必须有条码标志，条码是由一组配有数字的黑白及粗细不等的平行条纹所组成，它是一种利用光电扫描阅读设备为计算机输入数据的特殊代码语言，印制在商品销售包装上，条形码样式见图 3—5。

现代商品包装上使用的条码，在国际上通用的有两种：一种是 UPC 码(统一产品代码)，由美国和加拿大组织的统一编码委员会(Universal Code Council，UCC)编制；另一种是 EAN 码，由英、法、德等欧共体 12 国成立的欧洲物品编码协会(European Article Number Association，EAN)编制。虽然在 1981 年，EAN 改名为国际货品编码协会(International Article Number Association)，但仍保留原简称。

EAN 码系统是 1977 年在引进 UPC 码的基础上发展起来的，与 UPC 系统兼容。EAN 系统能识别 UPC 码，但 UPC 系统则不兼容 EAN 码。

UPC 码有标准码和缩位码，标准码由 12 位数字构成，缩位码由 7 位数字构成，最后一位均为校验位。当 UPC 作为十二位进行解码时，定义如下：第 1 位数字为编码系统代码，第 2～6 位为生产厂家代码，第 7～11 位为厂家产品代码，第 12 位为校验位(Used for Error Detection)，用于校验厂商识别代码、商品项目代号的正确性。

EAN 码也有标准码和缩位码，标准码由 13 位数字构成，缩位码由 8 位数字构成，最后一位均为校验位。

不同国家(地区)的条码组织对 13 位代码的结构有不同的划分。在中国内地，EAN/UCC-13 代码分为三种结构，每种代码结构由三部分组成，如表 3—3所示。前缀码由 2～3 位数字($X_{13}X_{12}$或$X_{13}X_{12}X_{11}$)组成，是 EAN 分配给国家(或地区)编码组织的代码。前缀码由 EAN 统一分配和管理，截至 2003 年 7 月，全球共有 101 个国家(或地区)编码组织代表 103 个国家(或地区)加入 EAN International，成为 EAN 的成员组织。在中国内地，当$X_{13}X_{12}X_{11}$为 690、691 时，EAN/UCC-13 代码采用结构一；当$X_{13}X_{12}X_{11}$为 692、693 时，采用结构二；694、695 暂未启用，是否采用结构三视发展而定。

表 3—3　　EAN/UCC-13 代码的三种结构

结构种类	厂商识别代码	商品项目代码	校验码
结构一	$X_{13}X_{12}X_{11}X_{10}X_9X_8X_7$	$X_6X_5X_4X_3X_2$	X_1
结构二	$X_{13}X_{12}X_{11}X_{10}X_9X_8X_7X_6$	$X_5X_4X_3X_2$	X_1
结构三	$X_{13}X_{12}X_{11}X_{10}X_9X_8X_7X_6X_5$	$X_4X_3X_2$	X_1

注：X_i(i=1～13)表示从右至左的第 i 位数字代码。

图 3—5　条码样式

1991 年 4 月中国物品编码中心加入了国际物品编码协会，我国生产的商品都采用该条码标志。

(4) 要具有艺术性。包装装潢的图案和色彩等应新颖大方，不落俗套，富有艺术性，并应考虑进口国或销售地的风俗习惯以及对颜色、图形、数字的偏好或禁忌等。

(三) 中性包装

我国的出口商品在运输包装和销售包装上，一般都注明“中华人民共和国制造”或“中国制造”字样。有时因外商的要求，在商品的内外包装上不注明生产国别或商标牌号，这就是中性包装(Neutral Packing)。中性包装有两种形式：

1. 无牌中性包装

无牌中性包装是指包装上既无生产国别，也无生产厂家和商标等标志。在有些原料性或半成品或价值不高的商品的交易中，进口商为了节省广告和盖贴商标的人工等费用，借以降低售价，扩大销售，往往要求无牌中性包装。

2. 定牌中性包装

定牌中性包装是指包装上注明买方指定的商标，但无生产国别。主要用于国外大批量订货，目的是为了利用进口商的经营优势或名牌声誉，以提高商品售价，扩大销售。

中性包装是国际贸易的通常做法。在接受定牌业务时，应在合同中规定由商标或品牌引起的知识产权纠纷与我方无关。

相关知识链接　**射频识别技术的应用**

条码技术在 1949 年开始应用，随着无线射频识别(RFID)技术的兴起，电子标签将最终取代条码的使用。

1. RFID 工作原理和系统组成

RFID 是射频识别英文的缩写，其由标签、阅读器和天线三部分组成。电子标签中一般保存有约定格式的电子数据，在实际应用中，电子标签附着在待识别物体上。阅读器通过天线发送出一定频率的射频信号，当标签进入磁场时产生感应电流从而获得能量，这时阅读器即可无接触地读取并识别电子标签中所保存的电子数据，从而达到自动识别的目的。通常阅读器与电脑相连，所读取的标签信息被传送到电脑上进行下一步处理。

2. RFID 技术使用的优点

RFID 与条码自动识别技术相比具有如下特点：

(1) 不需要光源，甚至可透过外部材料读取数据；

(2) 标签芯片与自带天线全封闭、防尘、防水、防静电，不怕弯曲，能在恶劣环境下工作；

(3) 标签芯片小、薄，具有柔韧性，能够轻易嵌入或附着在不同形状、类型的产品上；

(4) 读取距离更远；

(5) 可以写入及存取数据，与条码打印相比写入时间更少；

(6) 标签的内容可以动态改变，反复使用(擦写 10 万次，读无限次)；

(7) 读取快速，一次可同时识别几十甚至上百个标签；

(8) 标签的数据存取有密码保护，电子标签的复制难度高，安全性能高；

(9) 使用寿命长；

(10) 无机械磨损，无机械故障，不怕恶劣环境；

(11) 可以对 RFID 标签所附着的物体进行追踪定位。

二、贸易合同包装条款的拟订

(一) 包装条款的主要内容

包装条款的内容主要有：包装材料、包装方式、包装费用和运输标志等。合同中的包装条款是重要条款之一，卖方如果不按合同规定的包装方式提供货物，买方可以要求赔偿。

(二) 拟订包装条款应注意的问题

国际货物买卖合同中的包装条款的订立，主要有两种方法：

1. 按习惯包装方式

由于对行业习惯的包装方式理解不一，容易引起纠纷，应避免采用。

2. 规定具体包装方式

买卖双方在合同条款中对包装材料、包装方式、包装费用和运输标志等项内容均应做出明确规定。但须注意下列事项：

(1) 关于包装方式和包装材料。包装条款中首先要订明商品包装的方式及材料，一般包括用料、尺寸、重量和填充物等。如买卖双方约定，包装材料由买方负责供应，应在合同中规定包装材料最迟抵达卖方的时限及其相应的违约责任。

(2) 关于包装费用。一般包括在货价之内，但如果买方要求特殊包装，则其超出正常包装费用部分，应订明由买方负担。

(3) 关于运输标志。按国际惯例，运输标志一般由卖方设计确定。如买方要求其指定运输标志，卖方也可接受，但必须在合同中规定提供运输标志的时间，过时则卖方可自行决定。

议题五

某贸易公司与法商签订了一份番茄酱罐头销售合同，规定每箱装30罐。该公司有现成的20罐装的小箱，便以此按合同规定的总数交付。外商以包装不符合同规定为由，拒收整批货物。我方经买方所在地的行会了解证实，无论每箱是装20罐或30罐，其市场价格完全相同，要求法商全部接受货物。请你做一下评价，理由何在？

三、拟订贸易合同包装条款的实例

拟订贸易合同中的包装条款，如样例3—3所示。

样例 3—3

方正进出口贸易公司

FANGZHENG IMPORT & EXPORT TRADE CORPORATION

222 ZHONGSHAN ROAD SHANGHAI CHINA

TEL:(021)65788877 **销 售 确 认 书** S/C No.: TXT264

Fax: (021)65788876 **Sales Confirmation** DATE: Apr. 10, 2012

To Messrs:

TKAMRA CORPORATION

6-7, KAWARA MACH OSAKA JAPAN

谨启者:兹确认售予你方下列货品,其成交条款如下:

Dear Sirs,

We hereby confirm having sold to you the following goods on terms and conditions as specified below:

唛 头 SHIPPING MARK	货物描述及包装 DESCRIPTIONS OF GOODS, PACKING	数 量 QUANTITY	单 价 UNIT PRICE	总 值 TOTAL AMOUNT
T.C	100% COTTON COLOUR WEAVE T-SHIRT		CIF OSAKA	
TXT264	TM111	2 000 PCS	USD 11.00	USD 22 000.00
OSAKA	TM222	2 000 PCS	USD 10.00	USD 20 000.00
C/NO. 1-UP	TM333	1 000 PCS	USD 9.50	USD 9 500.00
	TM444	1 000 PCS	USD 8.50	USD 8 500.00
	PACKED IN CARTON 20 PCS OF EACH		包装条款	

工作任务四 商品价格条款的拟订

业务导入

价格是交易双方磋商的主要内容之一,也是双方最为关注的方面。国际贸易合同中的商品价格(商品单价)通常包括计价货币、计量单位、单位金额和贸易术语。因为在国际贸易中,交易双方一般不是面对面,一手交钱,一手交货,需要明确"在哪里交货",确定买卖双方在交接货物过程中的义务、费用、风险和责任如何划分。所以,只有充分了解、掌握贸易术语的内容及有关规定,才能在实际业务中正确运用并有效维护自身的利益。

一、有关贸易术语的国际贸易惯例

（一）贸易术语的含义和作用

1. 贸易术语的含义

贸易术语(Trade Terms)又称价格术语(Price Terms)。它用英文缩写字母或简短的概念来表示商品价格的构成和买卖双方在货物交接过程中有关手续、风险、费用、责任的划分、所有权转移的界限等问题，是国际贸易中的单价的一个重要组成部分。

贸易术语是在长期的国际贸易实践中逐步形成和发展起来的。在国际贸易中，买卖双方处于不同的国家和地区，货物需要通过跨国境运输才能实现物权的转移。从启运地至目的地，必然会发生运输费、保险费、装卸费等各种费用，存在意外风险和事故。那么，这些费用由谁承担，风险由谁承担呢？为了规范和简化交易双方磋商的过程、环节和内容，国际贸易中逐渐形成了代表不同价格条件的术语。1812 年，首先在英国的利物浦使用 FOB 术语。随着国际贸易、交通运输和保险业务的发展，于 1862 年出现了 CIF 术语。此后，其他贸易术语也相继产生，极大地便利和促进了国际贸易的发展。

2. 贸易术语的作用

国际贸易术语的作用主要表现为：

(1) 可以简化交易内容，缩短谈判时间，节省交易费用，促进成交，有利于国际贸易的发展。

(2) 可以表示商品价格的构成，有利于买卖双方核算价格和成本。

(3) 可以表明商品风险和所有权转移的界线，有利于解决履约中的争议。

（二）有关贸易术语的国际贸易惯例

贸易术语的出现给进出口贸易带来了便利，但各国并无统一的解释。为统一和规范国际贸易交易行为，推进贸易的发展，逐渐形成了国际贸易惯例。

国际贸易惯例是指在国际贸易的长期实践中具有普遍意义的习惯做法，经国际组织加以编纂、解释后形成的文件。国际贸易惯例本身不是法律，对贸易双方不具有强制性，买卖双方有权在合同中做出与某项惯例不符的规定。如果交易双方约定采用某些国际贸易惯例，并在合同中订明，这些惯例便具有了法律约束力。在处理争议方面，由于它能够避免和消除不同国家和地区的贸易当事人对同一问题的不同看法，所以国际贸易惯例在实践中仍具有重要的指导作用。

目前，有关贸易术语成文的国际贸易惯例主要有三种。

1.《1932 年华沙—牛津规则》

国际法协会于 1928 年在波兰华沙举行会议，制定了有关 CIF 买卖合同的统一规则，共 22 条，称为《1928 年华沙规则》。后经 1930 年的纽约会议、1931 年的巴黎会议和 1932 年的牛津会议修订，定名为《1932 年华沙—牛津规则》(Warsaw-Oxford Rules)。该术语是专门为解释 CIF 贸易术语而制定的，它以英国的贸易习惯和判例为基础，对买卖双方的费用、责任和风险的划分及所有权转移的方式等问题作了详尽的说明。

2.《1941 年美国对外贸易定义修正本》

美国九大商业团体最早于 1919 年在纽约制定了《美国出口报价及其缩写条例》，随后便得到了世界各国买卖双方的广泛承认和使用。但自该条例出台后，贸易习惯已有了很大变化，因而在 1940 年的第 27 届美国对外贸易会议强烈要求对它作进一步修订。1941 年 7 月 30 日，美国商会、美国进出口协会及美国对外贸易协会所组成的联合委员会对该条例作了修订，通过了《1941 年美国对外贸易定义修正本》(Revised American Foreign Trade Definitions 1941)。它只是在北美和拉丁美洲地区应用，是地区性较强的贸易术语惯例。该“定义”对下列六种贸易术语作了解释与说明。

(1) 产地交货(Ex Point of Origin)

(2) 在运输工具上交货(Free on Board，FOB)

(3) 在运输工具旁边交货(Free Alongside Ship，FAS)

(4) 成本加运费(Cost and Freight，C&F)

(5) 成本加保险费、运费(Cost，Insurance and Freight，CIF)

(6) 目的港码头交货(Ex Dock)

3.《国际贸易术语解释通则》

《国际贸易术语解释通则》(International Rules for the Interpretation of Trade Terms，以下称通则)是当前应用范围最广、影响最大的一种惯例，已被国际上绝大多数国家接受。

在国际贸易的长期实践中，形成了一些贸易术语，但各国对同一的贸易术语往往有不完全相同的解释，这给贸易术语的顺利运用带来了一定的障碍。因此，对国际贸易中普遍采用的贸易术语，提供统一的解释就显得非常重要。基于这种情况，国际商会(ICC)于 1936 年首次公布了一整套解释贸易术语的国际规则——《国际贸易术语解释通则》，以避免因各国的不同解释而出现的不确定性。该通则于 1953 年、1967 年、1976 年、1980 年、1990 年、2000 年先后进行了六次修订。现在通行的《2010 年国际贸易术语解释通则》(以下简称

《2010 年通则》),于 2011 年 1 月 1 日起生效。虽然《2010 年通则》已经正式生效,但并非《2000 年通则》就自动作废。因为国际贸易惯例本身不是法律,对国际贸易当事人不产生必然的强制性约束力,当事人在订立贸易合同时仍然可以选择适用《2000 年通则》。《2010 年通则》与《2000 年通则》相比有四方面的变化:一是 13 种贸易术语变为 11 种;二是贸易术语分类由四级变为两类;三是使用范围扩大至国内贸易合同;四是电子通信方式被《2010 年通则》赋予完全等同的功效。

二、适用海运的三种常用贸易术语

(一) FOB

FOB 是 Free on Board(…Named Port of Shipment)的缩写,即装运港船上交货(……指定装运港)。它是指当货物在指定的装运港越过船舷时,卖方即完成交货。根据《2010 年通则》的解释,FOB 贸易术语仅适用于海运或内河运输,如果双方当事人无意以船舷为界交货,则应改用 FCA 贸易术语。

1. 买卖双方各自应承担的基本义务

(1) 卖方的基本义务

① 在合同规定的装运港和装运期内,将符合合同规定的货物装上买方指定的船舶,并及时通知买方。

② 承担货物在装运港越过船舷之前的一切与货物有关的费用及货物灭失或损坏的风险。

③ 提供出口货物许可证,办理出口清关手续,并支付关税及费用。

④ 提供商业发票、相关货运单据或相应的电子信息。

(2) 买方的基本义务

① 按约租船订舱,支付运费,并将船名、装货地点和到达装运港的时间及时通知卖方。

② 承担货物在装运港越过船舷之后的一切与货物有关的费用及货物灭失或损坏的风险。

③ 办理货物运输保险,支付保险费。

④ 提供进口货物许可证,办理进口清关手续,支付关税及费用。

⑤ 按合同规定受领单据和货物,支付货款。

2. 使用 FOB 贸易术语应注意的问题

(1) 关于费用与风险划分的问题

FOB 贸易术语下当货物在装运港越过船舷时,货物灭失或损坏的风险从卖方转移到买方，即以“装运港船舷”为界划分风险。货物在装上船以前的风险，包括在装船时货物跌落码头或海中所造成的损失，均由卖方承担；而货物在装上船之后，包括在起航前和在运输过程中发生的损坏或灭失则由买方承担。

(2) 关于船货衔接的问题

按FOB贸易术语成交的合同，买方负责租船订舱，并将船名、装船时间等内容及时通知卖方，以便卖方备货装船。这就存在船货衔接的问题。根据有关法律和惯例，如果买方未能按时派船（包括未经对方同意提前派船或延迟派船到装运港），卖方有权拒绝交货，由此产生的各种费用，如空舱费、滞期费以及仓储费等均由买方负担。如果买方按期派船到装运港并给予了卖方充分的通知，而卖方却未能备妥货物以致无法及时装运，由此产生的费用应由卖方负担。在具体业务中，卖方也可接受买方的委托代为租船订舱或投保，但这纯属代办，如卖方不能完成买方之委托，买方不得因此向卖方提出任何异议或借以撤销合同。

(3)《1941年美国对外贸易定义修订本》对FOB贸易术语的不同解释

《1941年美国对外贸易定义修订本》将FOB贸易术语分成六种解释，其中的第五种“装运港船上交货”与《2010年通则》的解释基本相近，必须得加Vessel字样，例如“FOB船旧金山”。否则，美国出口方仅负责在旧金山城市交货，而不负责将货物装上船。

(4) FOB的变形

在程租船运输中，如果船方不愿意负担装船费用，买卖双方往往在FOB术语后加列附加条件，用来说明装船费用由谁负担，称为贸易术语的变形。

① FOB班轮条件（FOB Liner Terms）。指装船费用按照班轮的做法处理，即卖方不负担装船的有关费用。

② FOB吊钩下交货（FOB Under Tackle）。指卖方仅负担将货物交到买方所派船只的吊钩所及之处的费用，吊装入舱以及其他各项费用概由买方负担。

③ FOB理舱费在内（FOB Stowed或FOBS）。指卖方负责将货物装入船舱，并承担包括理舱费在内的装船费用。理舱指货物入舱后进行安置和整理，通常用于大宗的打包货物或以件数计量的货物。

④ FOB平舱费在内（FOB Trimmed或FOBT）。指卖方负责将货物装入船舱，并承担包括平舱费在内的装船费用。平舱指对装入船舱的散装货物进行平整，通常用于大宗的散装货物。

⑤ FOB包括理舱、平舱(FOB Stowed and Trimmed 或 FOBST)。卖方负责将货物装上船,并支付包括理舱费和平舱费在内的装船费用。

FOB的上述变形,只是为了表明装船费用由谁负担而产生的,并不改变FOB的交货地点以及风险费用的划分。

(二) CFR

CFR是Cost and Freight(…Named Port of Destination)的缩写,即成本加运费(……指定目的港)。它是指卖方在规定的装运港和装运期内将货物装上船,并承担货物越过船舷之前的风险和费用,办理出口货物清关手续,支付自启运港至目的港的运费。根据《2010年通则》的解释,CFR贸易术语仅适用于海运或内河运输,如果双方当事人无意以船舷为界交货,则应改用CPT贸易术语。

1. 买卖双方各自应承担的基本义务

(1) 卖方的基本义务

① 按约租船订舱,支付运费,在合同规定的期限内将货物装上船,并及时向买方发出已装船通知。

② 承担货物在装运港越过船舷之前的一切与货物有关的费用及货物灭失或损坏的风险。

③ 提供出口货物许可证,办理出口货物清关手续,并支付关税及费用。

④ 提供商业发票、相关货运单据或相应的电子信息。

(2) 买方的基本义务

① 承担货物在装运港越过船舷之后所产生的一切费用和风险。

② 取得进口货物许可证或其他相关文件,办理进口货物清关手续,并支付关税和费用。

③ 办理货物运输保险,支付保险费。

④ 按合同规定受领单据和货物,支付货款。

2. 使用CFR贸易术语应注意的问题

(1) 关于装船通知的问题

按CFR贸易术语成交,卖方应按约定或惯常方式,在货物装船后应及时以电传、传真、电子邮件等方式向买方发出装船通知,以便买方办理投保手续。如果卖方因遗漏或不及时向买方发出装船通知,而使买方未能及时办妥货运保险所造成的后果应由卖方承担,卖方不能以风险已转移为由免除其责任。

(2) CFR贸易术语的变形

按CFR贸易术语条件成交,容易在卸货费上发生争议。在实践中为避免纠纷，通常以CFR贸易术语的变形来明确责任。

① CFR班轮条件(CFR Liner Terms)。指卸货费按班轮办法处理，即买方不负担卸货费。

② CFR卸至岸上(CFR Landed)。指由卖方承担卸货费，包括因船不能靠岸、用驳船将货物运至岸上支出的驳运费。

③ CFR吊钩下交货(CFR Under Ship's Tackle)。指卖方负责将货物从船舱吊起一直卸到吊钩所及之处(码头上或驳船上)的费用，船舶不靠岸时，驳船费用由买方负担。

④ CFR舱底交货(CFR Ex Ship's Hold)。指船到目的港、在船上办理交接后，由买方自行启舱，并负担货物从舱底卸到码头的费用。

(三) CIF

CIF是Cost，Insurance and Freight(…Named Port of Destination)的缩写，即成本加保险费加运费(……指定目的港)。它是指卖方在规定的装运港和装运期内将合同规定的货物装上船，并承担货物越过船舷之前的风险和费用。根据《2010年通则》的解释，CIF贸易术语仅适用于海运或内河运输，如果双方当事人无意以船舷为界交货，则应改用CIP贸易术语。

1. 买卖双方各自应承担的基本义务

(1) 卖方的基本义务

① 按约租船订舱，支付运费，在合同规定的期限内将货物装上船，并及时向买方发出已装船通知。

② 承担货物在装运港越过船舷之前的一切与货物有关的费用及货物灭失或损坏的风险。

③ 提供出口货物许可证，办理出口货物清关手续，支付关税及费用。

④ 办理出口货物运输保险手续，支付保险费。

⑤ 提供商业发票、相关货运单据或相应的电子信息。

(2) 买方的基本义务

① 承担货物在装运港越过船舷之后所产生的一切费用和风险。

② 取得进口许可证或其他相关文件，办理进口清关手续，并支付关税和费用。

③ 按合同规定受领单据和货物，支付货款。

2. 使用CIF贸易术语应注意的问题

(1) 关于象征性交货的问题

象征性交货(Symbolic Delivery)是指卖方只要按期在约定地点完成装

运，并向买方提交包括物权凭证在内的有关单据，就算完成交货义务，而无须保证到货。实际性交货(Physical Delivery)，是指卖方要按照合同规定的时间和地点，将符合合同规定的货物提交给买方或其指定人。

(2) 关于保险的问题

在 CIF 贸易术语合同中，卖方要负责办理货运保险，并须明确保险的险别。在实际业务中，出口商在同国外客户洽谈 CIF 贸易术语时，一般都在合同中具体规定具体险别、保险金额、适用的保险条款，以明确责任。按《2010年通则》对 CIF 的解释，卖方只需按最低责任的保险险别投保。如果买方有要求，卖方应在尽可能的情况下投保战争险或罢工险。最低保险金额应为合同规定的价款加 10%(即 110%)。

(3) CIF 贸易术语的变形

在 CIF 与 CFR 价格条件下，货物运输都是由卖方办理，因此 CIF 贸易术语变形与 CFR 贸易术语变形相同。

(四) FOB、CFR、CIF 术语的异同点

1. 三者相同点

(1) 运输方式：三者均适用于海运或内河航运。

(2) 交货地点：在装运港完成交货。

(3) 风险划分：以装运港船舷为界。

2. 三者不同点

(1) 责任方面：FOB 卖方只负责在装运港交货，CFR 卖方要办理货物的出口货物运输，CIF 卖方要办理货物的出口货物运输和出口货物保险。

(2) 费用方面：FOB 卖方不负担出口货物运费和保险费，CFR 卖方负担出口货物运费，CIF 卖方负担出口货物运费和保险费。

(3) 价格组成：FOB 为成本价，CFR 是成本加运费，CIF 则是成本加运费加保险费。

三、适用任何运输方式的三种常用贸易术语

(一) FCA

FCA 是 Free Carrier(…Named Place)的缩写，即货交承运人(……指定地点)。它是指卖方在规定的时间、地点将货物交给买方指定的承运人，就算完成交货义务。根据《2010 年通则》的解释，FCA 术语适用于任何运输方式，包括公路、铁路、江河、海洋、航空及多式联运。

1. 买卖双方各自应承担的基本义务

(1) 卖方的基本义务

① 按合同规定的时间和地点,将货物交予买方指定的承运人,并及时通知买方。

② 承担货交承运人之前的一切费用和风险。

③ 提供出口货物许可证,办理出口货物清关手续,并支付关税及费用。

④ 提供商业发票、相关货运单据或相应的电子信息。

(2) 买方的基本义务

① 承担受领货物后所发生的一切费用和风险。

② 自费签订自指定地点承运进口货物的契约,支付运费,并将承运人名称及时通知卖方。

③ 取得进口货物许可证或其他相关文件,办理进口货物清关手续,并支付关税和费用。

④ 按合同规定受领单据和货物,支付货款。

2. 使用 FCA 贸易术语时应注意的问题

(1) 关于交货的地点

根据《2010 年通则》的规定,采用 FCA 贸易术语,对于交货地点的规定会影响装卸货义务。如果指定交货地点是卖方所在地,卖方负责装货,即卖方负责将货物装上买方指定的承运人或代表买方的其他人提供的运输工具时,就算完成交货;如果指定交货地点不是卖方所在地而是任何其他地点,则卖方不负责卸货,即卖方只要将置于运输工具上的货物交给买方指定的承运人处置时即完成交货义务。若在指定的地点没有约定具体交货点,且有几个具体交货点可供选择时,卖方可在指定的地点选择最适合其目的地的交货点。

(2) 关于承运人与代订货运合同

"承运人"是指在运输合同中承担履行铁路、公路、海洋、航空、内河运输或多式联运,或承担取得上述运输履行的企业。《2010 年通则》规定,在 FCA 贸易术语条件下由买方负责指定承运人并通知卖方,订立自装运地至目的地的运输合同。但是,如果买方要求卖方代其与承运人订立合同,只要买方承担风险和费用,卖方可代办。如卖方拒绝,应立即通知买方,以便买方另作安排。

(二) CPT

CPT 是 Carriage Paid to(…Named Place of Destination)的缩写,即运费付至(……指定目的地)。它是指卖方在规定的时间和地点将货交给指定的承运人，卖方还需支付自启运地至目的地的运费，就算完成交货。根据《2010 年通则》的解释，该术语适用于任何运输方式，包括公路、铁路、江河、海洋、航空及多式联运。

1. 买卖双方各自应承担的基本义务

(1) 卖方的基本义务

① 自费签订自指定地点承运货物的契约，支付运费。

② 承担货交承运人之前的一切费用和风险。

③ 按合同规定的时间和地点，将货物交予买方指定的承运人，并及时通知买方。

④ 提供出口货物许可证，办理出口货物清关手续，并支付关税及费用。

⑤ 提供商业发票、相关货运单据或相应的电子信息。

(2) 买方的基本义务

① 承担受领货物后所发生的一切费用和风险。

② 取得进口货物许可证或其他相关文件，办理进口货物清关手续，并支付关税和费用。

③ 办理出口货物运输保险手续，支付保险费。

④ 按合同规定受领单据和货物，支付货款。

2. 使用 CPT 贸易术语应注意的问题

(1) 关于风险的划分

根据《2010 年通则》的解释，在 CPT 贸易术语下，货物自交货地点至目的地的途中风险由买方承担。卖方只承担货物交给承运人之前的风险，在多式联运情况下，则承担货物交给第一承运人之前的风险。

(2) 关于 CPT 和 CFR 贸易术语的异同

不同点：CFR 贸易术语适用于水上运输方式，CPT 贸易术语则适用于包括多式联运在内的任何运输方式。

相同点：在买卖双方的义务划分原则上是相同的，卖方要负责订立自装运地至目的地的运输合同，且均属装运合同，需支付运费，但不负担货物在运输途中发生的风险及产生的额外费用。卖方还要在装货后及时通知买方，以便买方投保。

(三) CIP

CIP 是 Carriage and Insurance Paid to(…Named Place of Destination)的缩写，即运费、保险费付至(……指定目的地)。它是指卖方在规定的时间和地点将货交给指定的承运人，还需支付货物运输保险费和自启运地至目的地的运费。根据《2010年通则》的解释，该术语适用于任何运输方式，包括公路、铁路、江河、海洋、航空及多式联运。

1. 买卖双方各自应承担的基本义务

(1) 卖方的基本义务

① 自费签订自指定地点承运货物的契约，支付运费。

② 承担货交承运人之前的一切费用和风险。

③ 按合同规定的时间和地点，将货物交予买方指定的承运人，并及时通知买方。

④ 提供出口货物许可证，办理出口货物清关手续，支付关税及费用。

⑤ 办理出口货物运输保险手续，支付保险费。

⑥ 提供商业发票、相关货运单据或相应的电子信息。

(2) 买方的基本义务

① 承担受领货物之后所发生的一切费用和风险。

② 取得进口货物许可证或其他相关文件，办理进口货物清关手续，并支付关税和费用。

③ 按合同规定受领单据和货物，支付货款。

2. 使用CIP贸易术语应注意的问题

(1) 关于保险的性质

按CIP贸易术语成交，卖方负责办理货运保险并支付保险费，货物从交货地点至目的地的途中风险由买方承担，卖方的投保属代办性质。在一般情况下，卖方只按约定险别投保，如买卖双方未约定具体投保险别，按惯例卖方投保最低险别即可，保险金额为CIP价格基础上加10%。

(2) 关于CIP与CIF贸易术语的异同

不同点：CIP贸易术语适用于任何运输方式，包括多式联运；CIF贸易术语仅适用于水上运输方式。

相同点：买卖双方的义务划分是相同的，卖方需负责订立自装运地至目的地的运输合同，且均属装运合同。卖方还要负责安排运输、办理保险，支付运费和保险费。但货物在运输途中发生的风险及产生的额外费用则由买方承担。从价格构成因素看，两者都包括通常的运费和保险费。

(四) FCA、CPT、CIP贸易术语的异同

1. 三者相同点

(1) 运输方式：均适用于各种运输方式，包括多式联运。

(2) 风险划分：均以货交承运人为界。

2. 三者不同点

主要表现为责任、费用承担及价格构成的不同。在 FCA 贸易术语条件下，卖方不负责办理运输、保险，不承担相应费用，价格中不含出口运费、保险费；在 CPT 贸易术语条件下，卖方负责办理运输并支付运费，价格中包含运费；在 CIP 贸易术语条件下，卖方负责办理运输、保险并支付运费、保险费，价格中包含运费、保险费。

（五）FOB、CFR、CIF 与 FCA、CPT、CIP 贸易术语的区别

1. 适用的运输方式不同

FOB、CFR、CIF 贸易术语适用于海运或内河航运；FCA、CPT、CIP 贸易术语适用于各种运输方式，包括多式联运。

2. 获取的运输单据不同

在 FOB、CFR、CIF 贸易术语条件下，采用海洋货物运输方式，获取的是提单；在 FCA、CPT、CIP 贸易术语条件下，可采用各种运输方式，如为空运，获取的是空运单，如为铁路运输，获取的是铁路运单，如为多式联运，获取的是多式联运单据。

3. 风险转移的界线不同

在 FOB、CFR、CIF 贸易术语条件下，买卖双方风险的转移是以装运港船舷为界；在 FCA、CPT、CIP 贸易术语条件下，买卖双方风险的转移是以货交给承运人为界。

4. 装卸费用的承担不同

在 FOB、CFR、CIF 贸易术语条件下，如采用租船运输，买卖双方需用贸易术语的变形来确定装卸费用由谁承担；在 FCA、CPT、CIP 贸易术语条件下，没有贸易术语变形，装卸费用都包含于运费之中。

四、其他七种贸易术语

（一）EXW

EXW 是 Ex Works（…Named Place）的缩写，即工厂交货（……指定地点）。它是指卖方在规定的时间和地点将货物备好并置于买方的支配下即可，也就是说，卖方既不负责将货物装上买方备好的运输工具，也不负责办理货物出口手续，即完成交货。买方到交货地接收，并承担从交货地至目的地的一切风险、费用和责任。因此该术语是卖方承担责任、风险、费用最小的。根据《2010 年通则》的解释，该术语适用于各种运输方式。

（二）FAS

FAS是Free Alongside Ship（…Named Port of Shipment）的缩写，即装运港船边交货（……指定地点）。它是指卖方在指定的装运港或驳船内将货交至船边就完成了交货义务。买方承担自该时起发生的一切费用和风险。这也就意味着双方的风险、费用以船边为界。如果买方所派的船只不能靠岸，卖方要负责用驳船把货物运至船边，仍在船边交货。装船的责任和费用由买方承担。根据《2010年通则》的解释，该术语适用于海运和内河运输。

（三）DDP

DDP是Delivered Duty Paid（…Named Place of Destination）的缩写，即完税后交货（……指定目的地）。它是指卖方在指定的目的地将货物交予买方支配，无须卸下即完成交货义务。卖方须办理进、出口清关手续，并承担货物运至目的地的风险和费用，包括在目的地海关应交的关税和捐税。买方只需在目的地受领货物即可。因此，该术语是卖方承担责任、风险、费用最大的一种术语。根据《2010年通则》的解释，该术语适用于各种运输方式。

（四）DAT

DAT是Delivered at Terminal（… Named Place of Destination）的编写，即目的地或目的港的集散站货（……指定目的地）。它是指卖方在指定的目的地或目的港的集散站卸货后将货物交给买方处置即完成交货，术语所指目的地包括港口。卖方应承担将货物运至指定的目的地或目的港的集散站的一切风险和费用（除进口费用外）。该术语适用于任何运输方式或多式联运。

（五）DAP

DAP是Delivered at Place（… Named Place of Destination）的缩写，即目的地交货（……指定目的地）。它是指卖方在指定的目的地交货，只需做好卸货准备，无须卸货，即完成交货。术语所指的到达车辆包括船舶，目的地包括港口。卖方应承担将货物运至指定的目的地的一切风险和费用（除进口费用外）。该术语适用于任何运输方式、多式联运方式及海运。

五、贸易术语的选择

在进出口贸易中，贸易术语是价格条款重要的组成部分。《2000年通则》对国际贸易中使用的13种贸易术语作了比较确切的解释。但在实际业务中，交易双方选用何种术语还要根据具体情况而定。因为在不同的贸易术语条件下，风险、责任和费用的划分是不同的，所以合理地选择贸易术语是相当重要的。

（一）贸易术语的选择方法

在进出口贸易中，FOB、CIF、CFR三种贸易术语使用最多。在通常情况下，出口时尽量采用CIF和CFR贸易术语，进口时尽量采用FOB贸易术语。随着集装箱运输和多式联运的发展，FCA、CPT和CIP三种贸易术语的使用也越来越频繁，因为，FCA、CPT和CIP贸易术语不仅适用于各种运输方式，而且在海运和多式联运中比前三个贸易术语有更多的优越性。其主要表现为：可以提前获取运输单据，节省卖方交单收汇的时间，有利卖方的资金周转；可以减少卖方承担的风险。

（二）选用贸易术语应注意的事项

在我国对外贸易中，选用贸易术语时，应注意以下事项：

1. 考虑运输条件

考虑使用何种运输方式，有无足够的运输能力。若能力许可且经济合理，按FOB、FCA或FAS贸易术语进口；出口则按CIF、CFR或CIP贸易术语，其有利于我国运输业和保险业的发展。

2. 考虑运费因素

运费是货价的组成部分，货物经由不同的线路收取的运费也会各不相同。另外，运费还会受航运市场整体运价变动的影响。因此，在选用贸易术语时应考虑运费因素。在一般情况下，运价上涨时，出售货物采用FOB术语，进口货物采用CFR或CIF贸易术语，可以避免承担运价上涨的风险。

3. 考虑货物情况

进出口贸易中涉及各类货种，不同的货物在运输方面有各自不同的要求，其运费开支的大小也不同。其次，货物运量大的，运费较便宜。因此，在选用贸易术语时，都应予以考虑。

4. 考虑海运风险

在国际贸易业务中，货物一般都需经过长途运输，其中，海运过程中的风险较大。在采用贸易术语时，应考虑不同环境和时期、不同运输路线和运输方式的海上风险情况。

此外，选择贸易术语时，还应考虑当地的地理因素、港口条件、政治制度、货款支付方式、本国的船舶情况，以及办理进出口货物结关手续有无困难等等。总之，在选择贸易术语时，应综合各种因素，权衡利弊，综合考虑。

相关知识链接　佣金、折扣、价格换算

1. 佣金的规定与支付方法

佣金(Commission)是卖方或买方付给中间商为其对货物的销售或购买提供中介服务的酬金,其可由卖方支付,也可由买方支付。凡在合同中明确表示佣金的,称为“明佣”。不在合同中表示出来,仅写明单价,由一方当事人按约另付佣金的,称为“暗佣”。

(1) 佣金的规定方法

如:每箱100美元CIF纽约含佣金3%(USD 100 PER CASE CIF NEW YORK INCLUDING 3% COMMISSION.)

如:每公吨200美元CIFC3%纽约(USD 200 PER METRIC TON CIFC3% NEW YORK.)

如:每箱支付佣金3美元(USD 3 PER CASE FOR COMMISSION.)

(2) 佣金的计算方法

- CIF发票金额×佣金率
- 不降低净收入的佣金计算:含佣价=净价/(1-佣金率)、佣金=含佣价×佣金率

2. 折扣的规定与支付方法

折扣(Discount)是指卖方给予买方一定的价格减让。凡在合同中明确表示出来的做法称为“明扣”,不在合同中订明,仅由买卖双方另行约定折扣,这种做法称为“暗扣”。

(1) 折扣的规定方法

如:每打200美元CIF纽约减1%折扣(USD 200 PER DOZEN CIF NEW YORK LESS 1% DISCOUNT.)

如:每打折扣5美元(USD 5 PER DOZEN FOR DISCOUNT.)

(2) 折扣的计算方法

按实际发票金额乘以约定的折扣百分比。

3. 贸易术语价格换算的方法

(1) FOB和CFR价格换算

CFR=FOB+运费

FOB=CFR-运费

(2) FOB和CIF价格换算

CIF=FOB+保险费+运费

CIF=(FOB+运费)/[1-保险费率×(1+投保加成率)]

FOB=CIF×[1-保险费率×(1+投保加成率)]-运费

(3) CFR和CIF价格换算

CIF=CFR+保险费

CIF=CFR/[1-保险费率×(1+投保加成率)]

CFR=CIF×[1-保险费率×(1+投保加成率)]

4. 出口价格核算

国际贸易中的价格主要由成本、费用和利润三部分构成。成本为实际采购成本，费用主要有包装费、仓储费、港口费、国内运费和国外运费、出口保险费等，利润是卖方的预期利润。

(1) 出口报价核算的方法

$$出口报价=实际采购成本+费用+预期利润$$

$$实际采购成本=含税成本-退税收入$$

$$退税收入=含税成本\times\frac{出口退税率}{1+17\%}$$

$$实际采购成本=含税成本\times\left(1-\frac{出口退税率}{1+17\%}\right)$$

FOB 报价公式：

$$FOB=\frac{实际采购成本+国内费用之和}{1-预期利润率}$$

$$FOBC=\frac{实际采购成本+国内费用之和}{1-佣金率-预期利润率}$$

CFR 报价公式：

$$CFR=\frac{实际采购成本+国内费用之和+国外运费}{1-预期利润率}$$

$$CFRC=\frac{实际采购成本+国内费用之和+国外运费}{1-佣金率-预期利润率}$$

CIF 报价公式：

$$CIF=\frac{实际采购成本+国内费用之和+国外运费}{1-预期利润率-(1+投保加成率)\times保费率}$$

$$CIFC=\frac{实际采购成本+国内费用之和+国外运费}{1-佣金率-预期利润率-(1+投保加成率)\times保费率}$$

(2) 出口成本核算的方法

出口总成本是指出口的商品进货成本加上出口前的一切费用和税金。

进货成本是指出口商品购进价(含增值税)。

$$出口总成本=出口商品购进价(含增值税)+定额费用-出口退税收入$$

$$定额费用=出口商品购进价\times费用定额率$$

费用定额率为 5%～10%不等，由各外贸公司按不同出口商品的实际经营情况自行核定。

$$出口退税收入=\frac{出口商品购进价(含增值税)\times退税率}{(1+增值税税率)}$$

出口销售外汇净收入是指出口商品按 FOB 价出售所得的外汇净收入。

出口销售人民币净收入是指出口商品的 FOB 价按当时外汇牌价折成人民币的数额。

$$出口产品盈亏率=\frac{出口产品盈亏额}{出口总成本}\times 100\%$$

出口产品盈亏额＝出口销售人民币净收入－出口总成本

$$出口产品盈亏率=\frac{出口销售人民币净收入-出口总成本}{出口总成本}\times 100\%$$

$$出口产品换汇成本=\frac{商品的出口总成本(人民币元)}{以FOB价出口所得的外汇净收入(美元)}$$

出口产品换汇成本表示多少人民币兑换1美元，当其低于结汇时银行的外汇牌价，则出口有盈利，反之，则亏损。

$$出口换汇率=\frac{1}{出口换汇成本}$$

六、贸易合同价格条款的拟订

货物的价格是国际贸易中的主要交易条件，因此，价格条款是买卖合同中必不可少的条款，它将关系到买卖双方的利益。

（一）价格条款的主要内容

合同中的价格条款，一般包括单价和总值两部分内容。

1. 单价

货物的单位价格，即单价。一个完整的外贸单价，必须包括以下四项内容：

（1）计量单位

若表示商品的数量以“吨”为计量单位，则应写明公吨、长吨或短吨。

（2）单价金额

表示单价价码的多少，反映货物价格的高低。

（3）计价货币

应注明有关货币的国别（地区），如日元、美元、欧元等。

（4）贸易术语

采用FOB贸易术语时，贸易术语后须注明具体装运港名称；采用CFR和CIF贸易术语时，贸易术语后须注明具体目的港名称；若港口名称相同，则应注明国别。

例如，每公吨2 000美元FOB上海(USD2 000 PER METRIC TON FOB SHANGHAI.)

2. 总值

总值也称总价，即单价与数量的乘积。

（二）订立价格条款时应注意的事项

（1）合理确定产品的单价，以防过高或过低。

(2) 根据实际情况和经营意图，权衡利弊，选用适当的贸易术语。

(3) 灵活运用不同的作价办法，以防价格变动带来的风险。

(4) 争取选择有利的计价货币，以防币值变动带来的汇率风险。

(5) 参照国际贸易的习惯做法，注意佣金和折扣的运用。

(6) 若对交货品质和数量订有机动幅度，则对机动部分的作价也应做明确的规定。

(7) 若对包装材料和包装费用另行计算，则对其计价方法应一并规定。

(8) 单价中涉及的计量单位、单价金额、计价货币、贸易术语和港口名称，必须书写正确、清楚，以利合同的履行。

七、拟订贸易合同价格条款的实例

拟订贸易合同中的价格条款，如样例 3—4 所示。

样例 3—4

方正进出口贸易公司

FANGZHENG IMPORT & EXPORT TRADE CORPORATION

222 ZHONGSHAN ROAD SHANGHAI CHINA

TEL：(021)65788877　　**销售确认书**　　S/C No.：TXT264

Fax：(021)65788876　　**Sales Confirmation**　　DATE: Apr. 10, 2012

To Messrs:

TKAMRA CORPORATION
6-7, KAWARA MACH OSAKA JAPAN

谨启者：兹确认售予你方下列货品，其成交条款如下：

Dear Sirs,

We hereby confirm having sold to you the following goods on terms and conditions as specified below:

贸易术语

唛头 SHIPPING MARK	货物描述及包装 DESCRIPTIONS OF GOODS, PACKING	数量 QUANTITY	单价 UNIT PRICE	总值 TOTAL AMOUNT
T.C TXT264 OSAKA C/NO. 1-UP	100%　COTTON COLOUR WEAVE T-SHIRT		CIF OSAKA	
	TM111	2 000 PCS	USD 11.00	USD 22 000.00
	TM222	2 000 PCS	USD 10.00	USD 20 000.00
	TM333	1 000 PCS	USD 9.50	USD 9 500.00
	TM444	1 000 PCS	USD 8.50	USD 8 500.00
	PACKED IN CARTON 20 PCS OF EACH			

专业知识与操作技能训练

一、专业理论知识训练

(一) 不定项选择题

1. 商品品质的外观形态包括(　　)。

A. 商品结构造型　　B. 商品款式
C. 商品色泽与味觉　　D. 物理和机械机能

2. 在贸易合同中,对商品品质的规定方法主要有(　　)。

A. 凭实物买卖　　B. 用文字说明
C. 凭标准买卖　　D. 看货洽谈

3. 在国际贸易中,大部分商品用文字约定商品的品质,其具体方法有(　　)。

A. 凭规格、等级买卖　　B. 凭商标、牌号、产地名称买卖
C. 凭标准买卖　　D. 凭说明书买卖

4. 1984 年 2 月我国开始采用以(　　)为基础的“法定计量单位制”。

A. 国际单位制　B. 公制　C. 美制　D. 英制

5. 大宗商品的交易一定要明确是按毛重还是按净重计算,如未注明,按国际惯例应视为按(　　)计算。

A. 以毛作净　B. 毛重　C. 净重　D. 公量

6. 用于那些价值较高而含水量又不很稳定的商品的计量方法是(　　)。

A. 以毛作净　B. 毛重　C. 净重　D. 公量

7. UCP600 对“约”或“大约”解释为允许各自对应的金额、数量或单价有不超过(　　)的增减幅度。

A. 5%　B. 10%　C. 15%　D. 以上都不是

8. 运输标志简称唛头,其内容一般包括(　　)。

A. 收货人简称　B. 合同编号　C. 目的港(地)　D. 件数

9. “小心轻放”是(　　)标志。

A. 指示性标志　　B. 警告性标志

C. 运输标志　　　　　　　　　　D. 危险品标志

10.“有毒物品”是(　　)标志。

A. 指示性标志　　　　　　　　　B. 警告性标志

C. 运输标志　　　　　　　　　　D. 危险品标志

11. 包装上既无生产国别,也无生产厂家和商标标志的是(　　)。

A. 中性包装　　　　　　　　　　B. 无牌中性包装

C. 定牌中性包装　　　　　　　　D. 三无包装

12. 包装条款主要有(　　)等内容。

A. 包装材料　　B. 包装方式　　C. 包装费用　　D. 运输标志

13. 货物的单价必须包含的内容是(　　)。

A. 计量单位　　B. 单价金额　　C. 计价货币　　D. 贸易术语

14.《1932 年华沙—牛津规则》是专门为解释(　　)贸易术语而制定的。

A. CFR　　B. FOB　　C. DAF　　D. CIF

15. FCA、CPT 和 CIP 比 FOB、CIF、CFR 有更多的优越性,其主要表现为(　　)。

A. 提前获取运输单据　　　　　　B. 缩短收汇时间

C. 有利卖方资金周转　　　　　　D. 减少卖方风险

16. 卖方承担责任、风险、费用最大的贸易术语是(　　)。

A. DDU　　B. DDP　　C. DAF　　D. CIF

17. 根据《2010 年通则》的解释,CFR 贸易术语仅适用于海运或内河运输,如果双方当事人无意以船舷为界交货,则应改用(　　)贸易术语。

A. DDU　　B. CIP　　C. FCA　　D. CPT

18. 卖方只要按期在约定地点完成装运,并向买方提交包括物权凭证在内的有关单据,就算完成交货义务,其称为(　　),而无须保证到货。

A. 装运地交货　　　　　　　　　B. 实际性交货

C. 目的地交货　　　　　　　　　D. 象征性交货

(二) 判断题

1. 凭卖方样品买卖是由卖方提供样品并经买方确认后,作为交货样品的依据,因此样品品质要定得越高越好,这样容易成交。(　　)

2. 复样经买方确认后作为卖方进行加工生产和交货的依据。(　　)

3. 合同规定大米水分最高为 10%,杂质最高为 1%,不完善粒最高为 2%,其属于凭标准买卖。(　　)

4.“以毛作净”通常适用于一些价值不高的商品，如粮食、饲料等大宗商品。（　　）

5. 出口产品换汇成本表示多少人民币兑换1美元，当其低于结汇时银行的外汇牌价，则出口有盈利，反之，则亏损。（　　）

6. 国际贸易中的价格主要由成本、费用和利润三部分构成，其中利润是整个价格的核心。（　　）

7. 国际贸易惯例是在国际贸易的长期实践中具有普遍意义的习惯做法，对贸易双方具有强制性的作用。（　　）

8. 通常出口尽量采用CIF和CFR贸易术语，进口尽量采用FOB贸易术语。（　　）

9. 贸易术语变形表明装船费由谁负担，不改变交货地点与风险费用的划分。（　　）

10. 卖方承担责任、风险、费用最小的贸易术语是DES。（　　）

11. 在CIF贸易术语条件下，卖方只按约定险别投保，如买卖双方未约定具体投保险别，卖方可不予投保。（　　）

（三）简答题

1. 简述订立品质条款应注意的问题。
2. 简述FOB、CFR、CIF三者的异同。
3. 简述FOB、CFR、CIF与FCA、CPT、CIP贸易术语的区别。
4. 简述在对外贸易中选用贸易术语应注意的事项。
5. 简述订立价格条款应注意的事项。

二、操作技能训练

（一）业务背景

广州纺织品进出口公司业务员王伟与法国LEARA TRADE CO.，LTD业务经理WIN先生就男式衬衫进行了贸易磋商，双方就合同的品质、数量、包装和单价等交易条件达成一致。

（二）操作资料

出口商名称：广州纺织品进出口公司（法人代表为单明华）

公司地址：广州市北京路530号

TEL：（020）64043030　　FAX：（020）64043031

进口商名称：LEARA TRADE CO., LTD

公司地址：310-224 HOLA STREET MARSEILLE FRANCE

TEL：491-38241234　　FAX:491-38241235

货名规格：男式衬衫，Art No.88(BLUE)，Art No.44(BLACK)

成交数量：Art No.88　3 000 件，Art No.44　3 000 件

单价：CIF 马赛 Art No.88 每件 6.50 美元，Art No.44 每件 7.00 美元，

包装：每件装入一个塑料袋，20 件装入一个纸箱

目的港：马赛

合同号码：ST071032

订立合同日期：2012 年 6 月 1 日

(三) 操作要求

请你以广州纺织品进出口公司业务员王伟的身份，根据上述资料用英语拟订销售确认书中的相关项目。

广州纺织品进出口贸易公司

GUANGZHOU TEXTILE IMPORT & EXPORT TRADE CORPORATION

530 BEIJING ROAD GUANGZHOU, CHINA

TEL:(020)64043030　　**销 售 确 认 书**　　S/C No.:

FAX:(020)64043031　　**SALES CONFIRMATION**　　DATE:

To Messrs:

谨启者：兹确认售予你方下列货品，其成交条款如下：

Dear Sirs,

We hereby confirm having sold to you the following goods on terms and conditions as specified below:

唛　头 SHIPPING MARK	货物描述及包装 DESCRIPTIONS OF GOODS, PACKING	数　量 QUANTITY	单　价 UNIT PRICE	总　值 TOTAL AMOUNT

项目四　出口贸易合同的拟订

——货物的运输与保险条款

学习与考证要点

- 海洋运输的特点
- 班轮运费、投保金额和保险费的计算
- 海运提单与保险单的作用和种类
- 海洋货物运输保险的险别与内容
- 航空运输的特点与作用
- 装运条款和保险条款的主要内容及订立方法

业务背景

方正进出口贸易公司与具有意向的日本客商 TKAMRA CORPORATION 进行交易磋商后，根据双方就货物运输和货物运输保险的一致意见拟订货物运输条款和货物运输保险条款，规定货物运输的方式、装运期、装运港与目的港、是否分批装运与转运、投保加成率和保险险别。

工作任务一　货物运输条款的拟订

业务导入

国际货物运输是国际贸易中必不可少的一个环节，是实现货物转移的重要手段。因此，买卖双方在订立国际货物买卖合同时，必须选择合理的运输方式，订好各项装运条款，运用好有关装运单据。目前，国际货物运输方式主要有海洋运输、航空运输、铁路运输、国际多式联运和集装箱运输等。

一、海洋货物运输方式

海洋运输按照船舶的经营方式,可分为班轮运输和租船运输。

(一) 班轮运输

1. 班轮运输的特点

班轮运输(Liner Shipping)是指按照固定的航行时间表,沿着固定的航线,停靠固定的港口并收取固定运费的一种船舶运输方式。其主要特点如下:

(1) “四个固定”,即固定船期、固定航线、固定港口和固定运费。

(2) 装卸费用包括在运费中,船方负责货物的装卸。

(3) 班轮承运货物的品种、数量比较灵活,只要有舱位都可接受货物装运。

(4) 货物运输当事人的权利与义务,以船方签发的提单条款为依据。

2. 班轮运费的计算

班轮运费由基本运费和附加运费两部分组成。

(1) 基本运费

基本运费是指货物从装运港到卸货港所应收取的基本运费,是构成全程运费的主要部分。基本运费的计算标准主要有以下几种:

① 按货物毛重计收运费,在运价表中用“W”表示。以 1 公吨、1 长吨或 1 短吨收取费用,具体视船公司采用公制、英制或美制而定。

② 按货物体积计收运费,运价表中用“M”表示。尺码吨一般以 1 立方米或 40 立方英尺(合 1.1328 立方米)收取费用。

③ 按货物毛重或体积计收,即在重量吨和尺码吨两种计费标准中,从高收费,运价表中以“W/M”表示。

④ 按商品价格计收,运价表中以“A. V.”表示。从价运费一般按货物的 FOB 价格的 3%～5%收取。

⑤ 按货物重量、尺码和价格三者中选择最高的一种计收费用,运价表中用“W/M or A.V.”表示。

⑥ 按货物的件数计收,如汽车等货物。

⑦ 临时议定价格。由货主和船公司临时协商议定,通常适用于大宗低值货物。

另外,船公司就同一包装和同一票内的混装货物采取就高不就低的收费原则。

应注意各船公司制订的运费费率不同,采用何种费率表,取决于出口货物运载船只所属的船公司。中国远洋运输公司的船只,仅采用中国远洋运输集团公司的第一号运价表;中国租船公司的船只、部分侨资班轮和经香港中转的二程船,通常采用中国远洋运输集团公司的第三号运价表。运费都以美元计收。

(2) 附加运费

附加运费是对一些需要特殊处理的货物,或者由于突然事件的发生或客观情况变化等原因而需要另外加收的费用。其主要有:

① 超重附加费(Extra Charges on Heavy Lifts),是指由于货物单件重量超过一定限度而加收的一种附加费。

② 超长附加费(Extra Charges on Long Lengths),是指单件货物的长度超过一定限度而加收的一种附加费。

③ 直航附加费(Direct Additional),即货物达到一定数量,班轮可直航到指定非班轮停靠的港口而增收的附加费用。

④ 转船附加费(Transshipment Additional),如在中途转船而运至指定目的港,船方向货主加收的费用。

⑤ 港口拥挤费(Port Congestion Surcharge),由于卸货港拥挤,船到卸货港等待卸货而延长船期,给船方增加运营成本而向货方收取的附加费。

⑥ 港口附加费(Port Surcharge),船方因港口装卸条件差、速度慢或港口费用高而向货方收取的附加费。

⑦ 燃料附加费(Bunker Adjustment Factor-BAF),是因原油价格上涨,船舶开支增加而向货方增收的附加费。

⑧ 选港附加费(Optional Fees),是在预先指定的卸货港中加以选择而向船方支付的附加费。

⑨ 变更卸货港附加费(Alternation of Destination Charge),即在变更货物原定的卸货港的情况下,向船方补交的附加费用。

⑩ 绕航附加费(Deviation Surcharge),是指正常航道受阻,船舶必须绕道航行而向货方收取的附加费。

附加费名目繁多,除了上述附加费之外,还有洗舱费、熏蒸费、货币贬值附加费、冰冻附加费等。

(3) 班轮运费的计算

班轮运费的计算方法基本有两种:一种是按每运费吨加收若干金额计算;另一种是按基本运费的百分比计算。

计算公式为:

$$F=Fb+S=f\times Q+S$$
$$F=f\times(1+\sum S)\times Q$$

式中:

F——总运费;

Fb——基本运费;

f——基本费率;

Q——货运量;

S——附加运费;

$\sum S$——附加运费率之和。

班轮运输费的具体计算方法是:首先,根据货物的英文名称在运价表的货物分级表中,查出该货物应属等级和计费标准。其次,从航线费率表中,查出有关货物的基本费率和所经航线和港口的有关附加费率。最后,根据吨运费得出该批货物的运费总额。

例1　某公司出口洗衣粉到西非某港口城市100箱。该商品的内包装为塑料袋,每袋1磅。外包装为纸箱,每箱100袋,箱的尺寸为:长47cm、宽39cm、高36cm。该批货物的运费是多少呢?

解:①先按洗衣粉的英文名字Detergents的字母顺序从运价表中查出它属于几级货物,按什么标准计算;经查,该商品属于5级货物,按"M"标准计算。②按航线查5级货物"M"基本费率为多少,有无附加费;经查,去西非航线的5级货物每尺码吨基本运费为367美元,另加转船费15%、燃油费33%、港口拥挤费5%。③将数据代入公式得:

$$\begin{aligned}F&=f\times(1+\sum S)\times Q\\&=367\times[1+(15\%+33\%+5\%)]\times(0.47\times0.39\times0.26)\times100\\&=2\ 676.04(\text{美元})\end{aligned}$$

(二) 租船运输

1. 租船运输的含义

租船运输(Shipping by Chartering)是指租船人向船东租得船舶来从事运输货物的一种营运方式。

在租船期间,船舶所有权仍属船东,租船人只取得船舶的使用权。租期届满后,将船舶还给船东。租船运输是由租船人按与船东签订的租船合同安排航行,主要是从事大宗货物或某些特种货物的运输,如冷藏品、危险品等,或班轮不能承运的货物。租船运输的运费通常比班轮运价低廉。

2. 租船运输的方式

租船运输的方式分为定程租船、定期租船和光船租船。

(1) 定程租船

定程租船(Voyage Charter)又称航次租船，是指由船舶所有人负责提供船舶，在指定的港口之间进行一个航次或数个航次，承运指定货物的租船运输。其可按运输航次的不同，分为单程租船、来回航次租船、连续航次租船和包运合同租船。

定程租船的费用包括定程租船运费和定程租船的装卸费。

定程租船运费的计算方法主要有两种：一种是按运费率(Rate Freight)来计算运费，即规定每单位重量或单位体积的运费额；另一种是按整船包价(Lumpsum Freight)，即规定一笔整船运费，船东保证船舶能提供的载货重量和容积，而不管租方实际装船多少。

定程租船的装卸费在定程租船合同中有明确规定。具体做法有四种：船方负担装货费和卸货费；船方管装不管卸；船方管卸不管装；船方既不管装也不管卸，但须明确理舱费和平舱费由谁负担。

(2) 定期租船

定期租船(Time Charter)是由船舶所有人将船舶出租给承租人，供其使用一定时期的租船运输。

定期租船与定程租船的不同之处：

① 定期租船按期限租赁船舶；定程租船按航程租赁船舶。

② 定期租船的租船方负责船舶的调度、货物运输、船舶在租期内的营运管理和日常开支；定程租船由船方直接负责船舶的经营管理。

③ 定期租船的租金一般是按租期每月每吨若干金额计算；定程租船的租金或运费，一般按装运货物的数量或航次包租总金额计算。

(3) 光船租船

光船租船(Bare Boat Charter)是船舶所有人将船舶出租给承租人使用一定时期，由承租人自己配备船长、船员，负责船舶营运管理所需的一切费用。光船租赁的实质是属于单纯的财产租赁。

(三) 海洋运输的特点

海洋运输是指利用商船在国内外港口之间通过一定的航区和航线进行货物运输的一种方式。在国际贸易中，国际货物运输总量的80%以上多采用了海洋运输方式，其具有以下三大特点：

1. 运载量大

海洋运输多为万吨巨轮，其运载能力远远大于铁路运输和航空运输，例如，55 万吨级油轮的运载量相当于 12 500 个火车车皮。

2. 运费低廉

由于海洋运输可以利用四通八达的天然航道，并且运程远以及运载能力大，分摊于每货运费吨的运输成本较低，其运价就相对低廉，是铁路运输的 1/5，航空运输的 1/30。

3. 对货物的适应性强

海洋运输可适应多种货物的运输，对超长、超重的货物有较强的适应性。

由于受自然条件的限制，海洋运输的航行速度比较慢，易受气候条件影响，且风险也相对较大。对于易受气候条件影响的货物，或急需的货物不宜采用海洋运输。

（四）海上货物运输单据

海上货物运输单据主要有海运提单和海运单两种形式。

1. 海运提单

(1) 海运提单的作用

海运提单(Bill of Lading, B/L)简称提单，是货物的承运人或其代理人收到货物后，签发给托运人的一种证件，用以说明货物运输有关当事人之间的权利与义务。其主要作用表现如下：

① 货物收据。提单是承运人或其代理人签发的货物收据，证明已按提单所列的内容收到货物。

② 物权凭证。提单是货物所有权的凭证，提单的合法持有人凭提单可在目的港向船运公司提取货物，也可在载货船舶到达目的港之前，通过对提单的背书转让该货物所有权，或凭以向银行办理押汇货款。

③ 运输契约的证明。提单是承运人与托运人之间订立的运输契约的证明，在提单背面印就的运输条款中，明确规定了承运人与托运人双方之间的权利、义务、责任和豁免，是处理承运人和托运人之间争议的法律依据。

(2) 海运提单的主要内容

海运提单因船公司而异，有着不同的格式，但其主要内容基本一致，通常包括正面的记载事项和背面印就的运输条款。

提单正面的记载事项，分别由托运人和承运人或其代理人填写，如样例 4—1所示。

样例 4—1

海运提单实样

<table>
<tr><td colspan="2">Shipper</td><td rowspan="6">B/L NO.
中国对外贸易运输总公司
CHINA NATIONAL FOREIGN TRADE TRANSPORT CORPORATION
直运或转船提单
BILL OF LADING DIRECT OR WITH TRANSSHIPMENT
SHIPPED on board in apparent good order and condition (unless otherwise indicated) the goods or packages specified herein and to be discharged at the mentioned port of discharge of as near they're to as the vessel may safely get and always afloat.
THE WEIGHT, measure, marks and numbers quality, contents and value particulars furnished by the Shipper, are not checked by the Carrier on loading.
THE SHIPPER, Consignee and the Holder of this Bill of Lading hereby expressly accept and agree to all printed, written or stamped provisions, exceptions and conditions of this Bill of Loading, including those on the back hereof.
IN WITNESS where of the number of original Bill of Loading stated below have been signed, one of which being accomplished, the other(s) to be void.</td></tr>
<tr><td colspan="2">Consignee or order</td></tr>
<tr><td colspan="2">Notify address</td></tr>
<tr><td>Pre-carriage by</td><td>Port of loading</td></tr>
<tr><td>Vessel</td><td>Port of transshipment</td></tr>
<tr><td>Port of discharge</td><td>Final destination</td></tr>
</table>

Container Seal No. or marks and Nos.	Number and kind of packages Description of goods	Gross weight (kgs.)	Measurement (m^3)

REGARDING TRANSSHIPMENT INFORMATION PLEASE CONTACT	Freight and charge

Ex. rate	Prepaid at	Freight payable at	Place and date of issue
	Total Prepaid	Number of original B(s)/L	Signed for or on behalf of

提单背面的运输条款是有关托运人、承运人、收货人和提单持有人之间权利与义务的主要依据，事先都由船运公司印制好。

(3) 海运提单的种类

海运提单从不同的角度分类，可分为以下几种：

① 已装船提单和备运提单

已装船提单(On Board B/L or Shipping B/L)是指承运人将货物装上指定的船只后签发的，并注明载货船舶名称和装货日期的提单。

备运提单(Received for Shipping B/L)是承运人收到托运的货物后，在待装船期间签发给托运人的提单，该单据上无装船日期和载货的具体船名。

已装船提单和备运提单的根本区别在于,货物是否已装船。对于进口商来说,存在的风险大不相同,在实际业务中,都采用已装船提单。

② 清洁提单和不清洁提单

清洁提单(Clean B/L)是指货物在装船时表面状况良好,承运人在签发提单上未加任何货损、包装不良或其他有碍结汇的批注。

如果承运人在签发提单上注明货物或包装有缺陷等批注,即构成不清洁提单(Unclean B/L or Foul B/L)。清洁提单和不清洁提单反映了不同的货物状况,为了规避风险,银行和进口商只接受清洁提单。

议题一

大连粮油进出口公司与日商签订了大豆销售合同,规定用麻袋包装。装船后,由于该批货物部分用旧麻袋进行包装,船长在收货单上批注"货物部分包装是旧麻袋"。请分析,这是否构成不清洁提单?为什么?

③ 记名提单、不记名提单和指示提单

记名提单(Straight B/L)是在提单的收货人栏里,写明收货人的具体名称,不能通过背书进行转让。

不记名提单(Black B/L or Open B/L)是指提单收货栏内留空,不需任何背书,即可转让,风险极大。

提单收货人一栏内填写"凭指定"、"凭发货人指定"等字样,就是指示提单(Order B/L)。指示提单可通过空白背书或记名背书进行转让。空白背书由背书人在提单背面签名,注明背书日期;记名背书是指背书人除了在提单背面签名外,还列明被背书人名称。由于指示提单既有流通性,又有安全性。在实际业务中,使用最多。

④ 直达提单、转船提单和联运提单

直达提单(Direct B/L)是指装载出口货物船只直接驶往目的港所签发的提单。

转船提单(Transshipment B/L)是指货物需经过中途转船才能到达目的港,由承运人在装运港签发的全程提单。转船提单上一般注明转船船名和"在某港转船"字样。

联运提单(Through B/L)是指货物需要经过海运和其他运输方式联合运输才能到达目的港,由第一承运人签发,在目的港或目的地凭以提货的提单。

直达提单、转船提单和联运提单是因运输的方式而异,出口货物究竟采用何种方式运输,应视航线、运费和航期而定。

⑤ 班轮提单和租船提单

班轮提单(Liner B/L)是指由班轮公司承运货物后,签发给托运人的提单。

租船提单(Charter Party B/L)是指承运人根据租船合同而签发的提单。这种提单受租船合同条款的约束,银行或买方在接受这种提单时,通常要求卖方提供租船合同的副本。

⑥ 全式提单和略式提单

全式提单(Long Form B/L)是指提单背面列有承运人、托运人权利与义务的详细提单。

略式提单(Short Form B/L)是指背面无条款,而只列出正面内容的提单,法律效力与全式提单相同,仅为提单内容的繁简而异。

⑦ 正本提单和副本提单

正本提单 (Original B/L) 是指提单上标有"正本"的字样,由承运人、船长或其代理人签名盖章,并注明签发日期的提单。

副本提单(Copy B/L)是指提单上没有承运人、船长或其代理人签字盖章,也无"正本"的字样。银行只接受正本提单,副本提单仅供工作上参考之用。

⑧ 预借提单、倒签提单和过期提单

预借提单(Advanced B/L)是指因信用证规定的装运日期和议付日期已到,而货物因故未能及时装船,但已被承运人接管,或已经开始装而未装完,托运人出具保函,让承运人签发已装船提单,这种提单称为预借提单。预借提单是非法的。

倒签提单(Anti-dated B/L)是指承运人应托运人的要求,签发提单的日期早于实际装船日期的提单。倒签提单不按实际日期签发,是一种欺骗行为,因而是违法的。

过期提单(Stale B/L)是指收货人在船舶抵达目的港前,不能收到银行按正常邮寄程序转给收货人的提单。根据惯例,凡在提单签发后 21 天才向银行提交的提单均属于过期提单,银行对该提单予以拒收。

⑨ 其他种类

舱面提单(On Deck B/L)是指承运人对装于甲板上的货物,所签发给托运人的提单。由于舱面货风险较大,因此,银行一般不接受舱面提单。

电子提单(Electronic Bill of Loading)是将纸面提单的全部内容,以电子形式进行传递的电子数据。国际法和各国法律对电子数据都予以承认。

2. 海运单

海运单(Sea Waybill, Ocean Waybill)是海上运输合同和货物收到的证明单据。海运单不是物权凭证,不可转让,也不能提货,收货人凭到货通知提货。

二、航空货物运输方式

航空运输从货物运输的特点来看,可分为班机、包机、集中托运和航空急件运送等方式。

(一) 班机运输

1. 班机运输的含义

班机运输(Scheduled Airline)是指在固定时间、固定航线、固定始发站和固定目的站的航空运输。班机通常使用客货混合型飞机,一些大的航空公司也有定期全货机的航班。班机运输适用于运送急需物品、鲜活商品和节令性商品。

2. 航空运输货物运价

航空运输货物的运价是指从启运机场至目的机场的运价,一般按重量或体积重量从高计算(体积 0.006 立方米等于 1 千克)。

航空运输货物运价的计算方法是:

(1) 先求出货物的体积,除以 0.006 得出体积重量;

(2) 体积重量与毛重比较,择高作为计费重量;

(3) 将计费重量乘以费率得出航空运费。

例 2 某公司出口货物 100 箱,每箱毛重为 23 千克,总体积是 6.7 立方米,从上海空运东京,运价每千克 13.58 元(100 克起算)。该批货物的空运费是多少?

解:

(1) 6.7÷0.006=1 117(千克)

(2) 体积低于毛重,按毛重作为计费重量

(3) 13.58×23×100=31 234(元)

(二) 包机运输

包机(Chartered Carrier)是指包租整架飞机或由几个发货人联合包租一架飞机来运送货物。

包机可以分为:(1)整架包机。其适用于运送数量较多的商品,如果能充分利用来回程舱位,包机的费用比航班运输要低得多;如果只使用单程,则费用较高。(2)部分包机。其适用于多个发货人,如货物到达站又是同一地点的,该方式运费较低,但时间较长,急需货物或有时限要求的货物不宜采用。

（三）集中托运

集中托运(Consolidation)是指航空运输公司把若干单独发运的货物组成一整批货物，用一份总运单(附分运单)整批发运到预定目的地，由航空公司在那里的代理人收货、报关，然后再将货物进行分拨交给实际收货人。集中托运的运费较低，一般比班机的运费低 7%～10%。

（四）航空急件运送

航空急件运送(Air Express Service)即快件业务，是专门经营该业务的空运代理公司设专人，用最快的速度在货主、机场、用户之间传送急件的服务项目。航空急件运送是国际航空运输中最快捷的运输方式，适用于急需的药品、医疗器械、贵重物品、图纸资料、货样及单证等的传送。

航空急件运送方式主要有：(1)机场到机场，即发货人在飞机始发站将货物交给航空公司，收货人到目的地机场取货。(2)门到门服务，指快件公司派专人到发货人办公室取货，货到目的地后由专人送交收货人手中。(3)专人随机送货，是由快件公司派专人把货送到收货人手中。

（五）航空货物特点

航空运输是利用飞机进行进出口货物运输的一种方式，包括国内航空运输和国际航空运输。其特点主要有：(1) 运货速度快，交货时间短，对于鲜活、易腐商品的运输，具有独特的优势。(2)安全准时，货损货差率非常低。(3)可节省包装和储藏等费用。

（六）航空运输的承运人

1. 航空运输公司

航空运输公司是航空货物运输业务中的实际承运人，负责办理从启运机场到目的机场的运输，并对全程负责。

我国国际航空运输公司主要有国内航空公司、国外航空公司和包机运输公司，如中国东方航空公司(MU)、德国汉莎航空公司(LH)、英国航空公司(BA)、美国西北航空公司(NW)、日本航空公司(JL)等 40 多家。

2. 航空货运代理公司

航空货运代理公司负责办理航空货物运输的定舱，在始发机场和目的机场的交接货物和进出口报关以及作为航空公司的代理办理接货、签发航空运单，并对运输过程负责。中国对外贸易运输总公司既是中国民航的代理，也是我国进出口公司的货运代理，担任航空货运代理公司的职责。

（七）航空货运单

1. 航空货运单的主要内容

航空货运单(Air Waybill)是承运人和托运人之间签订的运输契约，也是承运人或其代理人签发的货运收据。

航空货运单的正面载有航线、日期、货物名称、数量、包装、价值、收货人名称与地址、发货人名称与地址、运杂费等项目，背面则印有托运人和承运人双方各自的责任、权利与义务等内容的条款。

航空货运单一般有一式十二联，其中分正本三联、副本六联和额外副本三联。正本第一联注明"Original-for the Shipper"交托运人；正本第二联注明"Original-for the Issuing Carrier"由航空公司留存；正本第三联注明"Original-for the Consignee"由航空公司随机带交收货人。其余副本由航空公司按规定和需要进行分发，作为报关、结算、国外代理中转分拨等用途分别使用。航空运单样式如样例4－2所示。

2. 航空货运单的种类

航空货运单依签发人的不同，可分为总运单(Master Air Waybill)和分运单(House Air Waybill)两种形式。总运单是由航空公司签发给集中托运商(航空货运代理公司)的单据。分运单则由航空货运代理公司签发给托运人的单据，在内容上基本相同，并具有同样的法律效力。

应注意的是，航空运单不是物权凭证，收货人提货的不是凭航空运单，而是凭航空公司的提货通知单。因此，航空运单不能背书转让，在航空运单的收货人栏内，不能做成指示性抬头，必须详细填写收货人的全称和地址。

三、铁路货物运输方式

铁路货物运输是指利用铁路进行国际贸易货物运输的一种方式，在内陆接壤国家间的国际贸易中，占有着重要的地位。铁路货物运输不受气候条件的影响能进行正常的运输，具有速度快、运量大、风险较小的特点。

(一) 我国对外贸易铁路运输的运营方式

我国对外贸易铁路运输的运营方式有国际铁路货物联运和对港澳地区的铁路运输。

1. 国际铁路货物联运

国际铁路货物联运(International Railway Through Transport)是指在两个或两个以上国家的铁路运送中，使用一份运送票据，并以连带责任办理货物的全程运送，在由一国铁路向另一国铁路移交货物时，无需收、发货人参加的一种铁路运输方式。在国际铁路联运中，货主只需把货物交给铁路装车后，始发站的外运机构代为办理进出口报关手续，国与国之间铁路交接运送由铁道部门全程负责。

样例 4—2
航空运单实样

781 -3905 0933 **781-3905 0933**

Shipper' Name and Address	Shipper's Account Number	Not negotiable **Air Waybill** Issued by 中国东方航空公司 CHINA EASTERN AIRLINES 2250 HONGQIAO ROAD SHANGHAI CHINA
Consignee's Name and Address	Consignee's Account Number	Copies 1,2 and 3 this Air Waybill are originals and have the same validity IT IS AGREED THAT GOODS DESCRIBED HEREIN ARE ACCEPTED IN APPARENT GOOD ORDER AND CONDITION (EXCEPT AS NOTED) FOR CARRIAGE SUBJECT TO THE CONDITIONS OF CONTRACT ON THE REVESE HEREOF. ALL GOODS MAY BE CARRIED BY ANY OTHER MEANS INCLUDING ROAD OR ANY OTHER CARRIER UNLESS SPECIFIC CONTRARY INSRUCTIONS ARE GIVEN HEREON BY THE SHIPPER, AND SHIPPER AGREES THAT THE SHIPPMENT MAY BE CARRIED VIA INTERMEDIATE STOPPING PLACES WHICH THE CARRIER DEEMS APPROPRIATE. THE SHIPPER'S ATTENTION IS DRAWN TO THE NOTICE CONCERNING CARRIER'S LIMIATION OF LIABILITY. SHIPPER MAY INCREASE SUCH LIMITATION OF LIMITATION OF LIABILITY BY DECLARING A HIGHER VALUE FOR CARRIAGE AND PAYING A SUPPLEMENTAL CHARGE IF REQUIRED.
Issuing Carrier's Agent Name and City		Accounting Information
Agents IATA Code	Account No.	
Airport of Departure (Addr. Of First Carrier) and Requested Routing		

To	By First Carrier	Routing and Destination	To	By	To	By	Currency	CHGS Code	WT/VAL PPD	WT/VAL COLL	Other PPD	Other COLL	Declared Value for Carrier	Declared Value for Customs

Airport of Destination	For Carrier Use Only	Amount of Insurance	If shipper requests insurance in accordance with the conditions thereof indicate amount to be insures in figures in box marked "Amount of Insurance".

Handing Information

No. of Place RCP	Gross Weight	kg lb	Rate Class Commodity Item No.	Chargeable Weight	Rate/Charge	Total	Nature and Quantity of Goods (Incl. Dimensions or Volume)

Prepaid	Weight Charge	Collect	Other Charges
	Valuation Charge		
	Tax		
	Total other Charges Due Agent		Shipper certifies that particular's on the face hereof are correct and agrees THE CONDITIONS ON REVERSE HEREOF:
	Total other Charges Due Carrier		Signature Shipper or his Agent
Total Prepaid		Total Collect	Carrier certifies that the goods described hereon are accepted for carriage subject to THE CONDITION OF CONTRACT ON THE REVERSE HEREOF. the goods then being in apparent good order and condition except as noted hereon.
Currency Conversion Rate		CC Charges in Dest..Currency	Executed on (date) at (place) Signature of issuing Carrier
For Carriers Use only at Destination		Charges at Destination	Total Collect Charges 789-3905 0933

目前，国际铁路货物联运有两种方式：

（1）“货协国”之间的运输

这是指签署了《国际铁路货物联运协定》(简称"国际货协")成员国之间的货物运输。"国际货协"是1951年签订的,当时参加的国家有苏联、民主德国、捷克斯洛伐克、阿尔巴尼亚、保加尼亚、波兰、罗马尼亚、匈牙利、中国、朝鲜、蒙古、越南。尽管"货协"中的东欧、苏联相继解体,但铁路货物联运并未终止,原"货协"之间的运作仍然袭用。

(2)"货协国"与"货约国"之间的运输

这是指参加《国际货协》的国家与参加《国际铁路货物运送公约》(简称"国际货约")的国家之间的货物运输。1890年,欧洲各国在瑞士首都伯尔尼举行的各国铁路代表大会上制定了《国际铁路货物运送规则》,1938年修改为《国际铁路货物运输公约》。参加的国家有德国、奥地利、比利时、丹麦、西班牙、法国、希腊、意大利、列支敦士登、卢森堡、挪威、荷兰、葡萄牙、英国、瑞士、瑞典、土耳其和南斯拉夫共18国。

"货协国"与"货约国"之间运输的具体做法是:从"货协国"发货,使用国际铁路货协的联运单据,在货物运到最后一个货协国国境时,由铁路边境站负责改换适当的联运票据继续转至终点站。

2. 对港澳地区的铁路货物运输

对港澳地区的铁路货物运输属于国内铁路运输的范围,但与一般铁路货物运输不同,是由国内段铁路运输和港澳段铁路运输组成的两票运输。

(1)对香港铁路运输的具体做法

就出口货物而言,先由发货人按《国内铁路货物运送规程》的规定,由始发站运至深圳北站,交深圳外运公司交货(不卸车)。然后,由深圳外运公司代发货人与香港有关货运代理公司办理香港段运输。

就进口货物而言,货物从香港运至罗湖桥,由深圳外运公司接受香港承运人的委托向内地铁路部门办理托运手续。

(2)对澳门铁路运输的具体做法

先将货物从发送地托运到广州,收货人为广东省外运公司,再由省外运公司办理水路中转手续并将货物运至澳门,由澳门南光集团运输部负责接货并转交收货人。

(二)铁路货物运输单据

铁路货物运输分为国际铁路联运和对港、澳地区的铁路货运两种方式,前者使用国际铁路联运运单,后者使用承运货物收据。

1. 国际铁路联运运单

国际铁路联运运单是参加联运的发送国铁路与发货人之间订立运输契约

的证明，规定了参加联运的各国铁路和收、发货人的权利与义务。当发货人向始发站提交全部货物，并付清有关的一切费用，经始发站在运单和运单副本上加盖始发站承运戳记、证明货物已被接受承运后，运输合同即生效。国际铁路联运运单不是物权凭证，不能转让。

由于国际铁路货物联运分快运和慢运两种，所以在运单及副本上有不同的标记。快运货物运单及其副本的正反两面的上边和下边加印有红线，慢运货物则不加红线。

国际货协运单样式如样例 4—3 所示。

样例 4—3

国际货协运单

<table>
<tr><td colspan="4">运 行 报 单</td><td colspan="5">批号
25 检查标签</td></tr>
<tr><td rowspan="2">铁路名称</td><td colspan="3">1 发货人、通讯地址</td><td colspan="5">2 合同号
3 发　站</td></tr>
<tr><td colspan="3">5 收货人、通讯地址</td><td colspan="5">4 发货的特别声明</td></tr>
<tr><td colspan="4">6 对铁路无约束效力的记载</td><td colspan="5">26 海关记载</td></tr>
<tr><td colspan="4" rowspan="2">7 通过的国境站</td><td colspan="5">27 车辆　28 标记载重(吨)　29 轴数
30 自重　31 换装的货物重量</td></tr>
<tr><td>27</td><td>28</td><td>29</td><td>30</td><td>31</td></tr>
<tr><td colspan="4">8 到达路(局)和到站</td><td></td><td></td><td></td><td></td><td></td></tr>
<tr><td>国际货协运单 慢快</td><td>9 记号、标记、号码</td><td>10 包装种类</td><td>11 货物名称</td><td>12 件数</td><td colspan="2">13 发货人确定的重量(千克)</td><td colspan="2">32 铁路确定的重量(千克)</td></tr>
</table>

2. 承运货物收据

承运货物收据是承运人出具的货物收据，是承运人与托运人签订的运输契约，也是收货人凭以提货的凭证。我国内地通过铁路运往港、澳地区的出口货物，一般多委托中国对外贸易运输公司承办。当出口货物装车发运后，对外贸易运输公司即签发一份承运货物收据给托运人，作为对外办理结汇的凭证。

承运货物收据的格式及内容和海运提单基本相同，主要区别是它只有第一联为正本。在该正本的反面印有“承运简章”，载明承运人的责任范围。

承运货物收据样式如样例 4—4 所示。

样例 4—4

承运货物收据　　　　总编第　　　号

公元　　年　　月　　日　　　　字　　　号

委运人： 地址：	收货人： 地址：

本据所列货物已向银行 叙做押汇本据应过户： 本据一经过户，非经押汇银行签收 收购人不得凭提货件

运输路线　自　　至　　经由　　车号　　票号

标　记	货物名称	包　装	件　数	重量或尺码	附　记
许可证报关单号：		信用证号：		启运日期：	

有效承运货物收据工发　　　纸、凭一纸提货，其余作废

特约事项：		提货地点：
押汇银行签认：	收货人签认：	承运人签章：

四、国际多式联运方式

国际多式联运是在集装箱运输的基础上产生和发展起来的一种综合性的连贯运输方式，是以集装箱为媒介，把海、陆、空各种传统的单一运输方式有机结合起来，组成国际间的连贯运输。

(一) 国际多式联运应具备的条件及特点

1. 国际多式联运应具备的条件

国际多式联运(International Multimodal Transport)是指按照多式联运合同，以至少两种不同的运输方式，由多式联运经营人将货物从一国境内接管货物的地点运至另一国境内指定交付货物地点的运输方式。

根据《联合国国际货物多式联运公约》的规定，进行多式联运必须具备下列条件：

(1) 必须有一个多式联运合同，明确多式联运经营人与托运人之间的权利、义务、责任和豁免。

(2) 必须是国际间两种或两种以上不同运输方式的连贯货物运输。

(3) 必须使用一份全程的多式联运运输单据，并有一个多式联运经营人对全程运输负责。

(4) 必须实行全程单一的运输费率。

多式联运经营人是国际多式联运的当事人，是整个运输的总承运人和多式联运合同的履行者，承担从接受货物开始一直到交付货物为止的全程运输责任。

事实上，国际多式联运极少由一个经营人承担全部运输。往往是接受了货主的委托后，联运经营人自己承担一部分运输工作，而将其余各段运输工作再委托其他的承运人。但这又不同于单一的运输方式，这些接受多式联运经营人转托的承运人，只是依照运输合同关系对联运经营人负责，与货主不发生任何关系。

2. 国际多式联运的特点

国际多式联运的特点，主要有以下三个方面：

(1) 具有集装箱货物运输的安全性和高效性

国际多式联运的货物是集装箱或集装化的货物，这使得国际多式联运具有集装箱运输的高效率、高质量和高技术的特点。

(2) 具有简单性、统一性

国际多式联运是实行一票到底全程单一费率的运输，发货人只办理一次托运、一次计付运费、一次保险，通过一张运输单据就可实现从启运地到目的地的全程连贯的货物运输。

(3) 能降低运输成本

国际多式联运经营人可以通过货物运输路线、运输方式和对各区段实际承运人的选择，来提高运输速度的目的，而且还可以降低运输成本。

(二) 国际多式联运的责任制

国际多式联运经营人的责任期间是从接管货物之时起到向收货人交付货物之时止。在此期间，对责任范围和赔偿限额方面有以下三种规定：

1. 统一责任制

国际多式联运经营人对货物灭失或损坏，无论发生在哪个区段，都按同一原则负责，并按同一约定的限额进行赔偿。

2. 分段责任制

国际多式联运经营人的责任范围是以各区段运输的责任为限。如为海上区段，则按《海牙规则》规定处理；航空区段则以《华沙公约》的规定办理。在不适用国际法时，应按相应的国内法办理。对不明区段货物隐蔽损失，按双方约定办理。

3. 混合责任制

在责任范围方面与统一责任制相同，在赔偿限额方面与分段责任制相同。

(三) 国际多式联运单据

1. 国际多式联运单据的作用

国际多式联运单据是指多式联运经营人收到货物的收据和凭以交付货物的凭证，是多式联运合同的证明。根据发货人的要求，多式联运单据可以做成可转让的，也可以做成不可转让的。多式联运单据如签发一套一份以上的正本单据，应注明份数，其中一份完成交货后，其余各份正本即失效。副本单据没有法律效力。

2. 国际多式联运单据与联运提单的区别

国际多式联运单据与联运提单不同，其区别主要表现如下：

(1) 责任范围不同

国际多式联运单据的多式联运经营人对全程负责；联运提单的联运经营人只对第一程负责。

(2) 单据签发的对象不同

国际多式联运单据是由国际多式联运经营人签发；联运提单则由承运人、船长或承运人的代理人签发。

(3) 联运组成的方式不同

国际多式联运单据的运输可以由任何两种或两种以上的方式组成;联运提单的运输仅指海运和其他运输方式的结合,且海运必须为联运中必不可少的第一程运输。

(4) 单据记载的事项不同

国际多式联运单据可以不表明货物已装船,也无须载明具体的运输工具;联运提单必须表明货物已装船并载明具体装船的船名和装船日期。

五、集装箱运输方式

集装箱(Container)是用钢板等材料制成的长方形容器,是货物运输的一种辅助设备,又称货柜。目前,使用的国际集装箱规格主要有 20 英尺(3 个箱型)和 40 英尺(4 个箱型)两种。为便于计量,国际上都以 20 尺集装箱作为计量单位,以 TEU 表示,意即"相当于 20 尺单位"。

(一) 集装箱运输的作用

集装箱运输(Container Transport)是以集装箱作为运输单位进行货物运输的一种现代化运输方式,其作为成组化运输中的高级运输形态,适用于海洋运输、铁路运输和国际多式联运,其中集装箱海运已成为国际主要班轮航线的主要运输方式。它的作用主要有:

1.提高运输效率

由于集装箱采取专用的装卸设备,有利于提高装卸效率,扩大了港口的吞吐量,加速船舶的周转,从而缩短了货运时间。

2.保障货物的安全

由于集装箱的结构坚固,可以防止盗窃和挤压,减少货差损失。同时,集装箱是根据主要运输货物的特性进行科学设计,能有效地保护货物的品质,有利于提高货运质量。

3.降低货运成本

其主要表现为:(1)采用集装箱运输可以从简外包装,节省相应的包装用料和包装费用;(2)各班轮公司承运集装箱货物的运费比非集装箱货物的运费约低 10%;(3)保险公司对集装箱货运的保险费比普通货运保险费约低 10%;(4)集装箱运输中间环节的减少可以节省一些杂项费用,如货物中途的免检费等。

(二)集装箱运输的托运方式

1. 整箱托运(Full Container Load,FCL)

整箱托运是在海关监督下,由货主在自己的仓库或工厂将货物装入集装箱内，加铅封后直接运至集装箱堆场等待装运。货到目的地后，收货人可直接从目的地集装箱堆场提走。

2. 拼箱托运(Less than Container Load，LCL)

拼箱托运是指货量不足一整箱，需由承运人在集装箱货运站负责将不同发货人的少量货物拼装在一个集装箱内的托运方式。货到目的地后，由承运人拆箱分发给各收货人。

集装箱运输采用的交接方式主要有：

(1)“整箱接、整箱交”(FCL/FCL)，指承运人从起运地到目的地都是整箱交接货物，如“门到门”、“场到场”、“门到场”、“场到门”等。

(2)“整箱接、拼箱交”(FCL/LCL)，即发货人一个，但收货人为多人，故货到目的地后须拆箱分发，如“场到站”、“门到站”等。

(3)“拼箱接、拼箱交”(LCL/LCL)，如发货人和收货人为多个人时，必须在集装箱货运站将不同发货人的少量货物拼装在一个集装箱内。货到目的地后，由承运人拆箱分发给各收货人，如“站到站”。

(三) 集装箱海运运费的计费方法

集装箱海运运费是由船舶运费和一些有关的杂费组成。目前，有下列两种计算方法：

1. 按件杂货基本费率加附加费

这种方法按件杂货计算方法，以每运费吨为计算单位，再加收一定的附加费。

2. 按包箱费率

这种方法以每个集装箱为计费单位，但各船公司的包箱费率是有所不同的。

例3　出口手工工具1 800箱，毛重150 000千克，尺码255m^3，共装10个集装箱。目的港悉尼，中远班轮至该港20’集装箱的包箱费率为1 800美元。该批货物的集装箱运费是多少？

解： 1 800×10＝18 000(美元)

六、贸易合同海运装运条款的拟订

(一) 装运条款的主要内容

在国际货物买卖合同中，装运条款主要包括对装运时间、装运港、目的港、分批装运、转运和装运通知等内容做出具体的规定。明确合理地规定装运条款，是保证贸易合同顺利履行的重要条件。

1. 装运时间

装运时间(Time of Shipment)又称装运期,是指卖方将合同规定的货物装上运输工具或交给承运人的期限。这是贸易合同的主要条款,卖方必须严格按规定时间交付货物,不得任意提前和延迟。否则,买方有权拒收货物,解除合同,并要求损害赔偿。装运时间的规定方法如下:

(1) 明确规定具体的装运时间

一般有两种规定方法:一是规定一段时间,如“5 月装运”、“5/6/7 月装运”;二是规定最迟期限,如“装运期不迟于 5 月 31 日”。

这种规定方法的特点是期限具体,含义明确,既可使卖方有一定时间进行备货和安排运输,又可避免买卖双方的争议,实际业务中使用较为普遍。

(2) 规定收到信用证后若干天装运

如收到信用证后 30 日内装运。该方法可避免合同签订后,买方因申请不到进口许可证或因货物市场对买方不利等情况不开信用证所带来的损失。为了避免买方故意拖延开证,还应注明“买方最迟于某月某日之前将信用证开抵卖方”。

在国际贸易中,装运时间与交货时间(Time of Delivery)是两种不同的概念。在使用 FOB、CFR、CIF 等贸易术语签订的买卖合同,交货和装运的概念是一致的,装运时间与交货时间可以当作同义语。如采用 DES(目的港船上交货)、DEQ(目的港码头交货)等贸易术语达成交易时,交货和装运是完全不同的概念。装运时间是指卖方在装运港将货物装上船或其他运输工具的时间;交货时间是指货物运到目的港交给买方的时间。

2. 装运港和目的港

装运港(Port of Shipment)是指货物起始装运的港口。目的港(Port of Destination)是指最终卸货的港口。在国际贸易中,装运港一般由卖方提出,经买方同意后确认。目的港一般由买方提出,经卖方同意后确认。其规定方法如下:

(1) 通常只规定一个装运港和一个目的港,且明确港口的具体名称。如“装运港:青岛(Port of Shipment: Qingdao);目的港:伦敦(Port of Destination: London)”。

(2) 根据业务的需要可规定两个或两个以上的装运港和目的港,并明确港口的名称。如“装运港:伦敦/利物浦;目的港:青岛/大连”。

(3) 笼统规定某一航区为装运港或目的港。如在交易磋商时,难以明确规定装运港和目的港时,可以采用该方法,如“装运港:中国港口;目的港:地中海主要港口”。

议题二

广州某进出口公司欲向加拿大客商销售一批食品。外商提出每袋50美元CIF魁北克，运输方式为海运，交货期为当年的12月份。试分析，我方能接受吗？为什么？

3. 分批装运和转船

分批装运(Partial Shipment)是指一个合同或信用证项下的货物，分若干批装于不同航次船只而进行的运输。出现分批装运的原因很多，卖方主要是由于成交数量大，或货源不充分，或国内运输紧张等；买方主要是根据市场销售量需要分批进口，可减少库存，降低相关费用。值得注意的是：同一船只、同一航线中多次装运的货物，即使提单注明不同的日期和装运港，只要目的港相同，不视作分批装运。根据《跟单信用证统一惯例》规定：如信用证或合同未明确规定禁止分批装运，应视为允许。

分批装运一般有三种规定方法：

(1) 只规定“允许分批装运”，其余不加任何限制。

(2) 订明分若干批装运，而不规定每批装运的数量。

(3) 订明每批装运的时间和数量。

在订立装运条款时，如要规定定期、定量分批装运，要留有适当的间隔，防止过分集中，以免因装运困难而违规。按照《跟单信用证统一惯例》规定：只要信用证规定分批装运，如其中任何一批未按信用证所规定的期限装运，则该批及以后各批均视为无效。

议题三

上海进出口公司对国外出口10 000公吨大豆，信用证规定不准分批装运。由于货在不同产地，该公司在规定的装运期限内，分别在大连、新港各装5 000公吨于同一航次的“奋发”号船上，提单上装运地和装运日各栏内分别注明了大连、新港和不同的装运日期。请分析，这会构成分批装运吗？为什么？

转船(Transshipment)是指在远洋货运中，货物装船后在中途港换装其他船舶至目的港。货物需要转船的主要原因，是货物至目的港无直达船，或目的港不在装载货物的班轮航线上。货物中途转船不仅延误时间和增加费用，而且还有可能出现货损货差。

4. 装运通知

为了互相配合，明确双方的责任，共同做好车、船、货的衔接工作，买卖双方都要承担互相通知的义务。因此,装运通知(Advice of Shipment)也是装运条款中的一项重要内容。

按照国际贸易的惯例,在FOB条件成交时,卖方应在约定的装运期开始以前,向买方发出货物备妥通知,以便买方及时派船接货;买方接到卖方通知后,应按约定的时间,将船名、船舶到港日期等通知卖方,以便卖方及时安排货物出运和准备装船。

若按CIF、CFR、FOB条件成交时,卖方应于货物装船后,立即将合同号、货物名称、数量、重量、发票金额、船名及装载日期等项内容电告买方,以便买方做好各项准备工作。

相关知识链接 **滞期和速遣条款**

在国际贸易中,大宗商品大多使用承租船运输。由于装卸时间的长短和装卸效率的高低直接关系到船方的利益得失,所以船方在出租船舶时,要求在定程租船合同中规定装卸时间、装卸率,并规定延误装卸时间和提前完成装卸任务的罚款与奖励办法,以约束租船人。

装卸时间是指允许完成装卸任务所约定的时间,一般以天数或小时来表示。装卸时间的起算计算方法,通常是以船长向承租人或其代理人递交"装卸准备就绪通知书"起算。而止算时间,一般以货物装完或卸完的时间为准。所谓装卸率是指单位时间即每日装卸货物的数量。装卸率的高低关系到各方当事人的利益,如规定过高,完不成装卸任务,要承担滞期费。

滞期费是指租船人在规定的时间内未完成装卸任务给船方造成经济损失而支付的罚金。

速遣费是租船人提前完成装卸任务给船方节省在港费用,船方向租船人支付的奖金。

(二) 拟订装运条款应注意的问题

1. 关于装运时间的规定

(1) 应考虑货源和船源的实际情况。卖方在签订合同时,必须考虑到货源的具体情况,避免造成有船无货或有货无船的现象。

(2) 装运时间的规定要有合理性。对装运时间的规定既要明确,又不能规定太死,应当适度。在信用证支付条件下,要考虑装运时间和开证日期的衔接。

(3) 要避免使用一些不确定的装运术语。根据国际商会《跟单信用证统一惯例》(600号出版物)规定,如除非在单据中要求使用该类词语,否则对诸如"迅速"、"立即"、"尽快"等用词将不予理会。

(4) 应注意商品的性质、特点及交货的季节性。如夏季不宜装运易霉易烂的商品，避免某些国家或地区的冰冻期等。

2. 关于装运港和目的港的规定

(1) 不应接受我国政府不允许往来的目的港口。

(2) 在出口业务中，对国内装运港的规定，一般以接近货源地的对外贸易港口为宜，并要考虑港口、运输条件和费用等情况。

(3) 对目的港的规定应明确具体。世界各国港口重名的很多，如维多利亚港在世界上有 12 个之多；也不宜接受外商对目的港的笼统规定，如"欧洲主要港口"。因为欧洲的港口很多，且各港口的条件不同，远近不同，运费和附加费的差别也很大，如果确实需要，则应规定选择目的港所增加的运费和附加费由买方承担。

(4) 要考虑目的港口的具体条件，有无直达班轮航线，港口的装卸情况和有无冰封期等。对内陆国家的贸易，要选择离内陆城市最近的港口为宜。

3. 关于分批装运和转船的规定

(1) 在订立分批装运条款时，如要规定定期、定量分批装运，要留有适当的间隔，防止过分集中。按照《跟单信用证统一惯例》规定：只要信用证规定分批装运，如其中任何一批未按信用证所规定的期限装运，则该批及以后各批均视为无效。

(2) 由于《跟单信用证统一惯例》、各国法律对合同或信用证未作准许转船的规定理解不一，为此，买卖双方在合同中订立转船条款必须做出具体的规定。

七、拟订贸易合同海运装运条款的实例

拟订贸易合同海运装运的条款，如样例 4—5 所示。

样例 4—5

方 正 进 出 口 贸 易 公 司

FANGZHENG IMPORT & EXPORT TRADE CORPORATION

222 ZHONGSHAN ROAD SHANGHAI CHINA

TEL：(021) 65788877	**销 售 确 认 书**	S/C No.：TXT264
Fax：(021) 65788876	**Sales Confirmation**	DATE：Apr.10，2012

To Messrs：

TKAMRA CORPORATION

6-7，KAWARA MACH OSAKA JAPAN

谨启者：兹确认售予你方下列货品，其成交条款如下：

Dear Sirs,

We hereby confirm having sold to you the following goods on terms and conditions as specified below:

唛 头 SHIPPING MARK	货物描述及包装 DESCRIPTIONS OF GOODS, PACKING	数 量 QUANTITY	单 价 UNIT PRICE	总 值 TOTAL AMOUNT
T.C TXT264 OSAKA C/NO.1-UP	100% COTTON COLOUR WEAVE T-SHIRT		CIF OSAKA	
	TM111	2 000 PCS	USD 11.00	USD 22 000.00
	TM222	2 000 PCS	USD 10.00	USD 20 000.00
	TM333	1 000 PCS	USD 9.50	USD 9 500.00
	TM444	1 000 PCS	USD 8.50	USD 8 500.00
	PACKED IN CARTON 20 PCS OF EACH			

装运港： SHANGHAI PORT
LOADING PORT&:

装运条款

目的港： OSAKA PORT
DESTINATION:

装运期限： LATEST DATE OF SHIPMENT 120630
TIME OF SHIPMENT:

分批装运： PROHIBITED
PARTIAL SHIPMENT:

转 船： PROHIBITED
TRANSSHIPMENT:

工作任务二 货物运输保险条款的拟订

业务导入

国际货物运输保险是指被保险人向保险人按一定金额对运输过程中的货物投保一定的险别，缴纳保险费，由保险人对被保险货物遭遇承保责任范围内的损失给予经济补偿。由于国际贸易货物的交付，要经过长时间的运输、装卸和存储，期间可能会遭受许多风险，导致货物损坏或灭失。为了保障货物在遭受损失时能得到经济上的补偿，贸易双方必须按合同的规定办理货物的运输保险(Cargo Transportation Insurance)。

一、保险的基本原则

（一）保险利益原则

保险利益(Insurable Interest)，是指投保人对保险标的在法律上应当具有的利益。如果投保人对保险标的不享有保险利益的，该保险合同无效，这就是保险利益原则。

国际货运保险同其他保险一样，要求被保险人必须对保险标的具有保险利益，但国际货运保险又不像有的保险（如人身保险）那样要求被保险人在投保时便具有保险利益，它仅要求在保险标的发生损失时必须具有保险利益。

例如，一份FOB合同，买方为货物投保了一切险（包括“仓至仓”条款），货物在从卖方仓库至码头的运输期间发生承保范围内的损失，事后买方向保险公司提赔，结果遭到拒绝，理由即是风险发生时买方尚不具备保险利益。

（二）最大诚信原则

最大诚信原则(Principle of Utmost Good Faith)是指投保人和保险人在签订保险合同以及在合同有效期内，必须保持最大限度的诚意，双方都应恪守信用，互不欺骗隐瞒。对被保险人来说，最大诚信原则主要有两方面的要求：一是重要事实的申报；二是保证。

例如，在货物运输保险中，被保险人应向保险人提供保险标的、运输条件、航程以及包装条件等方面的真实情况。根据我国《海商法》规定，如果被保险人故意未将重要情况如实告知保险人，保险人有权解除合同，并且不退还保险费。合同解除前发生保险事故造成损失的，保险人不负赔偿责任。

（三）补偿原则

保险的补偿原则(Principle of Indemnity)，又称损害赔偿原则，是指当保险标的遭受保险责任范围内的损失时，保险人应当依照保险合同的约定履行赔偿义务。但保险人的赔偿金额不得超过保险单上的保险金额或被保险人遭受的实际损失。保险人的赔偿不应使被保险人因保险赔偿而获得额外利益。

如果被保险人将同一标的（例如同一批货物）分别向两家或两家以上保险人投保相同的风险，即重复保险，其保险金额的总和超过了该保险标的的价值，当保险事故发生后，被保险人获得的赔偿金额总和不得超过其保险标的的价值。

（四）近因原则

近因原则(Principle of Proximate Cause)是指保险人只对承保风险与保险标的之间有直接因果关系的损失负赔偿责任，而对保险责任范围外的风险造成的保险标的的损失，不承担赔偿责任。

例如，美国和伊拉克战争期间，伊拉克某企业将投保一切险的出口商品运至码头仓库待运，此时，适逢敌对势力的轰炸，引起仓库火灾，使该批商品受损。当被保险人要求保险公司赔偿时，保险公司予以拒绝。理由为，造成货物受损的原因有两个：投弹和火灾，而投弹是造成货损的直接原因。由于造成损失的近因不属于保险公司责任范围，因此，保险公司可予以拒赔。

二、我国海洋货物运输保险

在我国的保险业务中，国际货物运输保险通常是由被保险人按照中国保险条款(China Insurance Clause，简称 C.I.C.)向保险人进行投保。中国保险条款是中国人民保险公司根据我国保险业务的实际需要，并参照国际惯例制订的，其根据运输方式分为《海洋货物运输保险条款》、《陆运货物运输保险条款》、《航空货物运输保险条款》和《邮包货物运输保险条款》。

1981 年 1 月 1 日修订的《海洋货物运输保险条款》，对承保的范围、险别、保险人和被保险人的权利、义务等内容都作了如下明确具体的规定。

(一) 海洋货物运输保险承保的范围

由于货物在海上运输或海陆交接过程中，可能会遭受各种各样的风险和损失，对此《海洋货物运输保险条款》对承保的范围以及赔偿责任都作了明确规定。

1. 保险人承保的风险

海上货物运输的保险人所承保的风险，分为海上风险和外来风险。

(1) 海上风险

海上风险(Perils of the Sea)又称海难，即货物在海上运输中发生的风险，包括自然灾害和意外事故。自然灾害(Natural Calamities)是仅指因恶劣气候、雷电、海啸、地震、洪水和火山爆发等原因所引起的人力不可抗拒的灾害。意外事故(Fortuitous Accidents)是指运输工具在运输过程中遭受搁浅、触礁、沉没、互撞、失踪、失火和爆炸等意外原因所造成的事故。

(2) 外来风险

外来风险(Extraneous Risks)通常是指由于海上风险以外的其他外来原因引起的风险。外来风险可分为两种形式：一般外来风险(General Extraneous Risks)，其指被保险货物在运输途中由于一般外来原因造成的损失，如偷窃、雨淋、短量、沾污、渗漏、破碎、串味、受潮、锈损、钩损等；特殊外来风险

(Special Extraneous Risks)，是由于国家的政策、法令、行政措施、军事等特殊外来原因所造成的风险与损失，如因战争、罢工等原因导致交货不到或出口货物被有关当局拒绝进口而引起的损失。

2. 保险人承保的损失

保险人承保的损失是海损(Average)，即被保险货物在海洋运输中因海上风险包括与海陆连接的陆上和内河运输中所发生的损坏或灭失。按照货物的损失程度，海损可分为全部损失和部分损失。

(1) 全部损失

全部损失(Total Loss)简称全损，是指在运输中的整批货物，或不可分割的一批货物的全部损失。全损又有实际全损和推定全损两种。

实际全损是指被保险货物在运输途中完全损毁和灭失。主要包括下列几种情况：

① 被保险货物完全灭失，如遭遇海难的船只与所载货物同时沉没。

② 被保险货物的丧失已无法挽回，如全部货物被海盗劫走或被敌方扣押。

③ 被保险货物已丧失原有的价值，如茶叶经水浸泡后不可饮用。

④ 船舶失踪达一定时期，可视该船舶及其所载货物为全部灭失。

推定全损(Constructive Total Loss)是指被保险货物在海运途中遭遇承保风险后，实际全损已不可避免，或为了避免发生实际全损所需支付的费用与继续运至目的地的费用之和将超过保险价值。当发生推定全损的情况时，被保险人可以要求保险人按部分损失赔偿或全部损失赔偿。如按全部损失赔偿，被保险人必须向保险人发出委付通知。

所谓委付(Abandonment)是指被保险人表示愿意将保险标的的一切权利和义务移交给保险人，并要求保险人按全部损失赔偿的一种做法。委付必须经保险人同意后，方能生效。如被保险人不办理委付，保险人将给予部分损失的赔偿。

(2) 部分损失

部分损失(Partial Loss)是指被保险货物没有达到全损程度的损失。按照部分损失的性质，可分为共同海损和单独海损。

共同海损(General Average)是指载货船舶在航行中遭遇自然灾害或意外事故并危及船、货等共同安全时，船方为了解除这种风险，有意识地采取了合理措施所做出的某些特殊的牺牲或支出额外的费用。共同海损的成立必须具备三个条件：①风险必须是实际存在或不可避免的，且危及船、货共同安全；

②所采取的措施必须是主动的、合理的；③所做出的牺牲是特殊性质的，支出的费用是额外的，且必须是有效的。

例如，载货船舶在航程中遭遇风暴，船体严重倾斜，船长为了避免翻船沉没，命令船员将舱内部分货物抛入海中保持平衡，被抛入的货物即为共同海损牺牲。又如，载货船舶在航行中遭遇搁浅，船长雇用拖轮牵引脱险，由其产生的费用是共同海损费用。

共同海损的牺牲和费用应由船方、货方和运费方以最后获救的价值按比例分摊，这就是共同海损的分摊(General Average Contribution)。

单独海损(Particular Average)是指除共同海损以外的，仅由各受损者单独负担的部分损失。

例如，某载货船舶在航程中遭遇暴风雨，导致某舱内的部分水泥被海水打湿，使其失去了原有价值。这部分损失仅由该出口商承担，与其他货主和船东无关，故属于单独海损。

共同海损和单独海损虽然都属于部分损失，但两者有着明显的区别。具体表现如下：

① 造成海损的原因不同。单独海损是承保风险所直接导致货物损失，而共同海损则是为了解除或减轻船、货、运费三方的共同风险，采取主动行为所造成的损失。

② 损失构成的内容有异。单独海损通常是指货物本身的损失，而共同海损既包括货物牺牲，又包括因采取必要措施而引起的费用损失。

③ 损失承担的责任有别。单独海损由受损方独自承担，而共同海损则应由各受益方按受益大小的比例分摊损失。

议题四

出口货物承载的运行船舶A舱因雷击起火，船长下令灌水灭火。火虽被扑灭，但由于灌水使其他货物和主机受损，必须雇用拖轮牵引至附近港口修理。试分析，上述各项损失中哪些是共同海损？哪些是单独海损？

3. 保险人承保的费用

被保险货物遭遇保险责任范围内的风险，除了货物本身遭受损失之外，还会产生因营救而支出的费用。保险人对这种费用也给予赔偿，其主要有施救费用和救助费用。

(1) 施救费用

施救费用(Sue and Labour Charges)是指被保险货物在遭遇保险责任范围内的自然灾害和意外事故时,被保险人或其他代理人为抢救被保险货物,防止损失继续扩大所支出的合理费用。

(2) 救助费用

救助费用(Salvage Charges)是指被保险货物遭受承保范围内的灾害事故时,由保险人和被保险人以外的无契约关系的第三者采取救助措施并且获救成功,被救方向施救者支付的费用。

(二) 海洋货物运输保险的险别

险别是保险人的承保责任和被保险人缴纳保险费的依据。我国海洋运物运输保险的险别分为基本险和附加险,基本险可单独投保,附加险须在投保基本险的基础上才能加保。

1. 基本险

按照中国人民保险公司 1981 年 1 月 1 日修订的《海洋运输货物保险条款》规定,海洋运输保险的基本险别分为平安险(Free From Particular Average,简称 FPA)、水渍险(With Particular Average, WPA)和一切险(All Risks)三种。

(1) 平安险

保险公司对平安险的责任范围如下:

① 被保险货物在运输途中由于恶劣气候、雷电、海啸、地震、洪水等自然灾害造成整批货物的实际全损或推定全损。

② 由于运输工具遭受搁浅、沉没、触礁、互撞、与流水或其他物体碰撞以及失火、爆炸等意外事故造成货物的全部或部分损失。

③ 在运输工具已经发生搁浅、触礁、沉没、焚毁等意外事故的情况下,货物在此前后又在海上遭受恶劣气候、雷电、海啸所造成的部分损失。

④ 在装卸或转运时,被保险货物一件或数件整件落海所造成的全部或部分损失。

⑤ 被保险人对遭受承保责任内的危险货物采取抢救、防止或减少货损的措施而支付的合理费用,但以不超过该批被救货物价值为限。

⑥ 运输工具遭遇海难后,在避难港由于卸货所引起的损失,以及在中途港或避难港因卸货、存仓和运送货物所产生的特别费用。

⑦ 共同海损所引起的牺牲、分摊和救助费用。

⑧ 如果运输契约订有“船舶互撞条款”,则按该条款规定应由货方偿还船方的损失。

平安险是承保责任的范围最小、所缴保险费较少的一种基本险别。

(2) 水渍险

水渍险包括平安险的各项责任,还负责被保险货物由于恶劣气候、雷电、海啸、地震、洪水等自然灾害造成的部分损失。因此,水渍险比平安险的责任范围大,保险费率亦比平安险要高。

(3) 一切险

一切险包括平安险和水渍险的各项责任,还负责对被保险货物在海运途中因一般外来原因所造成的全部损失或部分损失。因此,在三种基本险中,一切险的责任范围最大、保险费率最高。

我国基本险别的承保责任起讫,采用国际保险业通用的"仓至仓"条款(Warehouse to Warehouse Clause, W/W),即保险公司的保险责任自被保险货物离开保险单所载明的启运(港)地发货人的仓库开始,直至该货物到达保险单所载明的目的(港)地收货人的仓库、或被保险人用作分配时终止。如果被保险货物从船上卸下后,放在码头或海关仓库,而没有运到收货人的仓库,保险责任仍继续有效,但最长负责到卸离海轮后 60 天为止。如果在此期间货物需转运至非保险单所载明的目的地时,则以开始转运时终止。

议题五

黑龙江粮油进出口公司与德商签订一份小麦销售合同,数量 10 000 公吨,由卖方投保平安险。货到目的港后,德商在码头进行包装,期间下起了暴雨,致使 100 多公吨未包装的小麦致损。于是,德商以货物在保险有效期内为由,向保险公司提出索赔。试分析,德商能否得到保险公司的理赔呢?为什么?

2. 附加险

我国海洋货物运输保险条款的附加险有一般附加险和特殊附加险两种。

(1) 一般附加险

一般附加险(General Additional Risk)承保因一般外来风险所造成的全部或部分损失。其险别如下:

① 偷窃、提货不着险(Theft ,Pilferage and Non-delivery),指承保被保险货物因偷窃行为所致的损失和整件提货不着等损失,负责按保险价值赔偿。

② 淡水雨淋险(Fresh Water and /or Rain Damage),指承保被保险货物因遭受雨淋、雪融或其他原因的淡水所致的损失,保险公司给予赔偿。

③ 短量险(Risk of Shortage),指承保被保险货物的数量和实际重量短缺的损失,由保险公司负责赔偿。

④ 混杂、沾污险(Risk of Intermixture and Contamination),指承保货物在运输过程中,因混进杂质所造成的损失,或因与其他物质接触而被沾污所造成的损失,保险公司给予理赔。

⑤ 渗漏险(Risk of Leakage),指承保的液体物质和油类物质,如在运输过程中因容器损坏而引起的渗漏损失,或用液体储藏的货物因液体的渗漏而引起货物的腐败、变质等损失,保险公司给予赔偿。

⑥ 碰损、破碎险(Risk of Clash and Breakage),指保险公司对机械设备或易碎性物质等承保货物,在运输途中因颠簸、挤压、装卸野蛮造成货物本身的碰损和破碎的损失给予赔偿。

⑦ 串味险(Risk of Odour),指承保被保险货物因与其他异味货物混装,致使其品质受损,由保险公司负责赔偿。

⑧ 受热、受潮险(Damage Caused by Sweating and/or Heating),指承保货物在运输过程中,因气温突变或因船上通风设备失灵致使船舱水气凝结、发潮、发热所造成的损失。

⑨ 钩损险(Hook Damage),指承保货物在装卸过程中,因使用手钩、吊钩等工具所造成的损失,并对包装进行修补或调换所支付的费用负责赔偿。

⑩ 包装破裂险(Loss and /or Damage Caused By Breakage of Packing),指承保货物在运输过程中,因装运或装卸不慎致使包装破裂所造成的损失。

⑪ 锈损险(Risk of Rust),指承保货物在运输过程中,由于生锈所造成的损失。

议题六

江西外贸公司向韩国出口大米 8 000 公吨,投保平安险并加淡水雨淋险。该货轮在航行途中,因船上水管漏水,致使 200 多公吨大米致损。请分析,保险公司对该损失是否给予赔偿呢?为什么?

(2) 特殊附加险

特殊附加险(Special Additional Risk)是承保由于特殊外来风险所造成的全部或部分损失。主要有下列八种:

① 战争险(War Risk),承保因战争、类似战争行为和敌对行为、武装冲突或海盗行为及由此引起的捕获、拘留、禁止和扣押所造成的损失,或各种常规

武器所造成的损失，以及由于上述原因引起的共同海损牺牲、分摊和救助费用。

战争险的责任起讫是以水上危险为限，即自货物在起运港装上海轮或驳船时开始，直到目的港卸离海轮或驳船时为止。如果不卸离海轮或驳船，则从海轮到达目的地的当日午夜起算满 15 天，保险责任自行终止；如果在中途港转船，保险责任以海轮到达该港或卸货地点的当日午夜起算满 15 天为止，等到再装上续运海轮时恢复有效。

② 罢工险(Strikes Risk)，指承保货物因罢工者、被迫停工工人、参加工潮暴动和民变的人员采取行动，或任何人的恶意行为所造成的直接损失，以及上述行为所引起的共同海损的牺牲、分摊和救助费用负责赔偿。

罢工险不包括罢工等行为的间接损失，其按战争险费率计收。按国际保险业惯例，如投保战争险再加保罢工险，不另增收保险费。罢工险的保险责任起讫，采取“仓至仓”条款。

③ 交货不到险(Failure to Deliver Risk)，是指不论任何原因，从承保货物装上船舶开始，不能在预定抵达目的地的日期起 6 个月内交货的，负责按全损赔偿。

④ 进口关税险(Import Duty Risk)，指承保货物遭受保险责任范围以内的损失，而海关仍要求被保险人按完好货物价值完税时，保险公司对损失部分货物的进口关税负责赔偿。

⑤ 拒收险(Rejection Risk)，指承保货物具备有效进口许可证的情况下，被进口国当局拒绝进口或没收，按货物的保险价值负责赔偿。

⑥ 舱面险(On Deck Risk)，指承保货物存放舱面时，除按保险单所载条款负责外，还包括被抛弃或被风浪冲击落水的损失。如果普通集装箱装在舱面，则视同舱内货物承保，货主不必加保舱面险。

⑦ 黄曲霉素险(Aflatoxin Risk)，指承保险货物因所含黄曲霉素超过进口国的限制标准，被拒绝进口、没收或强制改变用途而遭受的损失。

⑧ 货物出口到中国香港(包括九龙)特别行政区或澳门特别行政区存仓火险责任扩展条款(Fire Risk Extension Clause for Storage of Cargo at Destination Hongkong, Including Kowloon ,or Macao)，指承保货物运抵目的港香港(包括九龙在内)或澳门卸离运输工具后，如果直接存放于保险单载明的过户银行所指定的仓库，该保险对存仓火险的责任至银行收回押款解除货物的权益为止，或运输险责任终止时满 30 天为止。

议题七

山东粮油进出口公司向某国出口大豆10 000公吨，投保了一切险和罢工险。货物运抵目的港时，恰逢港口工人罢工，并与警察发生冲突，这批大豆被当作掩体，损失惨重。请分析，保险公司对该损失是否负责赔偿呢？为什么？

（三）保险的除外责任

除外责任是指保险人不承担赔偿的范围。其主要内容有：(1)被保险人的故意行为或过失所造成的损失。(2)属于发货人责任所引起的损失。(3)在保险责任开始前，被保险货物已存在的品质不良或数量短差的损失。(4)被保险货物的自然损耗、本质缺陷、特性，以及市价跌落、运输延迟引起的损失或费用。(5)海洋运输货物战争险和罢工险所规定的除外责任。

议题八

海南岛贸易公司于当年7月向外商出口巧克力一批，并向中国人民保险公司投保了一切险。由于航程太长，2个月后才到达目的港，致使巧克力部分软化难以销售，于是进口商向保险公司提出索赔。请分析，保险公司能否给予赔偿呢？为什么？

三、我国其他货物运输保险

（一）航空货物运输保险

航空货物运输保险是在海洋运输货物保险基础上发展起来的，由于航空运输方式与海运具有不同的特点，因此在承保的险别与责任范围都有所不同。

1. 航空货物运输保险的险别

根据航空货物运输保险条款的规定，航空货物运输保险有航空运输险和航空运输一切险两种基本险别。此外，还有航空运输货物战争险等附加险。

(1) 航空运输险

航空运输险(Air Transportation Risks)是指保险公司对承保货物在运输途中遭受雷电、水灾、爆炸，或由于飞机遭受恶劣气候，或其他危难事故所造成的全部或部分损失，并包括对保险责任范围的货所采取的抢救而支付的合理费用，但以不超过被救货物的保险金额为限。本险别的承保责任范围与海洋货物运输保险中的“水渍险”大致相同。

(2) 航空运输一切险

航空运输一切险(Air Transportation All Risks)除包括上述航空运输险

的全部责任外，对被保险货物在运输途中由于一般外来原因所造成的全部或部分损失，由保险公司承担赔偿责任。

航空运输险和航空运输一切险的责任起讫也采用“仓至仓”条款。但与海洋货物运输保险“仓至仓”责任条款不同的是：如果货物运达目的地而未运抵收货人仓库或储存处，则以被保险货物在最后卸载地卸离飞机后满 30 天，保险责任即告终止。如在上述 30 天内转运非保险单载明的目的地时，则以该转运起终止。

(3) 航空运输货物战争险

航空运输货物战争险(Air Transportation Cargo War Risks)是由保险公司负责赔偿因战争、类似战争行为、敌对行为或武装冲突，以及各种常规武器和炸弹所造成的货物损失。

航空运输货物战争险是一种附加险，其他附加险还有罢工险，其责任范围与海洋运输罢工险的责任范围相同。投保人在投保了航空运输险或航空运输一切险的基础上，才可加保附加险。

航空运输货物战争险的责任起讫，从被保险货物在启运地装上飞机时开始，直到到达目的地卸离飞机时为止。如果货物不卸离飞机，则以飞机抵达目的地当日午夜起算满 15 天为止。

议题九

浙江水产品进出口公司通过空运向日本出口一批鲜活大闸蟹，数量为 800 千克，投保了航空运输一切险、战争险和罢工险。飞机抵达目的地机场时遇到机场工人罢工，无人卸货，复工后发现该批大闸蟹已有一半死掉。请分析，保险公司对该损失能否给予赔偿呢？为什么？

2. 航空货物运输保险的除外责任

航空运输险和航空运输一切险的除外责任与海洋运输货物基本险的除外责任大致相同。航空运输货物战争险不包括原子弹或热核武器所导致的损失。

(二) 陆上运输货物保险

1. 陆运货物保险的险别

根据陆运货物保险条款的规定，陆运货物保险的基本险别有陆运险和陆运一切险两种。此外，还有陆上运输冷藏货物险的专门险，以及陆上运输货物战争险(火车)等附加险。

(1) 陆运险

陆运险(Overland Transportation Risks)，指承保货物在运输途中遭受暴风、雷电、洪水、地震等自然灾害，或由于陆上运输工具遭受碰撞、倾覆、出轨，或在驳运过程中因驳运工具遭受搁浅、触礁、沉没、碰撞，或由于隧道坍塌、崖崩、火灾、爆炸等意外事故所造成的全部或部分损失，并包括被保险人对遭受承保责任范围内风险的货物采取抢救措施而支付的合理费用，由保险公司负责赔偿，但以不超过该批被救货物的保险金额为限。陆运险的承保责任范围大致与海运货物保险中的“水渍险”相同。

(2) 陆运一切险

陆运一切险(Overland Transportation All Risks)除承担上述陆运险的赔偿责任外，保险公司还负责赔偿承保货物在运输途中因外来原因所造成的短少、短量、偷窃、渗漏、碰损、破碎、钩损、雨淋、生锈、受潮、受热、发霉、串味、沾污等全部或部分损失。陆运一切险的承保责任范围与海上运输货物保险条款中的“一切险”相似。

陆运险和陆运一切险的责任起讫也采用“仓至仓”条款。如果被保险货物在运抵最后卸载的车站满 60 天后，仍未进入收货人的最后仓库，则保险责任即告终止。

(3) 陆上运输冷藏货物险

陆上运输冷藏货物险(Overland Transportation Insurance Frozen Products Risks)除陆运险的承保范围之外，保险公司还负责赔偿由于冷藏机器或隔温设备在运输途中损坏所造成的承保货物解冻而腐坏的损失。陆上运输冷藏货物险是陆上运输货物险中的专项保险，具有基本险的性质。

陆上运输冷藏货物险的责任起讫：从起运地冷藏库装入运输工具开始运输时生效，直到货物到达目的地收货人仓库为止，但最长保险责任的有效期限以被保险货物到达目的地车站后 10 天为限。

(4) 陆上运输货物战争险(火车)

陆上运输货物战争险(火车)(Overland Transportation Cargo War Risks “by Train”)是陆运货物保险的附加险。该险承保在火车运输途中，因战争、类似战争和敌对行为、武装冲突所致的损失，以及各种常规武器所致的货物损失。

陆上运输货物保险的附加险还有罢工险，其承保范围与海洋运输货物罢工险的责任范围相同。

陆上运输货物战争险的责任起讫：自被保险货物装上保险单所载起运地火车时开始，到卸离保险单所载目的地火车时为止。若被保险货物不卸离火车，则以火车到达目的地的当日午夜起算，满 48 小时为止。

2. 陆运货物保险的除外责任

陆运险和陆运一切险的责任范围仅以火车和汽车运输为限。其除外责任与海洋运输货物保险的除外责任相同。陆上运输冷藏货物险因战争、罢工、运输延迟，或在保险责任开始时，因包装不妥、冷冻不合格导致承保货物的腐坏或损失，保险公司不予以负责。

陆上运输货物战争险（火车）承保责任范围，不包括敌对行为使用原子弹或热核武器所造成的损失。

（三）邮政运输货物保险

1. 邮包运输保险的险别

根据邮包保险条款的规定，邮包运输保险的基本险别分为邮包险和邮包一切险两种。此外，还有邮包战争险等附加险。由于邮包运输可能通过海、陆、空三种运输方式，因此保险责任兼顾了海、陆、空三种运输工具特征。

(1) 邮包险

邮包险（Parcel Post Risks）是指保险公司对承保的邮包在运输途中，由于遭受恶劣气候、雷电、海啸、地震、洪水等自然灾害，或由于运输工具搁浅、触礁、沉没、碰撞、出轨、坠落、失踪，或由于失火和爆炸等意外事故所造成的全部或部分损失负责理赔，并包括对遭受承保责任内风险的邮包所采取的抢救措施而支付的合理费用，但以不超过该批邮包的保险金额为限。

(2) 邮包一切险

邮包一切险（Parcel Post All Risks）除包括上述邮包险的全部责任外，保险公司还负责赔偿被保险的邮包在运输途中因外来原因造成的全部或部分损失。

邮包险和邮包一切险的保险责任起讫：自被保险邮包离开保险单所载明的起运地点、寄件人的处所运往邮局时开始生效，直至该项邮包运达保险单所载明的目的地邮局，自邮局发出通知书给收货人当日午夜起算满 15 天为止，如在期限内邮包一经递交至收件人的处所起，保险责任即告终止。

(3) 邮包战争险

邮包战争险（Parcel Post War Risks）是指保险公司承保在邮包运输途中，因战争、类似战争和敌对行为、武装冲突所致的损失，以及各种常规武器所致的货物损失。

邮包附加险除战争险外，还有罢工险，其责任范围与海运罢工险的责任范围相同。

邮包战争险的保险责任起讫：自被保险邮包经邮局收讫后自储存处所开始

运送时生效，直至该项邮包运达保险单所载明的目的地邮局送交收件人为止。

2. 邮包运输保险的除外责任

邮包险和邮包一切险的除外责任范围：对因战争、敌对行为、武装冲突和罢工所致的损失，以及由于运输延迟导致货物缺陷，或由被保险人的故意、过失所造成的损失不负责赔偿。邮包战争险不负责赔偿使用原子弹或热核武器所造成的损失和费用。

四、英国伦敦保险协会海运货物保险条款

英国伦敦保险协会是国际上有较大影响的保险机构，其货物保险条款(Institute Cargo Clauses)在国际上广为采用，于 1983 年 4 月 1 日起实施的伦敦保险协会货物新条款规定了以下 6 种险别：

协会货物条款(A)(Institute Cargo Clause A)；

协会货物条款(B)(Institute Cargo Clause B)；

协会货物条款(C)(Institute Cargo Clause C)；

协会战争险条款(货物)(Institute War Clause-Cargo)；

协会罢工险条款(货物)(Institute Strikes Clause-Cargo)；

恶意损坏条款(Malicious Damage Clause)。

以上 6 种保险条款中，前 3 种，即(A)、(B)、(C)是主险。战争险条款、罢工险条款和恶意损害险为附加险条款。

(一) 条款(A)的承保风险与除外责任

1. 条款(A)的承保风险

条款(A)承保范围较广，采用了“一切险减去除外责任”的规定方式。其承保风险是：

(1) 承保除“除外责任”各条款规定以外的一切风险所造成保险标的损失。

(2) 承保共同海损和救助费用。

(3) 根据运输契约订有“船舶互撞责任”条款应由货方偿还船方的损失。

2. 条款(A)的除外责任

条款(A)的除外责任包括一般除外责任、不适航和不适货除外责任、战争险除外责任、罢工险除外责任。但在条款(A)的除外责任中，不包括“海盗行为”和“恶意损害条款”。

(二) 条款(B)的承保风险和除外责任

1. 条款(B)的承保风险

条款(B)承保风险是采用“列明风险”的方式，其承保风险是：

(1) 归因于火灾、爆炸所造成的灭失和损失。

(2) 归因于船舶或驳船触礁、搁浅、沉没或倾覆所造成的灭失和损害。

(3) 归因于运输工具倾覆或出轨所造成的灭失和损害。

(4) 归因于船舶、驳船或运输工具同任何外界物体碰撞所造成的灭失和损害。

(5) 归因于在避难港卸货所造成的灭失和损害。

(6) 归因于地震、火山爆发或雷电所造成的灭失和损害。

(7) 共同海损的牺牲引起保险标的损失。

(8) 由于抛货或浪击入海引起保险标的损失。

(9) 由于海水、湖水或河水进入船舶、驳船、运输工具、集装箱、大型海运箱或贮储处所引起保险标的损失。

(10) 货物在装卸时落海或跌落造成整件的全损。

2. 条款(B)的除外责任

条款(B)的除外责任是在条款(A)的除外责任基础上,再加上条款(A)承保的"海盗行为"与"恶意损害险"。

(三) 条款(C)的承保风险和除外责任

1. 条款(C)的承保风险

条款(C)的承保风险比条款(B)少,它只承保"重大意外事故"的风险,而不承保条款(B)中的自然灾害(如地震、火山爆发、雷电等)和非重大意外事故(如装卸过程的整件灭失等)。

2. 条款(C)的除外责任

条款(C)的除外责任与条款(B)相同。

(四) 协会货物保险主要险别的保险期限

保险期限(Period of Insurance)亦称保险有效期,是指保险人承担保险责任的起止期限。英国伦敦保险协会海运货物条款(A)、(B)、(C)条款与我国海运货物保险的"仓至仓"条款大致相同。

五、贸易合同货物运输保险条款的拟订

在国际货物买卖合同中,保险条款是买卖合同中的一项重要组成部分,直接关系到买卖双方的经济利益。对此,买卖双方必须明确做出具体的合理规定。

(一) 保险条款的主要内容

保险条款所涉及的内容,一般有投保金额、投保险别、保险费、保险单证

和保险适用的条款等。买卖双方在磋商和签订合同时，应予以明确规定。

由于合同中的保险条款与贸易条件有着必然的联系，故采用不同的贸易条件，则保险条款的内容也不尽相同。分别介绍如下：

1. FOB、FCA、CFR、CPT 贸易条件下的保险条款

如果按 FOB、FCA、CFR、CPT 贸易条件签订买卖合同，由买方办理保险手续，并支付保险费。在此情况下，合同中的保险条款比较简单，只须明确保险责任。

例如，“保险由买方负责办理”(Insurance To be Covered by the Buyers)。

如果买方委托卖方代为投保，在买卖合同中就要订明：

例如，“保险由买方委托卖方按发票金额××%，代为投保××险，保险费由买方负担”(Insurance To be effected by the Sellers on behalf of the Buyers for ××% of total invoice value against ×× Risks, Premiums to be for Buyers' account)。

2. CIF、CIP 贸易条件下的保险条款

如果按 CIF 或 CIP 贸易条件签订买卖合同，应由卖方负责办理货运保险并缴纳保险费。此时，保险涉及买卖双方的利益，买卖合同中的保险条款应订得明确具体，一般包括投保责任、保险金额、投保险别和适用的条款等内容。

例如，“保险由卖方按发票金额______% 投保______险和______险，按 1981 年 1 月 1 日中国人民保险公司海洋运输货物保险条款负责”(Insurance is to be Covered by Sellers for ______% of total invoice Value against ______ and ______, as per Ocean Marine Cargo Clause of The People's Insurance Company of China, dated January 1,1981.)

(二) 拟订保险条款应注意的问题

订立买卖合同中的保险条款，应注意的事项主要有：(1)应确定按中国保险条款，或英国伦敦保险协会的货物保险条款(Institute Cargo Clauses，简称 I.C.C.)进行投保；(2)应根据货物的性质和特点选择不同的基本险，如需另加保一种或几种附加险也应同时写明；(3)要确定投保加成率，如超过按发票金额 10%的加成，要说明由此而产生的保险费由买方负担；(4)保险单所采用的币种通常应与发票币种一致。

六、拟订贸易合同海洋货物运输保险条款的实例

拟订贸易合同海洋货物运输保险的条款，如样例 4—6 所示。

样例 4－6

方 正 进 出 口 贸 易 公 司

FANGZHENG IMPORT & EXPORT TRADE CORPORATION

222 ZHONGSHAN ROAD SHANGHAI CHINA

TEL:(021)65788877 销 售 确 认 S/C No.: TXT264

Fax: (021)65788876 **Sales Confirmation** DATE: Apr.10,2012

To Messrs:

TKAMRA CORPORATION

6-7,KAWARA MACH OSAKA JAPAN

谨启者：兹确认售予你方下列货品，其成交条款如下：

Dear Sirs,

We hereby confirm having sold to you the following goods on terms and conditions as specified below:

唛 头 SHIPPING MARK	货物描述及包装 DESCRIPTIONS OF GOODS, PACKING	数 量 QUANTITY	单 价 UNIT PRICE	总 值 TOTAL AMOUNT
T.C TXT264 OSAKA C/NO.1-UP	100% COTTON COLOUR WEAVE T-SHIRT TM111 TM222 TM333 TM444 PACKED IN CARTON 20 PCS OF EACH	 2 000 PCS 2 000 PCS 1 000 PCS 1 000 PCS	CIF OSAKA USD 11.00 USD 10.00 USD 9.50 USD 8.50	 USD 22 000.00 USD 20 000.00 USD 9 500.00 USD 8 500.00

保险：FOR 110 PERCENT OF THE INVOICE VALUE COVERING ALL RISKS AND WAR RISK AS PER PICC

INSURANCE:1981 1/1.

付款条件：L/C AT SIGHT.

TERMS OF PAYMENT:

买方须于2012 年5 月20 日前开出本批交易的信用证(或通知售方进口许可证号码)，否则，售方有权不经过通知取消本确认书，或向买方提出索赔。The Buyer shall establish the covering Letter of Credit (or notify the Import License Number) before May 20,2012, falling which the Seller reserves the right to rescind without further notice, or to accept whole or any part of this Sales Confirmation non-fulfilled by the Buyer ,or ,to lodge claim for direct losses sustained, if any.

凡以 CIF 条件成交的业务，保额为发票价的 110%，投保险别以售货确认书中所开列的为限，买方如果要求增加保额或保险范围，应于装船前经卖方同意，因此而增加的保险费由买方负责。For transactions conclude on C.I.F basis, it is understood that the insurance amount will be for 110% of the invoice value against the risks specified in Sales Confirmation. If additional insurance amount or coverage is required, the buyer must have consent of the Seller before Shipment, and the additional premium is to be borne by the Buyer.

专业知识与操作技能训练

一、专业理论知识训练

(一) 不定项选择题

1. 班轮运费由(　　)组成。

A. 基本运费　　B. 附加运费

C. 全程运费　　D. 临时议定价格

2. 基本运费的计算标准主要有(　　)。

A. 按货物毛重或体积计收运费

B. 按商品价格计收

C. 按货物毛重或体积从高计收

D. 按货物重量或尺码或价格从高计收

3. 提单的主要作用是(　　)。

A. 货物收据　　B. 运输契约证明

C. 提货依据　　D. 物权凭证

4. 通常银行或进口商接受的海运提单是(　　)。

A. 已装船提单　　B. 清洁提单

C. 指示提单　　D. 备运提单

5. 国际货物买卖合同中的装运条款主要包括(　　)。

A. 装运时间　　B. 装运港与目的港

C. 装运通知　　D. 分批装运与转运

6. 按照国际贸易的惯例，卖方在装船后及时向买方发出通知，其应包括(　　)。

A. 合同号　　B. 货名、包装数量、重量

C. 提单号　　D. 船名与装载日期

7. 航空货运单是承运人和托运人之间签订的运输契约，也是承运人或其代理人签发的货运收据，其正本有(　　)。

A. 一份　　B. 二份　　C. 三份　　D. 四份

8. 对我国香港地区出口货物的铁路运输由始发站运至深圳北站，其涉及运输当事人有(　　)。

A. 深圳外运公司　　B. 香港货运代理公司

C. 货物托运人　　D. 货物收货人

9. 对港、澳地区的铁路货物运输的货物收据是(　　)。

A. 国际铁路运单　　B. 国际铁路联运运单

C. 铁路运单　　D. 承运货物收据

10. 保险的基本原则主要是(　　)。

A. 保险利益原则　　B. 最大诚信原则

C. 补偿原则　　D. 近因原则

11. 投保人和保险人在签订保险合同以及在合同有效期内，必须恪守最大诚信原则，对被保险人来说主要必须为(　　)。

A. 支付保险费　　B. 重要事实申报

C. 获取补偿　　D. 保证

12. 保险条款所涉及的主要内容有(　　)。

A. 投保金额、投保险别　　B. 保险费

C. 保险单证　　D. 保险适用条款

13. 英国伦敦保险协会货物保险条款有六种险别，其中(A)、(B)、(C)与我国《海洋货物运输保险条款》中的(　　)相似。

A. FPA　　B. WPA　　C. All Risks　　D. WAR Risks

(二) 判断题

1. 船公司就同一包装和同一票内的混装货物采取就高不就低的收费原则。(　　)

2. 国际货物运输的运费都以人民币计收。(　　)

3. 海上货物运输单据主要有海运提单和海运单两种形式，因此海运单也是货物所有权的凭证。(　　)

4. 在交易磋商时，难以明确规定装运港和目的港时，可采用该“装运港：中国主要港口；目的港：地中海主要港口”等方法。(　　)

5. 根据《跟单信用证统一惯例》规定，同一批货物分别装在同一航线中的同一船只上，即使提单注明不同的日期和装运港，也不视作分批装运。(　　)

6. 航空运单不是物权凭证，收货人提货凭航空公司的提货通知单，航空运单的收货人栏内应做成指示性抬头。(　　)

7. 国际铁路联运运单是参加联运的发送国铁路与发货人之间订立运输契约的证明，是物权凭证。（　　）

8. 航空运输险和航空运输一切险的责任起讫采用“仓至仓”条款。（　　）

9. 罢工险承保货物因罢工者、被迫停工工人、参加工潮暴动和民变的人员采取行动，或任何人的恶意行为所造成的间接损失。（　　）

10. 某外贸公司采用 CIF 贸易术语对外出口货物一批，根据货物的特性投保了一切险和偷窃、提货不着险。（　　）

11. 根据我国海洋货物运输保险的规定，基本险可单独投保，附加险须在投保基本险的基础上才能加保。（　　）

12. 构成共同海损，其危险必须是不可避免的，且危及船、货共同安全，所采取的措施必须是合理的。（　　）

（三）简答题

1. 简述班轮运输的主要特点。
2. 简述订立买卖合同保险条款应注意的事项。
3. 简述保险除外责任的主要内容。

二、操作技能训练

（一）业务背景

广州纺织品进出口公司业务员王伟与法国 LEARA TRADE CO., LTD 业务经理 WIN 先生就男式衬衫进行了贸易磋商，双方就合同的装运和保险交易条件达成一致。

（二）操作资料

装运港：广州

目的港：马赛

装运期限：2012 年 7 月 31 日

分批、转船：允许

保险：按发票金额 110%投保我国海洋运物运输保险条款的一切险

（三）操作要求

请你以广州纺织品进出口公司业务员王伟的身份，根据上述资料用英语拟订销售确认书中的相关项目。

广州纺织品进出口贸易公司

GUANGZHOU TEXTILE IMPORT & EXPORT TRADE CORPORATION

530 BEIJING ROAD GUAGNZHOU, CHINA

TEL：(020)64043030 **销 售 确 认 书** S/C No.：

FAX：(020)64043031 **SALES CONFIRMATION** DATE：

To Messrs：

谨启者：兹确认售予你方下列货品，其成交条款如下：

Dear Sirs,

We hereby confirm having sold to you the following goods on terms and conditions as specified below：

唛 头 SHIPPING MARK	货物描述及包装 DESCRIPTIONS OF GOODS, PACKING	数 量 QUANTITY	单 价 UNIT PRICE	总 值 TOTAL AMOUNT

装运港：

LOADING PORT&：

目的港：

DESTINATION：

装运期限：

TIME OF SHIPMENT：

分批装运：

PARTIAL SHIPMENT：

转 船：

TRANSSHIPMENT：

保 险：

INSURANCE：

项目五　出口贸易合同的拟订

——国际贸易支付条款

学习与考证要点

- 汇付的种类及其业务的基本程序
- 托收的种类及其业务的基本程序
- 信用证的特点、种类、性质和作用
- 信用证基本业务程序
- 订立支付条款应注意的问题

业务背景

方正进出口贸易公司与日本客商 TKAMRA CORPORATION 进行交易磋商后，根据双方就货物支付方式达成的一致意见拟订支付条款，规定支付方式、付款日期和支付金额。

工作任务一　汇付支付方式条款的拟订

业务导入

汇付(Remittance)又称汇款，是指付款人主动通过银行或其他途径将款项汇给收款人。在国际贸易中如果采用汇付方式付款，一般由进口方按合同约定的条件，将货款通过银行寄给出口方。

汇款人在委托汇出行办理汇款时，要填写汇款申请书，汇出行接受申请后按申请书中的指示发出付款委托书，通过汇入行解付汇款。汇出行与汇入行之间订有代理契约，汇入行在代理契约规定的范围内承担解付汇款的义务。

汇付属于商业信用，银行只提供服务，不提供信用，也不承担任何风险和责任，贸易货款的结算完全取决于进出口双方中的一方对另一方的诚信。

一、汇付的种类

根据不同的汇款方式，汇付有电汇、信汇和票汇三种。

（一）电汇

电汇（Telegraphic Transfer，T/T）是由汇款人委托汇出行用电报、电传、环球银行间金融电讯网络（SWIFT）等电讯手段发出付款委托通知书给收款人所在地的汇入行，委托它将款项解付给指定的收款人。汇出行在发给汇入行的电报上须加注密押，以便汇入行核对证实电报的真伪。汇入行收到电报，核对密押无误后，缮制电汇通知书，通知收款人领款。

在实际业务中，电汇有两种形式：(1)前 T/T(Payment in Advance)是指进口商在交货前全款电汇，然后按合同规定将货物发给买方的一种结算方法。(2)后 T/T (Deferred Payment) 是出口商按照合同的规定先发货，买方见到提单传真件或收到提单后再全款电汇。

电汇方式付款速度最快，便于出口方迅速收汇结汇，但银行收取的费用较高。

（二）信汇

信汇（Mail Transfer，M/T）是指汇出行应汇款人的申请，将信汇委托书邮寄给汇入行，授权解付一定金额给收款人的一种汇款方式。

汇入行在收到汇出行邮寄来的信汇委托书，需核对汇出行的签字或印鉴，证实无误后才能向收款人解付汇款。

信汇方式在付款速度上较电汇慢，较票汇快，银行费用相对低廉。

（三）票汇

票汇（Demand Draft，D/D）是汇出行应汇款人的申请，开立以汇入行为付款人的银行即期汇票，列明收款人姓名、汇款金额等，交汇款人自行寄交或代交收款人，由收款人凭该票向汇入行取款的一种汇款方式。

在我国进出口业务中，当收到国外进口商寄来票据后，如付款银行在国外，我方均需委托当地银行通过付款地的国外代理行，向付款银行代为收款。当收到国外代收行的收妥通知，方可据以结汇。

电汇、信汇和票汇所使用的结算工具（如委托书通知、票汇）的传送方向与资金的流向相同，因此，称为顺汇法。

相关知识链接　**银行汇票与商业汇票**

汇票（Bill of Exchange/ Draft/ Bill）是出票人签发的，委托付款人在见票时或者在指定日期无条件支付确定金额给收款人或者持票人的票据。汇票根据出票人不同，可分为银行汇票和商业汇票。银行汇票是指出票人和付款人都是银行的汇票；商业汇票是指出票人是工商企业或个人，付款人可以是企业或个人或银行的汇票。

BANK OF CHINA　　号码：

本汇票有效期为一年　　No.

This draft is valid for one　　金额

year from the date of issue　　AMOUNT

中国银行

致：
TO
请付
PAY TO
金额
THE SUM OF

请凭本汇票付款划我行账户
PAY AGAINST THIS DRAFE TO THE
DEBIT OF OUR　ACCOUNT

中国银行上海分行
BANK OF CHINA SHANGHAI

二、汇付的业务程序

（一）汇付基本当事人

1. 汇款人（Remitter）即付款人，在国际贸易结算中，通常是进口方。

2. 汇出行（Remitting Bank）是指接受汇款人的委托，汇出款项的银行，通常是在进口地的银行。

3. 汇入行(Receiving Bank)是接受汇出行的委托，解付汇款的银行，通常是汇出行在出口地的代理银行。

4. 收款人(Payee)为收取款项的人，在国际贸易结算中，通常是出口方。

(二) 电汇与信汇的业务程序

电汇与信汇的业务流程如图 5—1 所示。

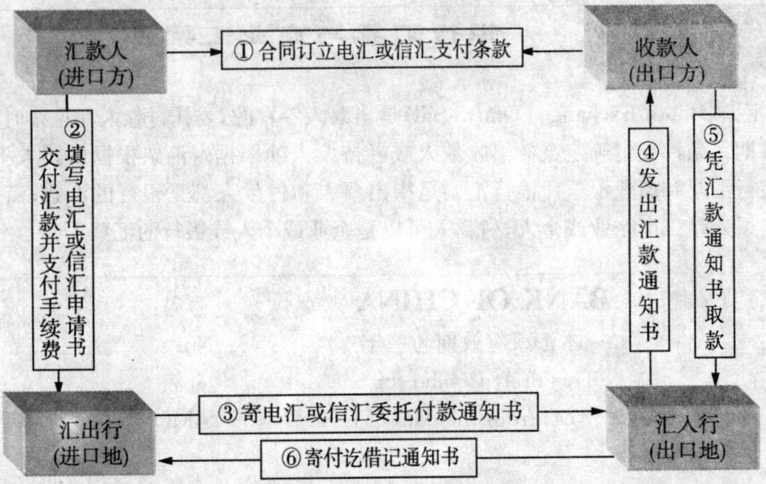

图 5—1 电汇与信汇业务流程

(三) 票汇的业务程序

票汇的业务流程如图 5—2 所示。

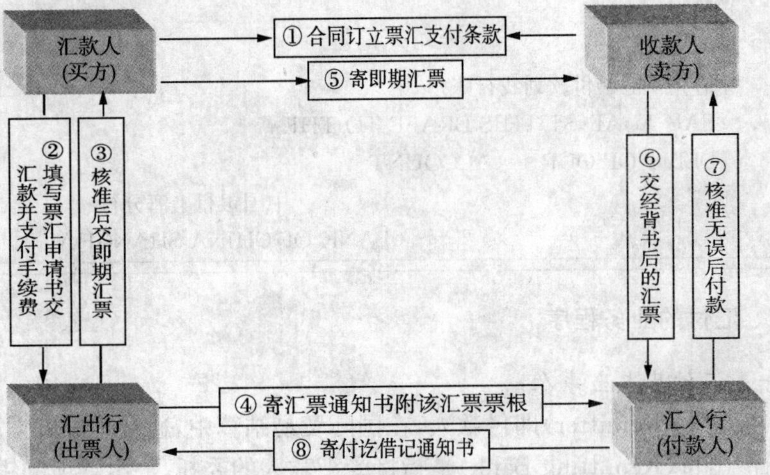

图 5—2 票汇业务流程

议题一

合同规定装运期为3月20日,3月1日前票汇付款,而买方却在3月15日才将汇票寄到卖方。为了保证按期交货,卖方如期装运,次日委托银行代收票款,数日后银行通知该汇票系伪造,并予以退票。此时,货已抵达目的地机场,买方凭到货通知将货提走,即人去楼空。请分析,卖方应吸取哪些教训?

三、贸易合同汇付支付条款的拟订

(一) 汇付支付条款的主要内容

贸易合同汇付支付条款的内容应包括货款收付的具体方式、付款时间和付款金额等具体内容。汇付通常用于预付货款和赊账交易,在贸易合同中应明确规定汇付的时间、具体的汇付方式和金额等内容。

例1 进口方应于2007年10月31日前,将全部货款用电汇方式预付给出口方。

The importer shall pay the total value to the exporter in advance by T/T not later than Oct.31, 2007.

例2 进口方采用后T/T支付方式将全部货款付给出口方。

The importer shall pay the total value to the exporter by T/T deferred payment.

(二) 采用汇付支付方式应注意的问题

在国际贸易中,汇付方式通常用于预付货款、交货后付款、赊账、订金、分期付款、佣金和货款尾数等费用的支付。在预付货款的交易中,进口方为了减少预付风险,往往要求"凭单付汇"(Remittance against Documents)。凭单付汇是指进口方先通过汇出行将货款以信汇或电汇方式汇给汇入行,并指示汇入行凭出口方提供的指定单据(如海运提单、商业发票和保险单等)付款给出口方。出口方只有在向汇入行提交了指定单据后,方可拿到货款。但需要注意的是,汇款在尚未被收款人支取前,可随时撤销。因此,出口方在接到汇入行的汇款通知书后,应尽快发运货物,从速办理交单取款。

四、拟订贸易合同汇付支付条款的实例

拟订贸易合同的汇付支付条款,如样例5—1所示。

样例 5－1

JIANGSU IMPORT & EXPORT TRADE CORPORATION

333 ZHONGHUA ROAD SUZHOU CHINA

SALES CONFIRMATION

TEL: 0512-65788888 S/C No : TXT06081

FAX: 0512-65788899 DATE: APR. 14, 2012

To Messrs,

PT. TRADE CORPORATION

310 VTRA MONTREAL CANADA

Dear Sirs,

We hereby confirm having sold to you the following goods on terms and conditions as specified below:

SHIPPING MARK	NAME OF COMMODITY AND SPECIFICATIONS,PACKING	QUANTITY	UNIT PRICE	TOTAL AMOUNT
PT TXT06081 MONTREAL C/NO. 1-UP	SHANGHAI COUNTRY BICYCLE ART SH28INCH ART SH26INCH	300 PCS 400 PCS	CPT MONTREAL USD 100. 00 USD 80. 00	USD 30 000. 00 USD 32 000. 00

AIRPORT OF DEPARTURE: SUAHOU AIRPORT CHINA

AIRPORT OF DESTINATION: MONTREAL AIRPORT CANADA

LATEST DATE OF SHIPMENT: LATEST DATE OF SHIPMENT 120531

电汇支付条

PACKING: PACKED IN 1 CARTON OF 10 PCS EACH

TERMS OF PAYMENT: BY 30% T/T IN ADVANCE SHIPMENT, 70% D/P60 DAYS AFTER SIGHT

工作任务二　托收支付方式条款的拟订

业务导入

托收（Collection）即委托收款，是出口方根据合同规定装运货物后，开具汇票连同货运单据委托银行代向进口方收取货款的一种方式。

托收属于商业信用，银行只提供服务，不提供信用，也不承担任何风险和责任，贸易货款的结算完全取决于进出口双方中的一方对另一方的诚信。

一、托收的种类

托收根据金融单据(如汇票)是否附有商业单据,可分为光票托收和跟单托收。

(一) 光票托收

光票托收(Clean Collection)是指出口方以光票向进口方索款的托收方式。通常用于货款尾数、小额货款、贸易从属费用和索赔款的收取。

(二) 跟单托收

跟单托收(Documentary Collection)是指出口方以跟单汇票向进口方索款的托收方式。在国际贸易的货款结算中,通常采用跟单托收。

相关知识链接　　**光票与跟单汇票**

光票是指出具的汇票上不附有运输单据。

跟单汇票是指随附运输单据的汇票。汇票的付款人要取得代表货物所有权的货运单据,必须付清货款或承兑汇票。跟单汇票体现了货款与单据对流的原则,为进出口双方提供了一定的安全保证。因此,国际贸易的货款结算,通常使用跟单汇票作为结算工具。

跟单托收根据交单的条件不同,可区分为付款交单和承兑交单两种形式。

1. 付款交单

付款交单(Documents against Payment, D/P)是指代收行向进口方提示跟单汇票时,进口方付清货款后,方可获得货运单等全套单据。根据付款时间的不同,付款交单又可分为即期付款交单和远期付款交单。

(1) 即期付款交单(Documents against Payment at Sight, D/P at Sight)是指出口方按照合同的规定发运货物后,开出即期汇票,连同货运单等全套单据通过托收行寄交代收行向进口方提示付款,进口方审单无误后付清全部货款,方可获得全部的单据。

(2) 远期付款交单(Documents against Payment after Sight, D/P after Sight)是由出口方按照合同的规定发运货物后,开具远期汇票,连同货运单等全套单据通过代收行向进口方提示承兑,进口方审单无误后在汇票上承兑,于汇票付款到期日进行付款赎单。

相关知识链接 **即期汇票与远期汇票**

即期汇票(Sight Draft)指在提示付款或见票时,应立即付款的汇票。

远期汇票(Time Bill or Usance Bill)指在一定期限或特定日期须付款的汇票。其主要有四种规定办法:(1)见票后若干天付款,如见票后45天付款;(2)出票后若干天付款,如出票后60天付款;(3)提单签发日后若干天付款,如提单签发日后15天付款;(4)指定日期付款,如2008年5月31日。

2. 承兑交单

承兑交单(Documents against Acceptance, D/A)是出口方按照合同的规定发运货物后,开具远期汇票,连同货运单等全套单据通过代收行向进口方提示承兑,进口方审单无误后在汇票上承兑,代收行才予以交单,于付款到期日再进行付款。

相关知识链接 **汇票的票据行为**

汇票的票据行为包括:出票、提示、承兑、付款、背书、拒付与追索等,其中即期汇票经过出票、提示和付款程序,而远期汇票的付款人还需办理承兑手续。汇票需要转让,并要经过背书。遭到拒付时,要做出拒绝证书,行使追索权。

1. 出票

出票是指出票人签发汇票并将其交付给收款人的行为。出票由两个行为组成:一是出票人填写汇票并签字,二是出票人将汇票交付给收款人,只有经过交付的汇票才有效。

2. 提示

提示是指持票人将汇票提交给付款人要求付款或承兑的行为。

3. 承兑

承兑是指汇票付款人承诺对远期汇票承担到期付款责任的行为。承兑手续是付款人在汇票正面写上"承兑"字样,注明承兑日期,并由付款人签字后交还持票人。汇票一经承兑,承兑人就成为汇票的主债务人,出票人处于汇票的次债务人地位。

4. 付款

付款是指付款人向持票人支付汇票金额的行为。即期汇票的持票人提示付款时,付款人应马上付款;远期汇票的持票人应于到期日提示付款时,付款人才付款。收款人在获款后,应在汇票上签收,将汇票退还给付款人作为收据存查。汇票一经付款,汇票上的一切债权债务即告终结。

5. 背书

背书是转让汇票权利的一种法定手续,是由持票人在汇票背面签上自己名字,或加上受让人的名字，注明背书日期并把汇票交给受让人的行为。汇票经背书后，受款权利转让于被背书人。汇票背书主要有限制性背书、指示性背书、空白背书三种方式。

6. 拒付与追索

拒付是指持票人向付款人提示汇票时，付款人拒绝付款或拒绝承兑，包括付款人死亡、逃匿和破产等事实上不可能付款的情况。

追索指当汇票被拒付时，持票人可以向其直接前手进行追索，也可以自由选择追索对象，包括前手中的一人或数人或全体行使追索权，请求其偿还汇票金额及其拖欠产生的利息和因追索所产生的一切费用。按照国际通行规则，持票人进行追索时，应将拒付事实书面通知其前手，并提供拒绝证书。所谓拒绝证书是由付款地的法定公证人或其他依法有权作这种证书的机构（如法院、银行和公会等）所作的证明付款人拒付的文件，是持票人凭以行使追索权的法律依据。

二、托收业务程序

（一）托收基本当事人

托收一般通过银行办理，其基本过程是：出口方按照合同的规定发运货物后，根据发票金额开出以进口方为付款人的汇票，向托收行提出委托申请，委托其通过它在进口地的代理银行向进口方收取货款。因此，托收方式的基本当事人主要有委托人、托收行、代收行和付款人。

1. 委托人（Principal）是指开出汇票，委托银行向国外付款人收款的客户，通常是出口方。

2. 托收行（Remitting Bank）是接受委托人的委托，转托国外银行向进口方代为收款的银行，通常为出口地银行。

3. 代收行（Collecting Bank）是接受托收行的委托，代向进口方收款的银行，通常为托收行在进口地的分行或代理行。

4. 付款人（Payer）是汇票的受票人，一般为进口方。

在托收业务中，有时还涉及“提示行”和“需要时的代理”。所谓提示行（Presenting Bank）是向付款人提示汇票或单据并收取货款的银行。一般而言，提示行为代收行。需要时的代理（Customer's Representative in Case of Need）是由委托人指定的，在付款地代为照料货物存仓、转售、运回或改变交单条件等事宜的代理人。根据《托收统一规则》规定，委托人如需指定需要时代理人，必须在委托书上写明该代理人的具体权限，否则银行将不受理需要时的代理的任何指示。

（二）付款交单业务程序

1. 即期付款交单业务程序

即期付款交单业务程序如图 5－3 所示。

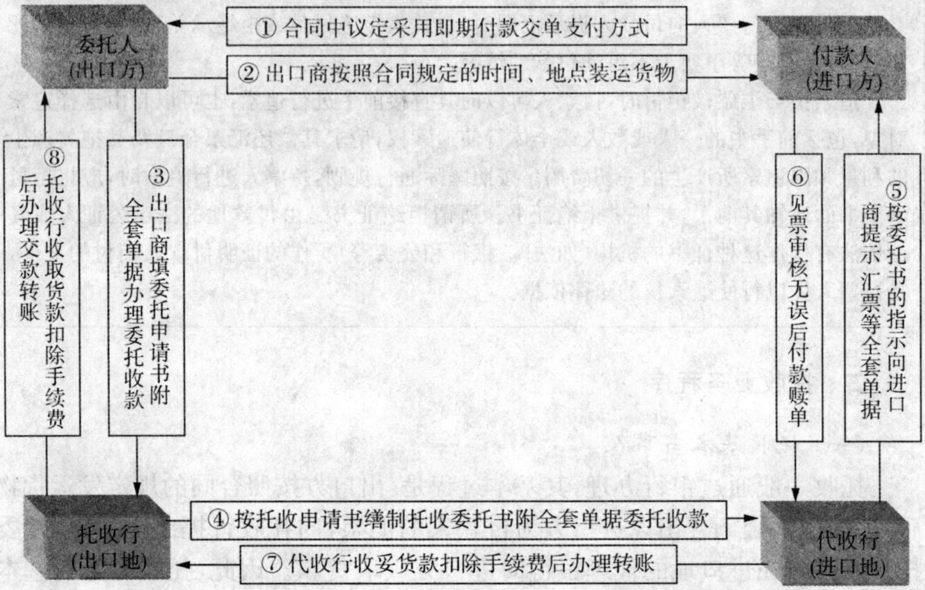

图 5－3　即期付款交单业务流程

说明：

（1）买卖双方在合同中议定采用即期付款交单的支付方式。

（2）出口方按照合同的规定装运货物后，缮制即期汇票。

（3）出口方填写委托申请书，随附发票、装箱单和货运单等全套单据交托收行，办理委托收款手续。

（4）托收行接受委托后，根据托收申请书缮制托收委托书，连同汇票和货运单等全套单据寄交进口地代收行委托代收货款。

（5）托收行根据委托书的指示向进口方提示汇票与货运单等全套单据。

（6）进口方见票审核无误后付款。

（7）代收行收款后交单，并办理转账事宜。

（8）托收行收取货款后向出口方交款（转账）。

2. 远期付款交单业务程序

远期付款交单业务程序如图 5－4 所示。

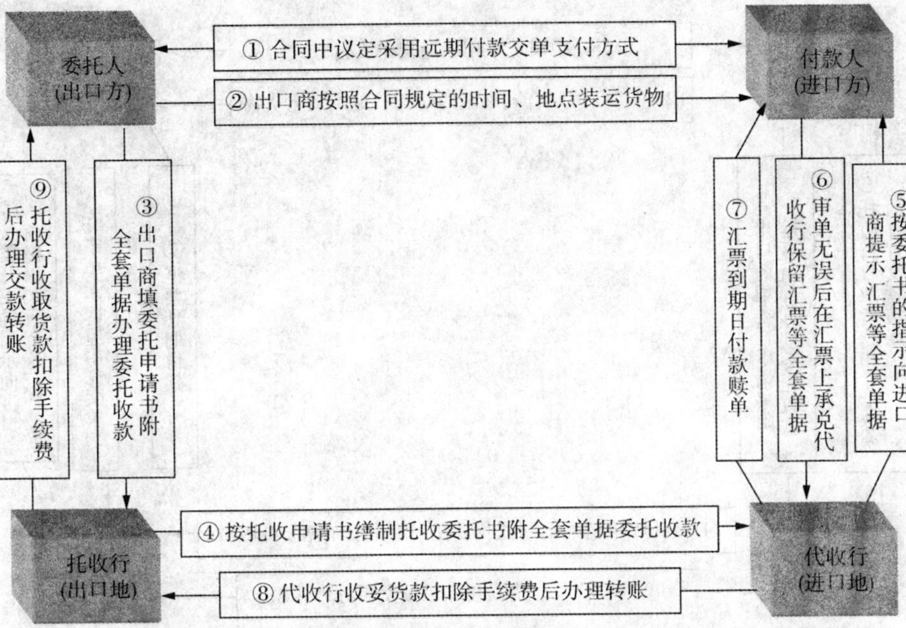

图5—4　远期付款交单业务流程

说明：

(1) 买卖双方在合同中议定采用远期付款交单的支付方式。

(2) 出口方按照合同的规定装运货物后，缮制远期汇票。

(3) 出口方填写委托申请书，随附汇票、货运单据等全套单据交托收行，办理委托收款手续。

(4) 托收行接受委托后，根据托收申请书缮制托收委托书，连同全套单据寄交进口地代收行委托代收货款。

(5) 代收行根据委托书的指示，向进口方提示远期汇票、货运单等全套单据。

(6) 进口方审单无误后在汇票上承兑，代收行保留汇票与货运单等全套单据。

(7) 进口方于汇票付款到期日进行付款，代收行收妥货款后交单。

(8) 代收行通知托收行货款收妥，并办理转账事宜。

(9) 托收行收取货款后向出口方交款(转账)。

(三)承兑交单业务程序

承兑交单业务程序如图5—5所示。

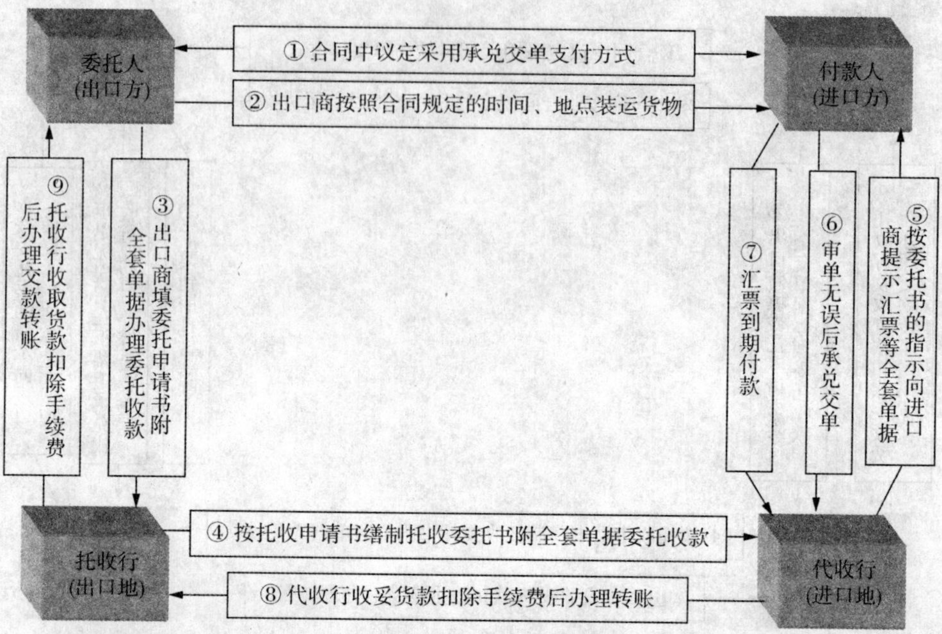

图 5—5　承兑交单业务流程

说明：

(1) 买卖双方在合同中议定采用承兑交单的支付方式。

(2) 出口方按照合同的规定装运货物后，缮制远期汇票。

(3) 出口方填写委托申请书，随附汇票等全套单据交托收行办理委托收款手续。

(4) 托收行接受委托后，根据托收申请书缮制托收委托书，连同全套单据寄交进口地代收行委托代收货款。

(5) 代收行根据委托书的指示，向进口方提示远期汇票、货运单等全套单据。

(6) 进口方审单无误后在汇票上承兑，代收行交付单据。

(7) 进口方于汇票付款到期日进行付款。

(8) 代收行通知托收行货款收妥，并办理转账事宜。

(9) 托收行收取货款后向出口方交款(转账)。

三、贸易合同托收支付条款的拟订

(一) 托收支付条款的主要内容

采用托收支付方式应在贸易合同中明确规定凭出口方开立的汇票或提交的单据付款、交单条件和支付时间等内容。

例 3　即期付款交单

进口方应凭出口方开具的即期跟单汇票于见票时立即付款，付款后交单。

Upon first presentation the importer shall pay against documentary draft drawn by the exporter at sight. The shipping documents are to be delivered against payment only.

例 4　远期付款交单

进口方对出口方开具的见票后 60 天付款的跟单汇票，于提示时应即予承兑，并应于汇票到期日即予付款，付款后交单。

The importer shall duly accept the documents draft drawn by the exporter at 60 days sight upon first presentation and make payment on its maturity. The shipping documents are to be delivered against payment only.

例 5　承兑交单

进口方对出口方开具的见票后 90 天付款的跟单汇票，于提示时应即承兑，并应于汇票到期日即予付款，承兑后交单。

The importer shall duly accept the documents draft drawn by the exporter at 90 days sight upon first presentation and make payment on its maturity. The shipping documents are to be delivered against acceptance.

（二）采用托收支付方式应注意的问题

托收业务对进口方而言，的确是一个很好的结算方式。在付款交单条件下，既不承担风险，也不需要预垫资金；在承兑交单条件下，还可利用出口方的资金进行无本买卖。对出口方来说，托收经常被用作一种非价格竞争的手段，来提高出口商品的国际竞争力，扩大出口商品的规模。

托收是商业信用，也应看到采用托收结算方式对出口方有着一定的风险，不能按时收汇或不能全部收回货款，甚至货款完全落空的情况也屡见不鲜。因为银行只以委托人的代理人行事，既无保证付款人必定付款的责任，也无检查审核货运单据是否齐全、是否符合买卖合同规定的义务。当发生进口方拒绝付款赎单的情况后，除非事先取得代收银行的同意，否则也无代为提货、办理进口手续和存仓保管的义务。例如，在付款交单条件下，出口方按照合同规定发运货物后，如果进口方因市场有变而拒绝付款赎单，虽然货物所有权仍在出口方，可将货物另行处理或装运回来，其都会使出口方面临降价损失和增加额外费用等风险。在承兑交单条件下，进口方只要在汇票上办理了承兑手续，即可取得货运单据，提走货物。倘若进口方到期不付款，虽然出口方有权依法向其追偿，但实际操作却有很大难度。即使可以向进口方追回货款，出口方也会因此投入更多的财力和人力，得不偿失。如果进口方此时已宣告破产或倒闭，出口方更是落得货款两空的结局。

为了确保安全收汇，并充分发挥托收支付方式对扩大出口贸易规模的促进作用，应注意的事项有：(1)认真调查和考虑进口方的资信情况和经营作风，成交金额应妥善掌握，不宜超过其信用额度。(2)国外代收行一般不能由进口方指定，如确有必要，应事先征得托收行同意。(3)在交易条件上，应采用 CIF 或 CIP 贸易术语，由出口方办理保险。否则，应投保“卖方利益险”。(4)对承兑交单和授权代收行凭进口方出具信托收据借单的做法，应谨慎行事。(5)对于贸易管制和外汇管制较严的国家，一般不宜做托收。(6)填写运输单据时应做指示抬头并加空白背书，如需以代收行为抬头，必须得到该银行的认可。(7)严格按照合同的规定装运货物，制作单据，以防进口方寻找借口拒付货款。(8)对托收业务要制定健全的管理制度，定期检查，做好催收工作，发现问题应及时采取措施，尽可能避免或减少损失。

议题二

山东进出口公司向日商推销大豆一批。日商来函称：“如中方接受 D/P 见票后 60 天付款，并通过他指定的某银行为代收行，则可接受”。试分析，日商提出此项要求的目的是什么？

相关知识链接

《托收统一规则》的主要内容

国际商会为了统一各国银行对托收业务的做法，减少银行和委托人之间可能发生的误解和纠纷，于 1967 年颁布了《商业单据托收规则》，对托收的定义、程序和原则作了统一规定。由于国际贸易的发展，于 1978 年修订并改名为《托收统一规则》，并于 1995 年再次修改，即《托收统一规则》(国际商会第 522 号出版物)(Uniform Rules for Collection, Publication No.522，简称 URC 522)。《URC 522》于 1996 年 1 月 1 日起正式生效。

该规则全文共有 26 条，分为“总则与定义”、“托收的形式与结构”、“提示的形式”、“义务与责任”、“付款”、“利息、手续费与费用”和“其他规定”七大部分。其主要内容如下：

1. 银行必须核实所收到的单据在表面上是否与托收指示书所列一致，发现单据遗漏，银行有义务用电讯或其他快捷方式通知托收指示的一方，但银行并无审单的义务。

2. 除非事先征得银行同意，货物不应以银行或其指定人为收货人。银行只处理单据而不处理货物或代表货物的合同，银行对跟单托收项下的货物没有义务采取任何行动。

3. 如果托收使用远期付款的汇票，托收指示书应注明商业单据是凭承兑交单交付款人，还是凭付款交单交付款人。如无上述表明，银行只能在受票人付款后，方可将商业单据交出。

4. 托收遭到拒付，提示行应向托收行发出拒付通知。托收行应在收到此项通知后，对如何处理单据给予相应的指示。如发出拒付通知 90 天内提示行仍未接到此项指示，可将单据退回托收行，不再负担任何责任。

5. 委托人应受国外法律和惯例规定的义务、责任的约束，并对银行承担该项义务付赔偿之责。

6. 托收指示书中必须注明该托收按《托收统一规则》(国际商会第 522 号出版物)办理。

四、拟订贸易合同托收支付条款的实例

拟订贸易合同托收支付的条款，如样例 5－2 所示。

样例 5－2

SHANGHAI IMPORT & EXPORT TRADE CORPORATIONT SUZHOU BRANCH

333 ZHONGHUA ROAD SUZHOU CHINA

SALES CONTRACT

Post code: 200032　　S/C No.: ST303

TEL: 0512-65788888　　DATE: Aug. 1. 2012

FAX: 0512-65788899

To Messrs,

YIYANG TRADING CORPORATION

88 MARAHALL AVE

DONCASTER VIC 3108 MONTREAL CANADA

Dear Sirs,

We hereby confirm having sold to you the following goods on terms and conditions as specified below:

NAME OF COMMODITY AND SPECIFICATIONS, PACKING	QUANTITY	UNIT PRICE	TOTAL MOUNT
COTTON TEATOWELS		CIF MONTREAL	
10″×10″	16 000 DOZS	USD 1.31	USD 20 960.00
20″×20″	6 000 DOZS	USD 2.51	USD 15 060.00
30″×30″	11 000 DOZS	USD 4.70	USD 51 700.00
PACKING IN 330 CARTONS			

装运港/目的港：FROM SHANGHAI TO MONTREAL
LOADING PORT & DESTINATION:

装运期限：NOT LATER THAN SEP. 30, 2012
TIME OF SHIPMENT:

分批：ALLOWED
PARTIAL SHIPMENT:

转船：ALLOWED
TRANSSHIPMENT:

保险：FOR 110 PERSENT OF INVOICE VALUE COVERING ALL RISKS AS PER OCEAN MARINE
INSURANCE: CARGO CLAUSES OF PICC DATED 1/1/1981

付款条件：DOCUMENTS AGAINST PAYMENT AT SIGHT　（即期付款交单支付条款）
TERMS OF SHIPMENT:

工作任务三　信用证支付方式条款的拟订

业务导入

信用证(Letter of Credit)是指开证行应开证申请人的要求和指示，开给受益人在其履行信用证条件时付款的承诺文件。信用证根据贸易合同有关规定开立的，该支付方式以银行信用为基础，由开证行承担第一性付款责任。

一、信用证业务的基本程序

信用证是指开证行应开证申请人的要求和指示，开给受益人在其履行信用证条件时付款的承诺文件。

(一) 信用证的基本当事人

信用证业务要涉及以下当事人：

1. 开证申请人

开证申请人(Applicant)是向银行申请开立信用证的人，一般是进口方，在信用证中，又称开证人(Opener)。

2. 开证行

开证行(Opening Bank/Issuing Bank)是接受开证申请人的要求和指示开立信用证的银行，一般是进口地银行，其承担第一性付款责任。

3. 通知行

通知行(Advising Bank)是受开证行的委托，将信用证转交出口方的银行，一般是出口地银行，且通常是开证行的代理行。通知行只证明信用证的真实性，不承担其他义务。

4. 受益人

受益人(Beneficiary)即信用证上所指定的信用证金额的收款人，一般为出口方，有权按信用证规定签发汇票向指定的付款行索取价款。

5. 议付行

议付行(Negotiating Bank)是根据开证行授权买入信用证项下单据的银行。议付行一般为通知行或其他指定的银行，如果信用证未做指定，受益人可向任何愿意接受该项业务的银行议付。议付行对受益人有票据追索权。

6. 付款行

付款行(Paying Bank)是信用证规定履行信用证付款责任的银行，一般是开证行。付款行一经付款，不得向受益人行使追索权。

由于银行业务关系，还可能涉及偿付行和保兑行。

偿付行(Reimbursing Bank)是接受开证行委托或授权向议付行或付款行偿付货款的银行。偿付行只负责付款而不受理单据、不审单。如果开证行在见单后发现单证不符时，可直接向议付行或付款行追回货款。如果偿付行未能偿付，开证行仍应承担付款责任。

保兑行(Confirming Bank)是根据开证行的请求，在信用证上加具保兑的银行。保兑行通常为通知行，也可是第三家银行。保兑行对受益人承担首先付款责任，一经付款，就无权向受益人追索。

(二) 信用证业务的基本程序

采用信用证支付方式结算货款，其具体程序会因信用证种类不同而有所差异，但从一般原理来分析，信用证的收付程序有几个基本环节，如图5—6所示。

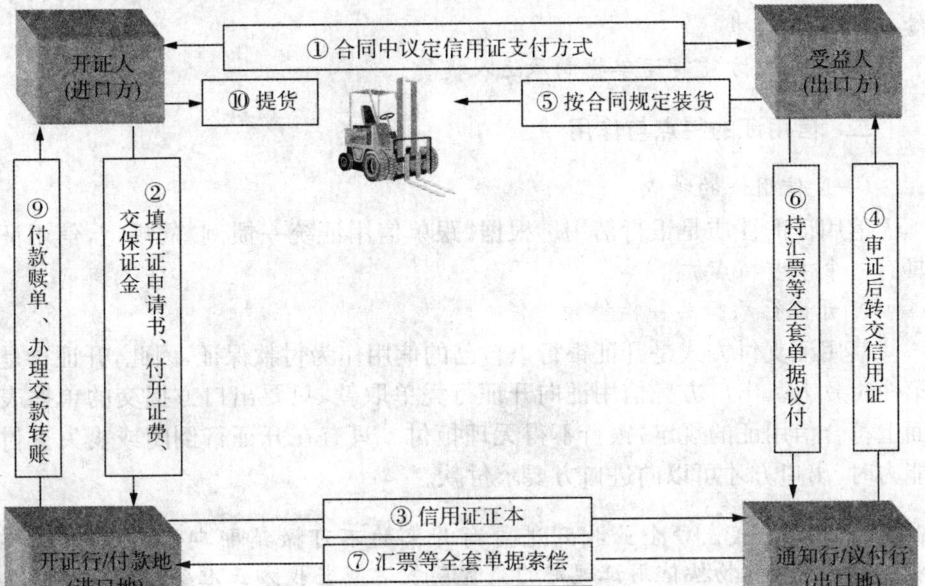

图 5—6　信用证一般业务流程

说明：

(1) 进出口双方在贸易合同中明确以信用证方式结算货款，并确定信用证的种类、金额、到期日和开证日期等。

(2) 进口方在合同规定的时限内向当地银行申请开证，依照合同各项有关规定，填写开证申请书，并交付押金或其他保证金。

(3) 开证行根据申请书的内容，开立以出口方为受益人的信用证，并寄交通知行。

(4) 通知行收到信用证，即核对开证行的签字与密押，审核无误后，转交出口方。

(5) 出口方审证，如发现与合同条款不符或其他错误，即通知进口方修改信用证。如审核无误，则按时装运货物取得货运单据。

(6) 出口方在信用证有效期和交单期内，缮制汇票及信用证规定的各种单据，提交议付行办理议付。议付行审核单证无误后，根据汇票金额扣除利息，将货款垫付给出口方。

(7) 议付行将汇票和全套单据寄交开证行或其指定付款行索偿。

(8) 开证行或付款行审核单据无误后，付款给议付行。

(9) 开证行通知进口方付款赎单。进口方审核单据无误后，办理付款手续，获取全套单据。

(10) 进口方凭货运单据向承运人提货。

二、信用证的特点与作用

(一) 信用证的特点

信用证的性质是银行信用。根据《跟单信用证统一惯例》的规定，信用证具有三个主要特点。

1. 开证行承担第一性付款责任

信用证支付方式是开证银行以自己的信用作为付款保证，因此，开证行是第一付款人。出口方凭信用证向开证行凭单取款，只要出口方提交的单据表面上符合信用证的规定，银行不得无理拒付。只有在开证行倒闭或丧失支付能力时，出口方才可以向进口方要求付款。

议题三

我出口企业收到进口商开来的不可撤销即期议付信用证后，货物按信用证规定的交货期装运。当我方正准备议付时，收到开证行声称进口商已倒闭的通知。对此，我方应如何处理？为什么？

2. 信用证是一项独立文件

信用证虽是依据贸易合同开立的，但信用证一经开立，就成为独立于贸易合同以外的另一种契约，不受贸易合同的约束。信用证各当事人的权力与责任完全以信用证所列条款为依据，如果出口方提交单据符合贸易合同要求，但与信用证条款不一致，仍会遭银行拒付。

议题四

某公司与日商签订一份出口销售合同，合同的标的是 APPLE WINE（苹果酒）。日商来证中描述的品名是 CIDER（苹果酒）。卖方按信用证规定如期装运，并安全到达目的地。由于当时苹果酒市场的价格较大幅度走低，日商以单据与信用证规定的品名不同，不接受货物并拒绝付款。试分析，根据 UCP600 规定，日商拒付有理吗？为什么？

3. 信用证方式是纯单据业务

银行处理信用证业务，是以单证表面相符原则来决定是否付款，而不管实际货物如何。因此，只要出口方提交的单据符合信用证条款，做到单证一致，单单一致，开证行就应承担付款责任，进口方也应向开证行付款赎单。如果进口方付款后发现实际货物与合同规定不符，可凭单向有关责任方提出索赔，与银行无关。

议题五

烟台水产品贸易公司向日商出口一批冻对虾，信用证规定的规格为每千克 20～25 只。浙江水产品贸易公司按信用证规定装运，并持全套单据进行了议付。货到后，日商经检验发现货物规格为每千克 28～30 只，于是以此为由向开证行提出索赔。请分析，日商的要求合理吗？为什么？

相关知识链接

《跟单信用证统一惯例》

《跟单信用证统一惯例》(Uniform Customs and Practice for Documentary Credit)是国际商会于 1933 年制定的，后经 1951 年、1962 年、1974 年、1983 年、1993 年和 2007 年 6 次修改，现行版本《跟单信用证统一惯例》(国际商会第 600 号出版物，简称 UCP600)，于 2007 年 7 月 1 日起生效。

UCP600 共计 39 个条款，按照通知、修改、审单、偿付、拒付等业务环节对条款进行了系统化的归结，并把各个条款中的解释定义集中归结在第 2 条款与第 3 条款，用简洁词语予以解释。

UCP600 增加了"兑付"新定义，概括了开证行、保兑行、指定行在信用证下除议付以外的一切与支付相关的行为。同时定义了何为"相符的交单"，强调要与信用证条款、适用的惯例条款以及国际银行标准实务相符合，从而减少实务中对单据不符点的争议。

UCP600 规定议付是对票据及单据的一种买入行为，并且明确是对受益人的融资——预付或承诺预付，承认了有一定争议的远期议付信用证的存在，并将议付行对受益人的融资纳入了受惯例保护的范围。

UCP600 规定开证行、保兑行、指定行在收到单据后的处理时间，由原来的 7 个工作日改为"最多为收单翌日起第 5 个工作日"，并细化了银行对不符单据处理的选择，即持单听候交单人的处理、持单直到开证申请人接受不符单据、径直退单、依据事先得到交单人的指示行事。

UCP600 明确了第二受益人的交单必须经过转让行，避免第二受益人绕过第一受益人直接交单给开证行，损害第一受益人的利益。

UCP600 对于发票、运单、保单以外的单据，如果并未规定出具人和单据内容，那么提交的单据只要满足所要求单据功能即可。

UCP600 明确了开证行对于指定行进行承兑、做出延期付款承诺的授权，同时允许指定行进行提前买入的授权。

（二）信用证支付方式的作用

在国际贸易中，信用证支付方式的主要作用如下：

1. 有利于交易的达成

由于银行信用一般优于商业信用，且信用证又是担保文件，出口方只要提供符合信用证规定的单据，就能保证货款的收取。与此同时，进口方收到符合合同规定的货物，才付清全部货款。因此，信用证支付方式容易被贸易双方所接受，从而促进了国际贸易的发展。

2. 给予买卖双方的资金融通

出口方可通过议付获取资金融通；进口方只要缴纳少量的开证押金，大部分货款于赎单时支付，减少了资金的占用和预付资金的风险。

三、信用证的种类

信用证可根据其期限和流通方式等加以分类。

（一）跟单信用证和光票信用证

以信用证项下的汇票是否附有货运单据划分，信用证可分为跟单信用证和光票信用证。

1. 跟单信用证

跟单信用证（Documentary Credit）是开证行凭跟单汇票或仅凭单据付款

或议付的信用证。单据是指信用证条款中所规定的，代表货物所有权或证明货物已装运的货运单据，如提单、航空运单等。国际贸易中所使用的信用证，大多是跟单信用证。

2. 光票信用证

光票信用证(Clean Credit)是开证行仅凭出口方开具的汇票，无需附带货运单据付款的信用证。有的信用证要求汇票附有发票、收据、垫款清单等非货运单据，也属光票信用证。光票信用证仅用于从属费用的清算和总公司与分公司之间货款的清偿。

(二) 即期信用证和远期信用证

根据付款的时间不同，信用证可分为即期信用证和远期信用证。

1. 即期信用证

即期信用证(Sight Credit)是指开证行或付款行收到符合信用证条款的单据后，立即履行付款义务的信用证。这种信用证的特点是出口方收汇迅速安全，有利于资金周转。

在即期信用证中，有时还加列电汇索偿条款(T/T Reimbursement Clause)。这是指开证行允许议付行用电传等快捷方式通知开证行或指定付款行，说明各种单据与信用证要求相符，要求其用电汇方式将货款拨交议付行。

2. 远期信用证

远期信用证(Usance Letter of Credit)是指开证行或付款行收到符合信用证条款的单据后，在规定的期限内保证付款的信用证。远期信用证又可分为下列几种：

(1) 承兑信用证(Banker's Acceptance Credit)是指付款行在收到符合信用证规定的远期汇票和全套单据时，先在汇票上履行承兑手续，然后于汇票付款到期日再进行付款的信用证。

承兑信用证一般用于远期付款的交易，有时进口方为了融资方便或利用银行较低的贴现率，在与出口方签订即期付款合同后，却要求开证行开立远期承兑信用证，并在信用证中规定"远期汇票可即期付款，所有贴现和承兑费用由买方负担"。由于该信用证的贴现费由进口方承担，故称"买方远期信用证"，我国习惯称"假远期信用证"。使用这种信用证，受益人能即期回收全额货款，但开证行一旦遭进口方拒付，可向出口方实施追索。

(2) 延期付款信用证(Deferred Payment Credit)是指开证行在信用证中规定货物装船后若干天付款，或开证行收单后若干天付款的信用证。延期付款信用证不要求出口方开立汇票，因此不能贴现。在国际贸易中，多用于成交金额较大、付款期限较长的资本货物交易。

（三）议付信用证和付款信用证

根据付款的方式不同，信用证可分为议付信用证和付款信用证。

1. 议付信用证

议付信用证(Negotiation Credit)是指开证行允许受益人向某一指定银行或任何银行交单议付的信用证。议付信用证又可分为公开议付信用证和限制议付信用证。公开议付信用证是指任何银行均可按信用证条款自由议付的信用证；限制议付信用证是开证行指定某一银行进行议付的信用证。

2. 付款信用证

付款信用证(Payment Credit)是受益人只能直接向开证行或其指定的付款行交单索偿的信用证。付款信用证一般不要求受益人开具汇票，仅凭受益人提交的单据付款。

议付信用证与付款信用证的主要区别是：前者当议付行议付货款后，如因单据与信用证条款不符等原因未能向开证行收回款项时，可向受益人追索；后者当付款行一经付款，无权以任何理由向受益人追索。

（四）保兑信用证和不保兑信用证

根据是否由另一家银行进行保兑，信用证可分为保兑信用证和不保兑信用证。

1. 保兑信用证

保兑信用证(Confirmed Letter of Credit)是指另一家银行(保兑行)应开证行请求，对其所开信用证加以保证兑付的信用证。保兑行(Confirming Bank)通常由通知行担任，也可以是其他银行。

信用证一经保兑，受益人可直接向保兑行交单索偿，保兑行对受益人负首先付款或议付的责任。只要在信用证有效期内，保兑行不能撤销其保兑责任，即使议付后发生开证行倒闭或拒付，保兑行不能向受益人追索。

2. 不保兑信用证

不保兑信用证(Unconfirmed Letter of Credit)是指未经其他银行保兑的信用证，即一般的不可撤销信用证。

议题六

帆放外贸公司与外商签订一份出口合同，外商按合同的规定开来不可撤销即期信用证，并在上海日资银行加保。于是，我方按时发货，并持全套议付单据在日资银行进行议付。但日资银行得知开证行倒闭，便要求该外贸公司直接向进口商索赔。对此，我方应如何处理？为什么？

（五）转让信用证和不可转让信用证

根据信用证是否可转让，可分为可转让信用证和不可转让信用证。

1. 可转让信用证

可转让信用证（Transferable Credit）是指开证行授权有关银行在受益人的要求下，可将信用证的全部或一部分金额转让给第三者的信用证。

可转让信用证必须由开证行在证中注明“可转让”字样，否则不得转让。可转让信用证只限转让一次。如信用证允许分批装运，在总和不超过信用证金额的前提下，可分别转让给几个第二受益人。如果信用证不准分批装运，则限转让给一个第二受益人。进口方开立可转让信用证，意味着他同意出口人将交货、交单义务由出口方指定的其他人来履行。但买卖合同并未转让，如果发生第二受益人不能交货或交货不符合合同规定或单据不符合买卖合同的要求时，原出口方仍要承担买卖合同规定的卖方责任。

可转让信用证主要适用于中间贸易。中间商（即第一受益人）为了赚取差额利润，通常要求开立可转让信用证转让给实际供货人（即第二受益人），由供货人办理出运手续。

2. 不可转让信用证

不可转让信用证（Untransferable Credit）是指受益人无权转让给其他人使用的信用证。根据 UCP600 的规定，凡信用证未注明“可转让”字样，均为不可转让信用证，仅限于受益人本人使用。

议题七

黑龙江贸易公司向日商出售大豆 10 万公吨，总金额为 60 万美元，支付方式为可转让信用证。该公司收到信用证后，将其金额 30 万美元转让给 A 公司，20 万美元转让给 B 公司。货到目的地后，日商来函称：“A 公司所交货物部分质量不符合合同的规定，不予以接受”。黑龙江贸易公司以非本公司的产品予以拒绝，请日商直接向 A 公司索赔。试分析，我方提出的要求合理吗？为什么？

（六）循环信用证

循环信用证（Revolving Credit）是指受益人在信用证有效期内交货提款后，信用证金额又自动恢复到原金额，可再次使用此信用证，直至达到信用证规定的使用次数或总金额为止。循环信用证一般适用于定期分批、均衡供应、分批结汇的长期合同，既可以减少进口方的开证费用和押金，又可以避免多次审证或催证手续。

循环信用证的循环方式有以下三种：

1. 自动循环

自动循环(Automatic Revolving)即信用证金额在每次议付后，不必等待开证行通知即可自动恢复到原金额。

2. 半自动循环

半自动循环(Semi-automatic Revolving)即信用证金额在每次议付后若干天内，未接到开证行停止恢复原金额的通知，方可自动循环。

3. 非自动循环

非自动循环 (Non-automatic Revolving) 即信用证金额在每次议付后，须经开证行通知才能恢复原金额的使用。

(七) 对开信用证

对开信用证(Reciprocal Credit)是指两张信用证的开证申请人互以对方为受益人而开立的信用证。对开信用证多用于易货贸易、来料来件加工和补偿贸易。在来料来件加工装配业务中，为避免垫付外汇，通常我方进口原料或配件先开立远期信用证，返销成品由对方开立即期信用证，用该货款支付到期原料或配件货款，其余额就是加工利润。

对开信用证的特点是：(1)第一张信用证的受益人和开证申请人就是第二张信用证的开证申请人和受益人；(2)第一张信用证的开证行是第二张信用证的通知行，第二张信用证的开证行也是第一张信用证的通知行；(3)两证金额可相等或不等，两证可同时生效，也可先后生效。

(八) 对背信用证

对背信用证(Back to Back Credit)是指受益人要求原证的通知行或其他银行以原证为基础，另开一张内容相似的新信用证。对背信用证的内容除开证人、受益人、金额、单价、装运期和到期日等可作变动外，关于货物描述的条款一般与原证相同。

对背信用证的开证人通常是以原证项下收得的款项来偿付对背信用证开证行已垫付的资金。所以，对背信用证的开证行除了要以原证作为开新证的抵押外，一般还要求开证人缴纳一定数额的押金或担保品。由于受原证的约束，对背信用证的受益人如要求修改内容须征得原证开证人和开证行的同意。

对背信用证通常是由中间商为转售他人货物谋利，或两国不能直接进行交易须通过第三国商人开立此证开展贸易。

(九) 预支信用证

预支信用证(Anticipatory Credit)是指开证行授权代付行向受益人预付

信用证金额的全部或一部分，由开证行保证偿还并负担利息。预支信用证的特点是开证人付款在先，受益人交单在后。预支信用证凭出口方的光票付款，或在预支条款中加列受益人须提供银行保函或备用信用证，以保证受益人不履约时退还已预支的款项。一旦出口方事后不交单，开证行和代付行不承担责任。为引人注目，这种预支货款的条款，常用红字打出，故俗称“红条款信用证”(Red Clause Credit)。如今预支条款并非红色表示，但效力相同。

（十）备用信用证

备用信用证(Standby L/C)是指开证行根据开证申请人的请求，对受益人开立承诺负责某项义务的凭证，故又称担保信用证(Guarantee L/C)。即开证行保证在开证申请人未能履约时，受益人只要凭备用信用证的规定向开证行开具汇票(或不开汇票)，并提交开证申请人未履约的证明文件，即可取得开证行的偿付。备用信用证属于银行信用，其作为一方违约补偿之用，如正常履约，该证就备而不用。

备用信用证是在有些国家禁止银行开立保证书的情况下，为适应对外经济发展的需要而产生的，因此，它的用途与银行保证书几乎相同。

（十一）信开信用证和电开信用证

根据信用证开立的方式，可分为信开信用证和电开信用证。

1. 信开信用证

信开信用证(Mail Credit)是开证行用书信格式缮制，并通过航空邮寄送达通知行的信用证。目前，这种开证方式已较少使用。

2. 电开信用证

电开信用证(Teletransmission Credit)是用电讯方式开立和通知的信用证，其中采用 SWIFT 形式开证的居多。“SWIFT”是环球银行金融电讯协会(Society for Worldwide Interbank Financial Telecommunication)的简称，通过 SWIFT 开立或通知的信用证称为 SWIFT 信用证，其具有标准化、固定化和格式化的特性。由于 SWIFT 信用证传递速度快、成本低，因此银行乐于开立。

电开信用证有全电本和简电本两类。全电本是以电文形式开出的完整信用证，可凭以交单议付。在 SWIFT 中，通常采用 MT700/MT701 格式，如表 5－1 所示；简电本是将信用证金额、有效期等主要内容用电文预先通知受益人，并注明“随寄证实书”，即信开本信用证，目的是让受益人早日备货。在 SWIFT 中，通常采用 MT705 格式。如果遇到信用证修改，则采用 MT707 格式，如表 5－2 所示。

表 5—1 **MT 700 Issue of Documentary Credit**

跟单信用证的开立

Tag 代号	Field Name 栏位名称	Directions 说　明
*27	Sequence of Total 合计次序	显示这份信用证共有几页纸，目前这页所处的位置。
*40A	Form of Documentary Credit 跟单信用证类别	显示信用证的性质。
*20	Documentary Credit Number 信用证号码	显示该信用证的号码。
23	Reference to Pre-Advice 预告的摘要	
31C	Date of Issue 开证日期	显示该信用证的开证日期。
*31D	Date and Place of Expiry 到期日及地点	显示该信用证的到期日期和到期地点。
51a	Applicant Bank 申请的开证银行	显示该信用证的申请银行。
*50	Applicant 申请人	显示开证申请人的名称和地址。
*59	Beneficiary 受益人	显示受益人的名称和地址。
*32B	Currency Code，Amount 币别代号、金额	显示该信用证的币种和金额。
39A	Percentage Credit Amount 信用证金额加减百分率	显示该信用证总金额允许上下浮动的比率。
39B	Maximum Credit Amount Tolerance 最高信用证金额	
39C	Additional Amounts Covered 可附加金额	
*41a	Available With…By… 向……银行押汇，押汇方式为……	显示该证在有效期内交付……银行，使用……信用证。
42C	Drafts at… 汇票期限	显示该信用证中汇票的付款期限。
42a	Drawee 付款人	显示该信用证的汇票付款人，一般情况下是开证行，但有时也会是偿付行。
42M	Mixed Payment Details 混合付款指示	
42P	Deferred Payment Details 延迟付款指示	

续表

Tag 代号	Field Name 栏位名称	Directions 说　明
43P	Partial Shipments 分批装船	显示该信用证中的货物是否允许分批出运。
43T	Transshipment 转船	显示该信用证中的货物在运输中是否允许转运。
44A	Place of Taking in charge at/from…/Place of Receipt 接受监管地/发运地/收货地	显示该信用证装船、发运或接受监管的地点。
44B	Place of Final Destination/For Transportation to …/Place of Delivery 最终目的地/运往……/交货地	显示该信用证中的货物发送至最终目的地。
44C	Last Date of Shipment 最后装运日	显示该信用证中的货物不能迟于此日期出运。
44D	Shipment Period 装船期间	
44E	Port of Discharge/Airport of Destination 卸货港/目的地机场	显示该信用证中的货物发送至卸货港/目的地机场名称
45A	Description of Goods and/or Services 货物叙述与交易条件	显示对该信用证中的货物描述。
46A	Documents Required 应具备单据	显示该信用证对单据制作的具体规定。
47A	Additional Conditions 附加条件	显示对该信用证条款的补充说明，通常是对受益人的补充要求。
71B	Charges 费用	显示该信用证业务由受益人承担的费用。
48	Period for Presentation 提示时间	显示该证的交单期限，否则为提单签发日后第21天，但在信用证的有效期内。
*49	Confirmation Instructions 保兑指示	显示该信用证被开证行要求加具保兑的指示。
53a	Reimbursement Bank 清算银行	显示该信用证的偿付行。
78	Instructions to the Paying/Accepting/Negotiation Bank 对付款/承兑/让购银行之指示	
57a	"Advice Through" Bank 收讯银行以外的通知银行	
72	Sender to Receiver Information 银行间的备注	

注："*"表示必需的项目。

表 5—2 **MT 707 Amendment to a Documentary Credit**

跟单信用证的修改

Tag 代号	Field Name 栏位名称	Directions 说明
*20	Sender's Reference 送讯银行的编号	表明该信用证发报行的编号。
M21	Receiver's Reference 收讯银行的编号	表明该信用证收报行的编号。
23	Issuing Bank's Reference 开证银行的编号	表明该信用证开证银行的编号。
52a	Issuing Bank 开证银行	表明该信用证开证行的名称。
31C	Date of Issue 开证日期	表明该信用证的开证日期。
30	Date of Amendment 修改日期	表明该信用证的修改日期。
26E	Number of Amendment 修改序号	表明该信用证修改的次数。
*59	Beneficiary (before this amendment) 受益人(修改以前的)	表明原信用证修改前的受益人名称和地址。
31E	New Date of Expiry 新的到期日	表明原信用证修改后的最迟交单日期。
32B	Increase of Documentary Credit Amount 信用证金额的增加	表明原信用证需增加的币种和金额。
33B	Decrease of Documentary Credit Amount 信用证金额的减少	表明原信用证需减少的币种和金额。
34B	New Documentary Credit Amount After amendment 修改后的新的信用证金额	表明原信用证修改后的新金额。
39A	Percentage Credit Amount Tolerance 信用证金额加减百分率	表明修改后的信用证所允许的浮动范围。
39B	Maximum Credit Amount 最高信用证金额	表明修改后信用证金额的最高限额。
39C	Additional Amount Covered 可附加金额	表明修改后信用证的附加金额,诸如对保险费、运费、利息等的修改。
44A	Loading on Board/Dispatch/Taking in Charge at/from… 由……装船/发送/接管	表明修改后信用证对装船、发运或接受监管的地点的规定。
44B	For Transportation to… 装运至……	表明修改后信用证对货物发送最终目的地的规定。
44C	Last Date of Shipment 最后装船日	列明对最迟装船、发运和接受监管的期限的修改
44D	Shipment Period 装船期间	对装船、发运和接受监管的期限的修改

四、贸易合同信用证支付条款拟订

(一) 信用证支付条款的主要内容

采用信用证支付方式，应在贸易合同的支付条款中就开证日期、开证银行、受益人、信用证的种类和金额等做出明确规定。

例 6　即期信用证

买方应通过卖方所接受的银行于 2012 年 8 月前开立并送达卖方不可撤销即期信用证，有效至装运月份后第 15 天在中国议付。

The buyer shall open through a bank acceptable to the sellers an Irrevocable Sight Letter of Credit to reach the Sellers before August, 2012, valid for negotiation in China until the 15th day after the month of shipment.

例 7　远期信用证

买方应通过卖方所接受的银行于 2012 年 9 月前开立并送达卖方不可撤销见票后 30 天付款的信用证，有效至装运月份后第 15 天在上海议付。

The buyer shall open through a bank acceptable to the seller an Irrevocable Letter of Credit at 30 days' sight to reach the seller before September, 2012, valid for the negotiation in shanghai until the 15th day after the month of shipment.

例 8　信用证与跟单托收相结合

买方应通过为卖方所接受的银行于装运月份前 45 天开立并送达卖方不可撤销即期信用证，规定 50%发票金额凭即期光票支付，其余 50%用托收方式即期付款交单。100%发票金额的全套装运单据随附于托收项下，于买方付清发票的全部金额后交单。如买方不付清全部发票金额，在装运单据由开证行掌握凭卖方指示处理。所开立的信用证应清楚地包括以上条款。

The buyer shall open through a bank acceptable to the seller an Irrevocable Sight Letter of Credit to reach the Seller 45 days before the month of shipment, stipulating that 50% of the invoice value available against clean draft at sight while the remaining 50% on Documents against Payment at sight on collection basis. The full set of the shipping documents of 100% invoice value shall accompany the collection item and shall only be released after full payment of the invoice value. If the buyer fail to pay full invoice value, the shipping documents shall be held by the issuing bank at the seller's disposal. The above terms should be explicitly included in the established Letter of Credit.

(二)采用信用证支付方式应注意的问题

采用信用证支付方式,应要求开证申请人严格按照贸易合同和 UCP600 的规定及时开证。UCP600 已被世界各国银行所采用,成为公认的、最重要的国际贸易惯例之一。但是,UCP600 不是法律,只有开证行在信用证中明确注明根据 UCP600 开立的文字,才受其约束。为此,我国银行开立的信用证也都加上这一句。

五、拟订贸易合同信用证支付条款的实例

拟订贸易合同信用证支付的条款,如样例 5—3 所示。

样例 5—3

方 正 进 出 口 贸 易 公 司

FANGZHENG IMPORT & EXPORT TRADE CORPORATION

222 ZHONGSHAN ROAD SHANGHAI CHINA

TEL:(021) 65788877 **销 售 确 认 书** S/C No.:TXT264

Fax:(021) 65788876 **Sales Confirmation** DATE: Apr. 10, 2012

To Messrs:

TKAMRA CORPORATION

6-7, KAWARA MACH OSAKA JAPAN

谨启者:兹确认售予你方下列货品,其成交条款如下:

Dear Sirs,

We hereby confirm having sold to you the following goods on terms and conditions as specified below:

唛 头 SHIPPING MARK	货物描述及包装 DESCRIPTIONS OF GOODS, PACKING	数 量 QUANTITY	单 价 UNIT PRICE	总 值 TOTAL AMOUNT
T.C TXT264 OSAKA C/NO. 1-UP	100% COTTON COLOUR WEAVE T-SHIRT TM111 TM222 TM333 TM444 PACKED IN ONE CARTON 20 PCS OF EACH	 2 000 PCS 2 000 PCS 1 000 PCS 1 000 PCS	CIF OSAKA USD 11.00 USD 10.00 USD 9.50 USD 8.50	 USD 22 000.00 USD 20 000.00 USD 9 500.00 USD 8 500.00

INSURANCE:

付款条件:L/C AT SIGHT. ← 信用证支付条款

TERMS OF PAYMENT:

买方须于 2012 年5月20 日前开出本批交易的信用证(或通知售方进口许可证号码),否则,售方有权不经过通知取消本确认书,或向买方提出索赔。The Buyer shall establish the covering Letter of Credit (or notify the Import License Number) before May 20, 2012, falling which the Seller reserves the right to rescind without further notice, or to accept whole or any part of this Sales Confirmation non-fulfilled by the Buyer, or, to lodge claim for direct losses sustained, if any.

相关知识链接　**支付方式的综合使用**

在国际贸易中，通常是一笔交易只选择一种支付方式。但有时为了节省费用、安全收汇和加快资金周转等目的，会在同一笔交易中选择两种或两种以上的支付方式综合使用，以取长补短。常用的综合支付方式有以下几种：

1. 信用证与托收相结合

即一笔交易的部分货款开立不可撤销信用证，其余货款采用付款交单方式支付。在结算货款时，出口方开具两张汇票，用于信用证项下的货款支付采用光票，用于托收项下的汇票随附全套货运单据。这样进口方可以减少开证金额，少付开证押金，减少占押资金。而出口方仍有信用证作保证，开证行须在进口方付清全部货款后才能放单。如果托收部分金额被拒付，该笔交易的全套货运单据仍在出口方控制下，凭其处理。

2. 信用证与汇付相结合

这种做法常用于商品品质不太稳定的初级产品交易中。进口方为掌握主动权，在交货前先用跟单信用证支付部分货款，待货到目的地经检验合格后，再用汇付方式付清其余货款。

3. 汇付与银行保函相结合

对于生产周期较长的大型机电设备的交易，进口方常常根据生产进度，分若干次分期汇付货款，直至交货后凭货运单据付清全部货款。出口方则出具银行保函或备用信用证，保证违约时，由银行负责退回进口方已付货款、利息和其他损失的赔偿。

4. 承兑交单与国际保理相结合

这种做法多用于新产品或竞争激烈的商品。在支付方式上给予进口方优惠，同时接受保理服务，避免收汇风险。

5. 托收与预付押金相结合

货款的结算采用跟单托收，并由进口方预付部分货款或一定比例的押金作为保证。出口方在收到预付款或押金后，发运货物并从货款中扣除已收款项，将余额部分委托银行以付款交单方式托收。如托收金额被拒付，出口方可将货物运回，并从已收款项中扣除来往运费、利息及合理的损失费用，从而保护了出口方利益。

专业知识与操作技能训练

一、专业理论知识训练

（一）不定项选择题

1. 汇付根据不同的汇款方式有三种，其中（　　）在实际业务中使用较多。

A. 信汇　B. 票汇　C. 电汇　D. 票汇与信汇

2. 汇付基本当事人主要有（　　）。

A. 汇款人　B. 汇出行　C. 汇入行　D. 收款人

3. 电汇、信汇和票汇所使用的结算工具是（　　）。

A. 信汇委托书　B. 电汇委托书

C. 银行票汇　D. 商业票汇

4. 跟单托收根据交单的条件不同可分为 D/P 和 D/A，对出口方来说（　　）。

A. D/P 风险大　B. D/A 风险大

C. 二者风险相同　D. D/P 和 D/A 三者都不是

5. 即期付款交单与远期付款交单在支付方面的不同是，使用（　　）。

A. 即期汇票　B. 远期票汇　C. 银行票汇　D. 商业票汇

6. 托收方式的基本当事人主要有（　　）。

A. 委托人　B. 托收行　C. 代收行　D. 付款人

7. 开证申请人是向银行申请开立信用证的人，其是贸易合同中的（　　）。

A. 出口方　B. 进口方　C. 进口地银行　D. 出口地银行

8. 受益人是信用证上所指定的信用证金额的收款人，其是贸易合同中的（　　）。

A. 出口方　B. 进口方　C. 议付银行　D. 付款银行

9. 通过 SWIFT（　　）称为 SWIFT 信用证，其具有标准化、固定化和格式化的特性。

A. 即期汇票　B. 开立信用证　C. 银行票汇　D. 通知信用证

10. 进口方为了融资方便或利用银行较低的贴现率，在与出口方签订即期付款合同后，却要求开证行开立远期承兑信用证，并在证中规定“远期汇票可即期付款”，故称（　　）。

A. 买方远期信用证　B. 即期信用证

C. 假远期信用证　D. 远期信用证

11. SWIFT 信用证通常采用（　　）格式开立。

A. MT700　B. MT701　C. MT705　D. MT707

12. 信用证一经保兑，其第一性付款责任是（　　）。

A. 开证行　B. 保兑行　C. 议付银行　D. 付款银行

13. 可转让信用证是指开证行授权有关银行在受益人的要求下，可将信用证的(　)转让给第三者。

A. 即期汇票　　B. 全部金额

C. 银行票汇　　D. 部分金额

14. 对开信用证是两张信用证的开证申请人互以对方为受益人而开立的信用证，其多用于(　　)。

A. 易货贸易　　B. 来料加工贸易

C. 补偿贸易　　D. 来件加工贸易

15. 信用证金额在每次议付后，须经开证行通知才能恢复原金额使用的是(　　)。

A. 自动循环信用证　　B. 半自动循环信用证

C. 循环信用证　　D. 非自动循环信用证

(二) 判断题

1. 汇付所使用的结算工具传送方向与资金流向相同，因此为逆汇法。(　)

2. 进口方先通过汇出行将货款以电汇方式汇给汇入行，并指示汇入行凭出口方提供的指定单据付款给出口方，其称为凭单付汇。(　　)

3. 托收建立在商业信用基础上，所以是商业信用；票付使用的是银行汇票，所以是银行信用。(　)

4. 商业信用比银行信用可靠，在国际贸易中多采用电汇支付方式。(　　)

5. 信用证是银行信用，如果进口方付款后发现实际货物与合同规定不符，可凭单向开证银行索赔。(　　)

6. 跟单信用证是开证行凭跟单汇票或仅凭单据付款或议付的信用证，有的信用证要求汇票附有发票、收据、垫款清单，所以该信用证是跟单信用证。(　　)

7. 开证行允许议付行用电传等快捷方式通知开证行或指定付款行，说明各种单据与信用证要求相符，要求其用电汇方式将货款拨交议付行，其为电汇索偿条款。(　)

8. 延期付款信用证不要求出口方开立汇票，所以可以贴现。(　　)

9. 可转让信用证必须由开证行在证中注明“可转让”字样，可转让多次。(　　)

10. 可转让信用证主要适用于中间贸易，其可同时分别转让给几个第二受益人。(　)

11. 对开信用证的两证金额可相等或不等,两证可同时生效,也可先后生效。(　　)

12. UCP600 规定凡信用证未注明“可转让”字样,均为可转让信用证。(　　)

(三) 简答题

1. 简述电汇、信汇和票汇的业务流程。
2. 简述即期付款交单业务流程。
3. 简述采用托收支付方式应注意的事项。
4. 简述信用证业务的主要流程。

二、操作技能训练

(一) 业务背景

广州纺织品进出口公司业务员王伟与法国 LEARA TRADE CO., LTD 业务经理 WIN 先生就男式衬衫进行了贸易磋商,双方就合同的支付条件达成一致。

(二) 操作资料

付款条件:买方须于 2012 年 6 月 30 日前开出本批交易的即期信用证。

(三) 操作要求

请你以广州纺织品进出口公司业务员王伟的身份,根据上述资料用英语拟订销售确认书中的相关项目。

广州纺织品进出口贸易公司

GUANGZHOU TEXTILE IMPORT & EXPORT TRADE CORPORATION.

530 BEIJING ROAD GUAGNZHOU, CHINA

TEL: (020)64043030	**销 售 确 认 书**	S/C No.:
FAX: (020)64043031	**SALES CONFIRMATION**	DATE:

To Messrs:

谨启者:兹确认售予你方下列货品,其成交条款如下:

Dear Sirs,

We hereby confirm having sold to you the following goods on terms and conditions as specified below:

唛　头 SHIPPING MARK	货物描述及包装 DESCRIPTIONS OF GOODS,PACKING	数　量 QUANTITY	单　价 UNIT PRICE	总　值 TOTAL AMOUNT

装运港：

LOADING PORT：

目的港：

DESTINATION:

装运期限：

TIME OF SHIPMENT：

分批装运：

PARTIAL SHIPMENT：

转船：

TRANSSHIPMENT：

保险：

INSURANCE：

付款条件：

TERMS OF PAYMENT：

买方须于________年_______月______日前开出本批交易的信用证（或通知售方进口许可证号码），否则，售方有权不经过通知取消本确认书，或向买方提出索赔。The Buyer shall establish the covering Letter of Credit (or notify the Import License Number) before _________, falling which the Seller reserves the right to rescind without further notice, or to accept whole or any part of this Sales Confirmation non-fulfilled by the Buyer, or, to lodge claim for direct losses sustained, if any.

项目六 出口贸易合同的拟订

——争议的预防和处理条款

学习与考证要点

- 检验检疫机构的职责
- 商品检验检疫的作用与证书的种类
- 商品检验检疫条款的内容及其订立方法
- 不可抗力的认定和处理方法
- 不可抗力事件条款的主要内容和规定方法
- 仲裁协议的形式和作用
- 仲裁条款的内容及其订立的方法

业务背景

方正进出口贸易公司与日本客商 TKAMRA CORPORATION 进行交易磋商后，根据双方就商品的检验检疫、不可抗力、索赔和仲裁达成的一致意见拟订商品检验检疫条款、不可抗力条款、索赔条款和仲裁条款，以合同条款的法律形式加以规定。

工作任务一　商品检验检疫条款的拟订

业务导入

出口商品能否顺利地交货履约，进口商品能否得到符合合同规定的货物，以及发生问题时能否对外索赔挽回损失，都与合同的商品检验条款密切相关。因此，在签订买卖合同时，须十分重视商品检验条款的订立。

一、检验检疫的机构和职责

（一）商品检验检疫的作用

商品检验检疫（Commodity Inspection and Quarantine）是指在国际贸易过程中，对卖方交付合同规定的货物进行品质、数（重）量和包装等方面的鉴定，并根据一国法律的规定进行安全、卫生、环境保护和动植物病虫害等进行检验检疫。其主要作用如下：

1. 是突破国外贸易技术壁垒和建立国家技术保护屏障的重要手段

世界各国都相继制定有关食品、药品、化妆品和医疗器械的卫生法规，各种机电与电子设备、交通运输工具和涉及安全的消费品的安全法规，动植物及其产品检疫法规，检疫传染病的卫生检疫法规，规定这些产品出口都必须持有出口国官方检验检疫机构提供符合相关安全、卫生与检疫法规标准的证书。商品检验检疫机构对出口产品的官方检验检疫与监管认证，是突破国外的贸易技术壁垒，取得国外市场准入资格，使我国产品能在国外顺利通关入境。同时，加强对进口产品的检验检疫，以合理的技术规范和措施，建立起维护国家根本利益的可靠屏障。

2. 进一步加强产品质量在国际市场上的竞争能力

在世界贸易竞争日益激烈的情况下，出口商如果未按照合同的规定，就可能会招致退货或索赔，丢失国外市场，使国家遭受经济损失。为维护国家经济利益和对外信誉，有必要对出口商品实施检验检疫，保证货物的质量、数量和包装等符合贸易合同的有关要求。

3. 能有效维护国家对外贸易的合法权益

随着对外贸易的发展，进口商品逐渐增多。进口商品中以次充好、以旧顶新、以少冒多、掺杂使假等情况屡有发现，如果不认真检验，不仅会遭受经济损失，还会严重影响生产建设和人民身体健康。所以有必要对进口商品按照合同有关规定严格检验。

4. 对进出口商品实施检验提供的各种检验鉴定证明是对外贸易履行的法律文件

在国际贸易中，贸易双方往往要求由官方或权威的非当事人，对进出口商品的质量、重量、包装、装运技术条件等提供检验合格证明，作为出口商品交货、结算及解决贸易争议，提出索赔的有效证件。

相关知识链接　商品检验检疫法律

我国为了更好地开展商检工作，先后制定了一系列法规。1984 年国务院颁布了《中华人民共和国进出口商品检验条例》，规定国家商检局是统一监督管理全国进出口商品检验工作的主管机关，明确了商检机构的检验范围、检验内容、检验制度以及对违法行为的行政处罚等。1989 年 2 月通过了《中华人民共和国进出口商品检验法》(以下简称《商检法》)，以法律的形式明确了商检机构对进出口商品实施法定检验，办理进出口商品鉴定业务以及监督管理进出口商品检验工作等基本职责，规定了法定检验的内容、标准及相应的法律责任。1992 年 10 月国家商检局制定了《中华人民共和国进出口商品检验法实施条例》(以下简称《商检法实施条例》)，作为《商检法》的配套法规，进一步阐明了商品检验检疫局工作的法律地位，规定了法定检验、鉴定业务的范围和监督管理的各项制度。《商检法》与《商检法实施条例》的施行，对于加强维护国家利益、国际信誉，促进外贸发展具有重大的作用。

(二) 检验检疫机构

各国承担进出口商品检验检疫的机构有官方的检验机构和民间的检验机构，也有生产者自己进行检验。由于其各自的背景、技术和信誉的不同，买卖双方有必要就检验机构在合同中明确。

检验检疫机构，大致可分为三种类型：(1)政府设立的检验机构。例如，美国食品药物管理局(FDA)、罗马尼亚商品检验局、波兰的波尔卡哥检验所。(2)民间的检验机构。例如，英国利物浦棉花协会、日本海事鉴定会、瑞士通用公证行等。(3)生产企业或贸易部门的检验机构。

(三) 检验检疫机构的职责

根据我国《商检法》规定，中华人民共和国出入境商品检验检疫局主管全国进出口商品检验检疫工作，并在省、自治区、直辖市以及进出口商品的口岸、集散地设立其分支机构，管理该地区的进出口商品检验检疫工作。具体工作职责如下：

1. 对进出口商品实施法定检验

法定检验检疫的目的是为了保证进出口商品、动植物(或产品)及其运输设备的安全、卫生符合国家有关法律法规规定和国际上的有关规定，防止次劣有害商品、动植物(或产品)以及危害人类和环境的病虫害及传染病源输入或输出，保障生产建设安全和人类健康。

法定的商检商品未经检验检疫，不准销售、使用和出口。对进出口商品实施法定检验检疫的范围主要包括：

(1) 列入《商检机构实施检验的进出口商品种类表》的进出口商品的检验；

(2) 对出口食品的卫生检验；

(3) 对出口危险货物包装容器的性能鉴定和使用鉴定；

(4) 对装运出口易腐烂变质食品、冷冻品的船舱、集装箱等运载工具的适载检验；

(5) 对有关国际条约规定须经商检机构检验的进出口商品的检验；

(6) 对其他法律、行政法规规定须经商检机构检验的进出口商品的检验。

另外，《商检法》规定，凡列入法定检验的进出口商品和其他法律、法规规定的检验检疫商品，经申请并报国家商品检验检疫局批准，可免予检验。申请人申请免验，应当具备以下条件：

(1) 在国际上获得质量奖的商品；

(2) 经商品检验检疫机构多次检验，或经国家商品检验检疫局认可的外国有关组织实施质量认证的进出口商品；

(3) 连续3年经商品检验检疫机构检验，合格率为100%并在3年内没有发现质量异议的出口商品；

(4) 一定数量限额内的非贸易性进出口商品；

(5) 进出口的样品、礼品、非销售展品和其他非贸易性物品。

2. 办理进出口商品公证鉴定业务

进出口商品鉴定业务是指根据国际贸易当事人的申请或外国检验机构的委托，以第三者公证人的身份对进出口商品或运载技术条件等进行检验鉴定，签发鉴定证书，作为有关各方当事人维护其利益的有效法律文件。

进出口商品鉴定业务主要包括：进出口商品的质量、数量、重量包装鉴定、积载鉴定、残损鉴定、海损鉴定、集装箱及集装箱货物鉴定、签发价值证书及其他进出口商品鉴定业务。鉴定业务是凭申请办理的，不是依据法律强制性的检验，与法定检验有着本质的区别。

3. 对进出口商品的质量和检验检疫工作实施监督管理

监督管理是指商品检验检疫机构依据国家的法律与行政法规，运用行政管理手段对进出口商品的收货人、发货人及生产、经营、储运单位以及国家商品检验检疫局指定认可的检验机构和认可的检验人员的检验工作实施监督管理，以保证进出口商品的检验检疫质量，维护国家的经济利益和信誉。

二、检验的时间与地点

在国际贸易中，都允许买方在接受商品前有权检验商品，但在何时何地对商品进行检验，各国法律都无统一的规定。由于商品检验的时间和地点直接关系到交易双方的经济利益，因此买卖双方必须在合同中予以明确的约定。其方法如下：

（一）在出口国装船前检验

该规定是指卖方在出口国装船前，报请商品检验检疫机构对出口商品进行检验，以其出具的品质和重量等检验证书作为该项条件的最后依据。采用这种做法，将最终检验权归属于卖方，买方无复验权。

（二）在进口国卸货后检验

该规定是指商品在进口国卸货后，由当地的检验机构进行检验，以其出具的检验证书作为最后依据，如买方发现商品的品质、数量等与合同规定不符，可凭检验证书向卖方提出索赔。除非造成上述情况是属于承运人或保险人的责任以外，卖方不得拒绝理赔。

（三）出口国装船前检验与进口国卸货后复验

该规定是指商品在出口国装船前进行检验并取得检验证书，但该检验证书并不是最后的依据，而是作为卖方向银行议付货款的一种凭证，买方仍有权对进口商品进行复验，向卖方及有关当事人对商品货损、短缺提出索赔。这种做法既承认卖方提供的检验证书是有效的文件，又承认买方具有检验货物的权力，比较合理。目前是国际贸易中普遍采用的做法。

三、商品检验证书

（一）商检证书的种类

商品检验证书是指进出口商品经商品检验检疫机构检验、鉴定后出具的证明检验结果的书面文件。

商品检验证书的种类很多，在实际进出口商品交易中，应在检验条款中规定检验证书的类别及其商品检验检疫的要求。

1. 品质检验证书

品质检验证书是对进出口商品的质量、规格和等级进行检验后出具的书面证明。

2. 重量检验证书

重量检验证书是根据不同的计重方法或计量单位证明进出口商品重量的证书。

3. 数量检验证书

数量检验证书是证明进出口商品数量的证书。

4. 兽医检验证书

兽医检验证书是证明动物产品在出口前经过兽医检验，符合检疫要求而出具的证书。

5. 卫生健康检验证书

卫生健康检验证书是证明出口供食用的动物产品和食品经卫生检验检疫合格的证书。

6. 熏蒸/消毒检验证明书

熏蒸/消毒检验证明书是证明出口动物产品及食品经过高温或消毒处理的证书。

7. 产地检验证书

产地检验证书是证明出口商品原产地的证书。

8. 价值检验证书

价值检验证书是证明出口商品价值与发货人提供的发票上的价值完全相符的证书。

9. 残损检验证书

残损检验证书是证明进口商品残损情况，估计残损贬值程度，判断致损原因，供索赔时使用的证书。

10. 温度检验证书

温度检验证书是证明出口冷冻商品温度的证书。

11. 船舱检验证书

船舱检验证书是证明承运出口商品的船舱清洁、空调和冷藏效能的证书。

（二）商检证书的作用

商品检验检疫证书所证明的商品检验检疫结果，直接关系到贸易当事人各方的责任和经济权益，其作用主要体现在：(1)是进出口商品报关的有效证件；(2)是证明卖方所交货物的品质、数(重)量、包装及卫生条件等符合合同规定的合法证件；(3)是证明买方对货物的品质、数(重)量、包装及卫生条件等提出异议、拒收货物的法律证书；(4)是卖方向银行议付货款的主要单证；(5)是买卖双方进行仲裁或诉讼的有效证据。

议题一

我国对外出口货物在装运前经出境地商品检验检疫局检验合格，并出具品质和数量检验检疫证书。货到目的港后，发现货物数量短缺。对此，进口商要求我方给予赔偿。请分析，我方该如何处理？为什么？

四、贸易合同检验检疫条款的拟订

（一）检验检疫条款的主要内容

商品检验检疫条款的主要内容有：明确商品的检验检疫机构、检验检疫的时间与地点、商品检验证书的名称和索赔的时效。

（二）订立检验检疫条款应注意的问题

1. 明确买卖双方对进出口商品进行检验检疫的机构，以示确立其合法性。

2. 确定须出具的检验检疫证书的名称和份数，以满足不同部门的需要。

3. 出口食品和动物产品的卫生检验检疫，一般均按我国标准及有关法令规定办理。如外商提出特殊要求或按国外法规有关标准进行检验检疫，应要求对方提供有关的资料，经出入境检验检疫机构和有关部门研究后，才能接受。

4. 订明买方对货物的品质、数(重)量等进行复验的时间、地点和复验方法。复验地点一般为目的港，机器设备可在目的地。复验时间不宜过长，通常视商品性质而言，为货到目的港后30～180天不等。

五、拟订贸易合同检验检疫条款的实例

拟订贸易合同检验检疫的条款，如样例6－1所示。

样例 6—1

方 正 进 出 口 贸 易 公 司

FANGZHENG IMPORT & EXPORT TRADE CORPORATION

222 ZHONGSHAN ROAD SHANGHAI CHINA

TEL：(021) 65788877　　**销 售 确 认 书**　　S/C No.：TXT264

Fax：(021) 65788876　　**Sales Confirmation**　　DATE：Apr. 10, 2012

To Messrs:

TKAMRA CORPORATION

6-7, KAWARA MACH OSAKA JAPAN

谨启者：兹确认售予你方下列货品，其成交条款如下：

Dear Sirs,

We hereby confirm having sold to you the following goods on terms and conditions as specified below:

唛 头 SHIPPING MARK	货物描述及包装 DESCRIPTIONS OF GOODS, PACKING	数 量 QUANTITY	单 价 UNIT PRICE	总 值 TOTAL AMOUNT
T.C	100% COTTON COLOUR WEAVE T-SHIRT		CIF OSAKA	
TXT264	TM111	2 000 PCS	USD 11.00	USD 22 000.00
OSAKA	TM222	2 000 PCS	USD 10.00	USD 20 000.00
C/NO. 1-UP	TM333	1 000 PCS	USD 9.50	USD 9 500.00
	TM444	1 000 PCS	USD 8.50	USD 8 500.00
	PACKED IN CARTON 20 PCS OF EACH			

检验检疫条款

买卖双方同意以装运港中国出入境检验检疫局签发的质量作为信用证项下议付所提交的单据的一部分，买方有权对货物的质量和重量进行复验，复验费由买方负担。但若发现质量与合同规定不符时，买方有权向卖方索赔，并提供经卖方同意的公证机构出具的检验报告。索赔期限为货物到达目的港(地)后 180 天内。It's mutually agreed that the Certificate of Quality issued by the China Exit and Entry Inspection and Quarantine Bureau at the port of shipment shall be part of the documents to be presented for negotiation under the relevant L/C. The buyers shall have the right to reinspect the quality of the cargo. The reinspection fee shall be borne by the Buyers. Should the quality be found not in conformity with of the contract, the Buyers are entitled to lodge with the Sellers a claim which should be supported by survey reports issued by a recognized surveyor approved by the Sellers. The claim, if any, shall be lodged within 180 days after arrival of the goods at the port of destination.

工作任务二　不可抗力条款的拟订

业务导入

不可抗力(Force Majeure)又称人力不可抗拒,是指当事人在合同签订后,发生无法预见、避免和控制的事件,致使合同当事人不能履行或不能全部履行合同。遭受不可抗力的合同当事人可以免除履行合同的责任或延期履行合同。在实际业务中,要判断哪些事件可以构成当事人的免责是比较困难的,各国的法律规定也不一致,所以,为了防止产生争议,维护各方当事人的利益,一般要在进出口合同中订立不可抗力条款。

一、不可抗力的认定

不可抗力条款是指在合同中订明如当事人一方因不可抗力事件而不能履行合同的全部或部分义务的,免除其责任,另一方当事人不得对此要求损害赔偿。

(一) 引起不可抗力事件的原因

引起不可抗力事件的原因很多,一般归纳为两种情况:(1)自然原因引起的,如洪水、火灾、暴风雨、大雪、地震等自然灾害;(2)社会原因引起的,如战争、罢工、政府禁令等社会异常事件。值得注意的是,并非所有的自然原因和社会原因引起的事件都属于不可抗力。

(二) 构成不可抗力事件的条件

构成不可抗力事件的主要是:(1)事件是在签订合同后发生的;(2)事件的发生不是由于任何一方当事人的故意或过失所造成的;(3)事件的发生及其造成的结果是当事人不能预见、不能避免和不能克服的。

二、不可抗力事件的处理

不可抗力事件的处理,主要有下列两种方法:

(一) 变更合同

变更合同是指对原订立的合同条款做部分的变更,使遭受不可抗力事件的当事人免除履行部分合同责任,或延期履行合同责任。

（二）解除合同

解除合同是指当事人在发生不可抗力事件后，使合同不再可能履行时，可以解除合同，不承担其责任。

在国际贸易合同履行的过程中，如果发生了不可抗力事件致使合同无法得到全部或部分履行，有关当事人可依据法律或合同的规定，免除其相应的责任，即解除合同或变更合同。但发生不可抗力的一方必须采取合理的措施，减轻给对方造成的损失，及时通知对方，提出处理意见，并向对方提供不可抗力的证明。在我国出具证明的机构，一般是中国国际贸易促进委员会。在国外则由当地的商会或登记注册的公证行出具。

在不可抗力事件发生后，接到关于不可抗力事件的通知或证明文件的一方，无论同意与否，都必须立即予以答复，否则按有些国家的法律规定，将被视作默认。

议题二

我国某出口企业与英商签订了一份家具销售合同。合同规定数量1 000套，当年8月31日前交货。由于夏季雷电多，于8月1日电击厂房引起火灾，造成生产延误。对此，我方以不可抗力事件为由要求取消合同。试分析，我方提出的要求是否合理？为什么？

三、贸易合同不可抗力条款拟订

（一）不可抗力条款的主要内容

不可抗力条款的主要内容有：规定不可抗力的范围；提出事件的处理原则和方法；明确不可抗力事件的通知期限、通知方式和出具证明的机构等。

（二）订立不可抗力条款应注意的问题

在订立合同时，应明确不可抗力的认定条件，避免因理解不同而产生争议。明确规定不可抗力事件证明的出证机构，并规定遭受不可抗力事件一方享有免责的权利。

四、拟订贸易合同不可抗力条款的实例

拟订贸易合同不可抗力的条款，如样例6—2所示。

样例 6－2

方正进出口贸易公司

FANGZHENG IMPORT & EXPORT TRADE CORPORATION

222 ZHONGSHAN ROAD SHANGHAI CHINA

TEL：(021) 65788877 **销售确认书** S/C No.：TXT264

Fax：(021) 65788876 **Sales Confirmation** DATE：Apr. 10, 2012

To Messrs:

TKAMRA CORPORATION

6-7, KAWARA MACH OSAKA JAPAN

谨启者：兹确认售予你方下列货品，其成交条款如下：

Dear Sirs,

We hereby confirm having sold to you the following goods on terms and conditions as specified below:

唛 头 SHIPPING MARK	货物描述及包装 DESCRIPTIONS OF GOODS, PACKING	数 量 QUANTITY	单 价 UNIT PRICE	总 值 TOTAL AMOUNT
T.C	100% COTTON COLOUR WEAVE T-SHIRT		CIF OSAKA	
TXT264	TM111	2 000 PCS	USD 11.00	USD 22 000.00
OSAKA	TM222	2 000 PCS	USD 10.00	USD 20 000.00
C/NO. 1-UP	TM333	1 000 PCS	USD 9.50	USD 9 500.00
	TM444	1 000 PCS	USD 8.50	USD 8 500.00
	PACKED IN CARTON 20 PCS OF EACH			

不可抗力条款

如由于战争、地震或其他不可抗力的原因致使卖方对本合同项下的货物不能装运或迟延装运，卖方对此不负任何责任。但卖方应立即通知买方并于15天内航空挂号函件寄给买方由中国国际贸易促进委员会出具的证明书，以证明该不可抗力事件的发生。If the shipment of the contracted goods is prevented or delayed in whole or in part by reason of war, earthquake or other causes of Force Majeure, the Seller shall not be liable. However, the Seller shall notify the Buyer immediately and furnish the letter by registered airmail with a certificate issued by the China Council for the Promotion of International Trade attesting such event or events.

工作任务三 异议与索赔条款的拟订

业务导入

异议与索赔条款(Discrepancy and Claim Clause)一般是针对出口方交货品质、数量或包装不符合合同规定而订立的。当然,买方不按期接运货物或无理拒付货款的情况也时有发生,为此买卖双方商订合同时,应就索赔条件作出明确具体的规定。

一、争议与违约

(一) 争议

所谓争议(Disputes)是指交易的一方认为对方未能部分或全部履行合同规定的责任和义务而引起的纠纷。交易中引起争议的原因很多,一般有三种情况:(1)出口方违约。如出口方不能按时、按质、按量交货,致使进口方受损。(2)进口方违约。如进口方不按合同规定日期开信用证或不开证,及不按期接货或无理拒付货款,致使出口方受损。(3)进出口双方都有某些违约行为。如合同条款订立不明确,致使双方的理解产生分歧,从而引起一方或双方都有违约行为。

(二) 违约

所谓违约 (Breach of Contract) 是指交易双方中的任何一方违反合同义务的行为。我国《合同法》第 107 条规定,违约是指"当事人一方不履行合同义务或者履行合同义务不符合约定的"。违约的性质一般有三种:(1)一方当事人的故意行为导致违约;(2)一方当事人的疏忽、过失或业务不熟而导致违约;(3)对合同义务不重视或玩忽职守而导致违约。

在国际贸易合同履行在中,构成违约一方在法律上要承担违约责任,受损方有权根据合同或有关法律的规定提出损害赔偿要求,这是国际贸易中普遍遵循的原则。但对不同性质的违约行为应承担的法律责任,各国法律有不同的解释。

1. 英国法将违约分为"违反要件"和"违反担保"

违反要件(Breach of Condition)是指违反合同中的主要条款,如卖方交货数量、品质不符合合同规定,或不按时交货,受损害的一方可要求损害赔偿外,还有权解除合同。

违反担保(Breach of Guaranty)是指违反合同中的次要条款,则受损害的一方不可解除合同,但可要求损害赔偿,问题是合同中的条款哪些属于"要件",哪些属于"担保",英国的法律未做出具体的规定,要由法官在审理案件时根据合同的内容和推定出的双方意愿做出判断,这样就有一定的不确定性。不过,在实际业务中,一般将商品的品质、数量、交货期、付款等视为"要件",与合同标的不直接联系的视为"担保"。

2. 美国法把违约分为"重大违约"和"轻微违约"

重大违约(Material Breach)是指一方违约致使另一方无法获得该项交易的主要利益,由此,受损方有权解除合同,并提出损害赔偿。

轻微违约(Minor Breach)是指违约情况较轻,并未影响对方在该项交易中取得的主要利益,受损方可要求损害赔偿,但不可解除合同。

3.《联合国国际货物销售合同公约》把违约分为"根本性违约"和"非根本性违约"

根本性违约(Fundamental Breach)是指一方当事人违反合同,致使另一方当事人被剥夺了他根据合同规定有权期待得到的东西。这时,受损方可宣告合同无效,并可向违约方要求损害赔偿。

非根本性违约(Non-Fundamental)是指违约未达到根本性违约的程度,对此受损方只能要求损害赔偿而不能解除合同。

我国《合同法》规定合同当事人一方违约后,另一方当事人可以要求违约方承担"继续履行、采取补救措施或者赔偿损失等违约责任",也可以提出"解除合同"。其中违约方承担的违约责任可分为继续履行、补救措施、违约金、赔偿损失和定金五种形式,各类责任有各自适用的条件。

由于各国法律和国际公约对违约行为的区分有不同的方法,对于不同的违约行为应承担的责任有不同的法律规定,因此,为维护我方的权益,要订好合同中的索赔条款。

二、索赔和理赔

索赔(Claim)是指交易一方不履行合同义务或不完全履行合同义务,致使另一方遭受损失时,受损方向违约方提出要求给予损害赔偿的行为。

理赔(Settlement)是指违约方对受损方所提出的赔偿要求进行处理的行为。

索赔和理赔是一个问题的两个方面,对受损方而言是索赔,对违约方而言是理赔。

三、贸易合同异议与索赔条款拟订

(一) 异议与索赔条款的主要内容

异议与索赔条款一般是针对出口方交货品质、数量或包装不符合合同规定而订立的,其内容一般包括索赔依据、索赔期限以及索赔的处理方法。

(二) 订立异议与索赔应注意的问题

1. 索赔对象

在国际贸易中,根据损失的原因和责任的不同,可以向以下三种对象索赔:(1)凡属承保范围内的货物损失,向保险公司索赔;(2)如系承运人的责任所造成的货物损失,向承运人索赔;(3)如系合同当事人的责任造成的损失,则向责任方提出索赔。

2. 索赔依据

索赔必须要有充分的法律依据和事实依据。法律依据是指相关法律规定和当事人签订国际贸易合同;事实依据是指违约的事实和符合法律规定的书面证明。如果索赔时证据不足或出具证明的机构不符合要求等,都可拒赔。

3. 索赔期限

索赔期限是指受损方有权向违约方提出索赔的时效。按照各国法律和国际贸易惯例的规定,受损方只能在一定的索赔期限内提出索赔,否则丧失索赔权。索赔期限有约定和法定之分。约定的索赔期限是指贸易双方在合同中明确规定的索赔期限,其长短须视交易的具体内容而定;法定索赔期限是指根据有关法律规定受损方有权向违约方要求损害赔偿的期限,一般自买方实际收到货物之日起两年之内。但约定索赔期限的法律效力优于法定索赔期限,只有在贸易合同中未约定索赔期限时,法定索赔期限才起作用。

在索赔条款中,索赔期限的起算时间的规定方法有:(1)货物到达目的港后……天起算;(2)货物到达目的港卸离海轮后……天起算;(3)货物到达营业处所或用户处所后……天起算;(4)货物经检验后……天起算。

4. 索赔金额

如果贸易合同中规定了损害赔偿金额或损害赔偿金额的计算方法,通常按其规定提出索赔。如果合同中未作具体规定,则根据以下原则确定索赔金额:

(1) 赔偿金额应与因违约而遭受的包括利润之内的损失额相等;

(2) 赔偿金额应以违约方在订立合同时可预料到的合理损失为限;

(3) 由于受损方未采取合理措施使有可能减轻而未减轻的损失,应在赔偿金额中扣除。

议题三

我国某外贸公司向港商以CIF香港出口货物一批，港商于是将该货物转售给日商。货物如期到达香港后，港商发现货物有质量问题，因时间紧迫，仍将原货物转船至日本。其后，港商在合同规定的索赔期限内，凭日本商检机构签发的检验证书向我方提出索赔。试分析，我方应如何处理？为什么？

四、拟订贸易合同异议与索赔条款的实例

拟订贸易合同异议与索赔的条款，如样例6—3所示。

样例6—3

方正进出口贸易公司

FANGZHENG IMPORT & EXPORT TRADE CORPORATION

222 ZHONGSHAN ROAD SHANGHAI CHINA

销售确认书

Sales Confirmation

TEL：(021) 65788877　　S/C No.：TXT264

Fax：(021) 65788876　　DATE：Apr. 10, 2012

To Messrs:

TKAMRA CORPORATION

6-7, KAWARA MACH OSAKA JAPAN

谨启者：兹确认售予你方下列货品，其成交条款如下：

Dear Sirs,

We hereby confirm having sold to you the following goods on terms and conditions as specified below:

唛头 SHIPPING MARK	货物描述及包装 DESCRIPTIONS OF GOODS, PACKING	数量 QUANTITY	单价 UNIT PRICE	总值 TOTAL AMOUNT
T. C	100% COTTON COLOUR WEAVE T-SHIRT		CIF OSAKA	
TXT264	TM111	2 000 PCS	USD 11.00	USD 22 000.00
OSAKA	TM222	2 000 PCS	USD 10.00	USD 20 000.00
C/NO. 1-UP	TM333	1 000 PCS	USD 9.50	USD 9 500.00
	TM444	1 000 PCS	USD 8.50	USD 8 500.00
	PACKED IN CARTON 20 PCS OF EACH		异议与索赔条款	

如买方提出索赔，凡属品质异议须于货到目的口岸之60日内提出，凡属数量异议须于货到目的口岸之30日内提出，对所装货物所提任何异议属于保险公司、轮船公司等其他有关运输或邮递机构，卖方不负任何责任。In case of quality discrepancy, claim should be filed by the Buyer within 60 days after the arrival of the goods at port of destination; while for quantity discrepancy, claim should be filed by the Buyer within30days after the arrival of the goods at port of destination. It is understood that the seller shall not be liable for any discrepancy of the goods shipped due to causes for which the Insurance Company, Shipped Company other transportation organization/or Post Office are liable.

工作任务四 仲裁条款的拟订

业务导入

在国际贸易过程中，交易双方因各种原因而发生争议是不可避免的。如何妥善解决这些争议，直接关系到企业、国家的利益和对外声誉。在实际业务中，解决争议的途径通常有友好协商、调节、仲裁和法律诉讼，其中，仲裁是解决国际贸易争议的一种重要方式。

一、仲裁协议

仲裁(Arbitration)是指贸易双方在发生争议之前或争议之后，签订书面协议，自愿将有关争议交给双方所同意的仲裁机构进行裁决，而这个裁决是终局性的，对双方都有约束力，双方都必须遵照执行。

(一) 仲裁协议的形式

仲裁协议必须是书面的，有两种形式：

1. 仲裁条款

合同中的仲裁条款(Arbitration Clause)是指争议尚未发生，交易双方在签订贸易合同时，就将可能发生的争议采取仲裁解决的内容以合同条款的形式表示出来。

2. 仲裁协议

仲裁协议(Submission)是指争议发生后，双方当事人订立同意把争议提交仲裁解决的协议。

(二) 仲裁协议的作用

1. 表明双方自愿以仲裁方式解决争议

当争议发生后，双方当事人如协商调解不成时，只能以仲裁方式解决，不得向法院起诉。

2. 排除法院对争议的管辖权

世界上除极少数国家以外，一般国家的法律都规定法院不受理争议双方订有仲裁协议的争议案件。如果一方违背仲裁协议，自行向法院起诉，另一方可根据仲裁协议要求法院不予受理。

3. 仲裁机构受理争议案件的依据

任何仲裁机构都不得受理没有仲裁协议的争议案件。

二、仲裁程序

（一）仲裁的特点

在国际贸易中，仲裁是解决争议的主要方法。其特点如下：

1. 仲裁是以当事人自愿为基础的

仲裁机构是社会民间团体所设立的组织，不是国家机关，不具有强制性，双方当事人可自行选定仲裁员。因此，仲裁的裁决易被双方接受，对争议双方继续发展贸易关系的影响较小。

2. 仲裁程序简单，费用较低

仲裁程序较简单，且仲裁员一般是熟悉国际贸易业务的专家和知名人士，解决问题较快，费用较为低廉。

3. 仲裁的裁决是终局性的

仲裁的裁决对双方都有约束力，否则胜诉方可以要求法院强制执行。

（二）仲裁程序

仲裁程序主要包括仲裁申请、仲裁员的指定、仲裁审理和仲裁裁决等内容。

1. 仲裁申请

仲裁机构要求申请人提交双方当事人签订的仲裁协议和一方当事人的申诉书。申请人提交申请书时还要附上事实依据和证明文件。如合同、来往函电等正本或副本，并预交规定的仲裁费，即受理立案。

仲裁机构立案后，立即向被申请人发出仲裁通知。被申请人收到仲裁通知后，在规定时间内向仲裁机构提交答辩书及有关的证明文件，也可在规定时间内提出反请求书。

2. 仲裁员的指定

根据国际惯例，双方当事人可以在仲裁协议中规定仲裁员的人数和指定方式组成仲裁庭。如协议无规定，则按有关国家的仲裁法或仲裁机构的程序规则组成仲裁庭。如我国《仲裁法》规定，仲裁庭可以由 3 名或 1 名仲裁员组成。由 3 名仲裁员组成的，设首席仲裁员。

3. 仲裁审理

仲裁审理的过程一般包括开庭、收集和审查证据或询问证人，如有必要还要采取“保全措施”，即对有关当事人的财产采用扣押等临时性强制措施。

仲裁庭审理案件的方式有书面审理和开庭审理两种。在我国一般用开庭审理的方式，即由仲裁庭召集全体仲裁员、双方当事人和有关人士听取当事人申诉、辩论，调查案件事实并进行调解，直至做出裁决。

4. 仲裁裁决

仲裁庭经过审理后对争议案件做出处理，裁决做出后，审理程序即告结束。

议题四

我国某外贸公司向美商出口一批货物，合同约定双方在履行中一旦发生争议，经协商未能解决，将争议提交中国国际经济贸易仲裁委员会在北京进行仲裁。事后，双方就商品的品质引起争议，美商在其当地法院起诉，我方收到该法院的传票。对此，我方应如何处理？为什么？

三、贸易合同仲裁条款的拟订

仲裁条款的主要内容如下：

（一）仲裁地点

仲裁地点是进行仲裁的所在地，是仲裁条款中最重要的内容之一。因为多数国家的法律规定，在哪个国家仲裁，就使用哪个国家的仲裁法规。由于采用了审判地法律，对双方当事人的权利、义务的解释会有差异，直接导致仲裁结果的不同。为此，买卖双方都会力争在自己国家或比较了解和信任的地方仲裁。

（二）仲裁机构

国际贸易仲裁机构有临时机构和常设机构两种。临时仲裁机构是为了解决特定的争议而组织的仲裁庭，争议处理完毕，临时仲裁庭即告解散。如果选择临时仲裁庭进行仲裁，双方当事人必须在仲裁条款或仲裁协议中明确规定指定仲裁员的办法、人数、组成仲裁庭的成员，是否需要设首席仲裁员等内容。

常设仲裁机构有国际性的和全国性的，如国际商会仲裁院、英国伦敦仲裁院、英国仲裁协会、美国仲裁协会、瑞典斯德哥尔摩商会仲裁院、瑞士苏黎世商会仲裁院、日本国际商会仲裁协会等。我国常设仲裁机构是中国国际贸易委员会附设的对外经济贸易仲裁委员会。也有特设在特定行业组织之内的专业性仲裁机构，如伦敦谷物商业协会。

（三）裁决的效力

仲裁裁决的效力为终局性的，且具有法律效力，对双方当事人都有约束力。但是,有些国家的法律允许当事人对明显违背法律的裁决可向法院上诉。

(四)裁决费用的负担

裁决费用一般规定由败诉方负担,也可由仲裁庭决定。

四、拟订贸易合同仲裁条款的实例

拟订贸易合同仲裁的条款,如样例 6—4 所示。

样例 6—4

方 正 进 出 口 贸 易 公 司

FANGZHENG IMPORT & EXPORT TRADE CORPORATION

222 ZHONGSHAN ROAD SHANGHAI CHINA

TEL:(021) 65788877 **销 售 确 认 书** S/C No.: TXT264

Fax:(021) 65788876 **Sales Confirmation** DATE: Apr. 10, 2012

To Messrs:

TKAMRA CORPORATION

6-7, KAWARA MACH OSAKA JAPAN

谨启者:兹确认售予你方下列货品,其成交条款如下:

Dear Sirs,

We hereby confirm having sold to you the following goods on terms and conditions as specified below:

唛 头 SHIPPING MARK	货物描述及包装 DESCRIPTIONS OF GOODS, PACKING	数 量 QUANTITY	单 价 UNIT PRICE	总 值 TOTAL AMOUNT
T.C TXT264 OSAKA C/NO. 1-UP	100% COTTON COLOUR WEAVE T-SHIRT TM111 TM222 TM333 TM444 PACKED IN CARTON 20 PCS OF EACH	 2 000 PCS 2 000 PCS 1 000 PCS 1 000 PCS	CIF OSAKA USD 11.00 USD 10.00 USD 9.50 USD 8.50	 USD 22 000.00 USD 20 000.00 USD 9 500.00 USD 8 500.00

仲裁条款

凡因执行本合同所发生的或与本合同有关的一切争议,双方应通过友好协商解决;如果协商不能解决,应提交上海中国国际经济贸易仲裁委员会,根据该会的仲裁规则进行仲裁。仲裁裁决是终局的,对双方都有约束力。仲裁费用除仲裁庭另有规定外,均由败诉方负担。All disputes in connection with this contract or arising from the execution of there, shall be amicably settled through negotiation in case no settlement can be reached between the two parties, the case under disputes shall be submitted to China International Economic and Trade Arbitration. Commission, Shanghai, for arbitration in accordance with its Rules of Arbitration. The arbitral award is final and binding upon both parties. The arbitration fee shall be borne by the losing party unless otherwise awarded by the arbitration court.

专业知识与操作技能训练

一、专业理论知识训练

(一) 不定项选择题

1. 检验检疫机构大致可分为(　　)。

A. 民间检验机构　　B. 政府设立的检验机构

C. 生产企业检验机构　　D. 贸易部门检验机构

2. 进出口商品鉴定业务主要包括(　　)。

A. 积载、残损和海损的鉴定

B. 进出口商品的质量、数量、重量和包装的鉴定

C. 集装箱及集装箱货物鉴定

D. 签发价值证书

3. 商品检验检疫条款的主要内容有(　　)。

A. 检验检疫机构　　B. 检验检疫时间、地点

C. 索赔时效　　D. 商品检验证书名称

4. 不可抗力条款的主要内容有(　　)。

A. 不可抗力的范围

B. 不可抗力事件处理原则和方法

C. 不可抗力事件通知期限和方式

D. 不可抗力事件出具证明机构

5. 在我国不可抗力事件的通知通常由(　　)出具。

A. 检验检疫机构　　B. 中国国际经济贸易仲裁委员会

C. 商务部　　D. 法院

6. 构成不可抗力事件的依据是(　　)。

A. 事件在签订合同后发生

B. 事件发生不是当事人故意或过失造成的

C. 事件发生是可以克服的

D. 事件发生是不能预见、不能避免和不能克服的

7. 违约的性质一般有（　　）。

A. 一方当事人的故意行为　　B. 一方当事人的业务不熟

C. 一方当事人的疏忽、过失　　D. 一方当事人玩忽职守

8. 根据《联合国国际货物销售合同公约》的规定，如果属于根本性违约，公约给予的救济方法是（　　）。

A. 不能解除合同　　B. 解除合同

C. 损害赔偿　　D. 违约金

9. 在国际贸易中，索赔对象根据损失的原因和责任不同主要有（　　）。

A. 保险公司　　B. 进口商

C. 承运人　　D. 出口商

10. 交易双方在签订贸易合同时，就将可能发生的争议采取仲裁解决的内容以合同条款的形式表示出来，其为（　　）。

A. 仲裁协议　　B. 仲裁合同

C. 仲裁条款　　D. 仲裁约定

11. 仲裁程序主要有（　　）等内容。

A. 仲裁申请　　B. 仲裁员指定

C. 仲裁审理　　D. 仲裁裁决

（二）判断题

1. 法定的商检商品未经检验检疫，不准销售、使用和出口。（　　）

2. 在国际贸易中，就检验的时间与地点的规定通常采用出口国装船前检验与进口国卸货后复验。（　　）

3. 当事人一方因不可抗力事件而不能履行合同的全部或部分义务的，另一方当事人可对此要求损害赔偿。（　　）

4. 不可抗力事件主要是自然和社会原因引起的，因此所有的自然原因和社会原因引起的事件都属于不可抗力。（　　）

5. 违约方对受损方所提出的赔偿要求进行处理的行为是索赔。（　　）

6. 贸易双方在发生争议之后，仲裁机构按照仲裁协议进行裁决，如果当事人对裁决不服可进行上诉。（　　）

7. 当争议发生后，双方当事人订立仲裁条款向指定的仲裁机构提交并进行仲裁。（　　）

8. 仲裁的裁决对双方都有约束力，否则胜诉方可以要求法院强制执行。（　　）

9. 我国《仲裁法》规定，仲裁庭可以由 2 名或 1 名仲裁员组成，由 2 名仲裁员组成的，设首席仲裁员。（　　）

10. 裁决费用一般规定有败诉方负担，或由仲裁庭决定。（　　）

(三) 简答题

1. 简述商品检验检疫证书的主要作用。
2. 简述在国际贸易业务中索赔的时效和依据。
3. 简述仲裁协议的主要作用。

二、操作技能训练

(一) 业务背景

广州纺织品进出口公司业务员王伟与法国 LEARA TRADE CO., LTD 业务经理 WIN 先生就男式衬衫进行了贸易磋商，双方就出口货物的检验检疫、不可抗力和索赔等条件达成一致。

(二) 操作资料

检验检疫与索赔：买卖双方同意以装运港中国出入境检验检疫局签发的质量作为信用证项下议付所提交的单据的一部分，买方有权对货物的质量和重量进行复验，复验费由买方负担。但若发现质量与合同规定不符时，买方有权向卖方索赔，并提供经卖方同意的公证机构出具的检验报告。索赔期限为货物到达目的港（地）后 180 天内。

不可抗力规定：如由于战争、地震或其他不可抗力的原因致使卖方对本合同项下的货物不能装运或迟延装运，卖方对此不负任何责任。但卖方应立即通知买方并于 15 天内通过航空挂号函件寄给买方由中国国际贸易促进委员会出具的证明书，以证明该不可抗力事件的发生。

异议与索赔：凡属品质异议须于货到目的口岸之 60 日内提出，凡属数量异议须于货到目的口岸之 30 日内提出，对所装货物所提任何异议属于保险公司、轮船公司等其他有关运输或邮递机构的责任范畴，卖方不负任何责任。

(三) 操作要求

请你以广州纺织品进出口公司业务员王伟的身份，根据上述资料用英语拟订销售确认书中的相关项目。

广州纺织品进出口贸易公司

GUANGZHOU TEXTILE IMPORT & EXPORT TRADE CORPORATION

530 BEIJING ROAD GUAGNZHOU CHINA

TEL:(020)64043030

FAX:(020)64043031

销售确认书
Sales Confirmation

S/C No.:

DATE:

To Messrs:

谨启者：兹确认售予你方下列货品，其成交条款如下：

Dear Sirs,

We hereby confirm having sold to you the following goods on terms and conditions as specified below:

唛 头 SHIPPING MARK	货物描述及包装 DESCRIPTIONS OF GOODS, PACKING	数 量 QUANTITY	单 价 UNIT PRICE	总 值 TOTAL AMOUNT

装运港：
LOADING PORT&:

目的港：
DESTINATION:

装运期限：
TIME OF SHIPMENT:

分批装运：
PARTIAL SHIPMENT:

转船：
TRANSSHIPMENT:

保险：
INSURANCE:

付款条件：
TERMS OF PAYMENT:

买方须于________年______月______日前开出本批交易的信用证(或通知售方进口许可证号码)，否则，售方有权不经过通知取消本确认书，或向买方提出索赔。The Buyer shall establish the covering Letter of Credit (or notify the Import License Number) before ________, falling which the Seller reserves the right to rescind without further notice, or to accept whole or any part of this Sales Confirmation non-fulfilled by the Buyer, or, to lodge claim for direct losses sustained, if any.

凡以 CIF 条件成交的业务，保额为发票价的______%，投保险别以售货确认书中所开列的为限，买方如果要求增加保额或保险范围，应于装船前经卖方同意，因此而增加的保险费由买方负责。For transactions conclude on C.I.F basis, it is understood that the insurance amount will be for ______% of the invoice value against the risks specified in Sales Confirmation. If additional insurance amount or coverage is required, the buyer must have consent of the Seller before Shipment, and the additional premium is to be borne by the Buyer.

买卖双方同意以装运港中国出入境检验检疫局签发的质量作为信用证项下议付所提交的单据的一部分,买方有权对货物的质量和重量进行复验,复验费由买方负担。但若发现质量与合同规定不符时,买方有权向卖方索赔,并提供经卖方同意的公证机构出具的检验报告。索赔期限为货物到达目的港(地)后______天内。It's mutually agreed that the Certificate of Quality issued by the China Exit and Entry Inspection and Quarantine Bureau at the port of shipment shall be part of the documents to be presented for negotiation under the relevant L/C. The buyers shall have the right to reinspect the quality of the cargo. The reinspection fee shall be borne by the Buyers. Should the quality be found not in conformity with of the contract, the Buyers are entitled to lodge with the Sellers a claim which should be supported by survey reports issued by a recognized surveyor approved by the Sellers. The claim, if any, shall be lodged within ______ days after arrival of the goods at the port of destination.

如由于战争、地震或其他不可抗力的原因致使卖方对本合同项下的货物不能装运或迟延装运,卖方对此不负任何责任。但卖方应立即通知买方并于______天内航空挂号函件寄给买方由中国国际贸易促进委员会出具的证明书,以证明该不可抗力事件的发生。If the shipment of the contracted goods is prevented or delayed in whole or in part by reason of war, earthquake or other causes of Force Majeure, the Seller shall not be liable. However, the Seller shall notify the Buyer immediately and furnish the letter by registered airmail with a certificate issued by the China Council for the Promotion of International Trade attesting such event or events.

如买方提出索赔,凡属品质异议须于货到目的口岸之______日内提出,凡属数量异议须于货到目的口岸之______日内提出,对所装货物所提任何异议属于保险公司、轮船公司等其他有关运输或邮递机构的责任范畴,卖方不负任何责任。In case of quality discrepancy, claim should be filed by the Buyer within ______ days after the arrival of the goods at port of destination; while for quantity discrepancy, claim should be filed by the Buyer within ______ days after the arrival of the goods at port of destination . It is understood that the seller shall not be liable for any discrepancy of the goods shipped due to causes for which the Insurance Company, Shipped Company other transportation organization/or Post Office are liable.

项目七　出口贸易合同的履行

学习与考证要点

- 出口贸易合同履行工作的具体环节及其内容
- 审证与改证工作的内容及具体要求
- 备货工作应注意的问题
- 制单结汇的内容及其具体要求

业务背景

方正进出口贸易公司收到 TKAMRA CORPORATION 开出的信用证后，立即审证，对不能接受的信用证条款提出改正。如无异议，开始备货。同时，根据合同和信用证的规定缮制商业发票、装箱单和订舱委托书，向国际货运代理公司办理出口货物托运手续，向保险公司办理出口货物运输保险，并按我国检验检疫法律法规和海关法的有关规定，在货物装运前缮制报检委托书、代理报关委托书与委托报关协议，委托货运代理公司代办报检和报关手续。货物装船后获取提单，在信用证有效和交单期限内缮制商业汇票，并随附全套结汇单据向指定银行进行议付。

工作任务一 审证与备货

业务导入

通知行收到开证行的信用证后，立即审核该行的业务往来情况、政治背景、资信能力、付款责任和索汇路线等，并鉴别信用证的真伪。经审查无误，则在信用证正本上加盖“证实书”戳印，并将其随信用证通知书交出口方审核。出口商对信用证进行认真审核，对不能接受的信用证条款提出改正。如无异议，开始备货。

一、出口商审核信用证

（一）审核信用证的业务流程

审核信用证的业务流程如图7—1所示。

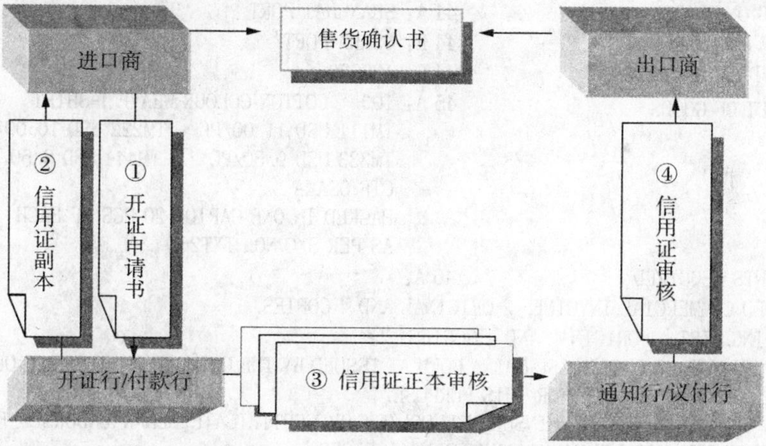

图7—1 审核信用证的流程

点评：

- 进口方要按合同规定的开证时间和相关内容填写开证申请书。
- 开证行根据开证申请书开立信用证，正本寄送通知行，副本交进口方。
- 通知行收到信用证后立即审核开证行的资信能力、付款责任和索汇路线，并鉴别其真伪。
- 出口方收到通知行寄来的信用证后即进行审核。

审核的信用证如样例 7—1 所示。

样例 7—1

IRREVOCABLE DOCUMENTARY CREDIT

FORM OF DOC. CREDIT	* 40 A：IRREVOCABLE
DOC. CREDIT NUMBER	* 20 ：XT173
DATE OF ISSUE	31 C：120430
DATE AND PLACE OF EXPIRY	* 31 D：DATE 120715 AT BENEFICIARY'S COUNTRY
APPLICANT	* 50 ：TKAMRA CORPORATION 6-7 KAWARA MACH OSAKA JAPAN
ISSUING BANK	52A ：FUJI BANK 66 SAKULA OTOLIKINGZA MACHI OSAKA JAPAN
BENEFICIARY	* 59：FANGZHENG I/ E TRADE CORPORATION 222 ZHONGSHAN ROAD SHANGHAI CHINA
AMOUNT	* 32 B：CURRENCY USD AMOUNT 60 000.00
AVAILABLE WITH/BY	* 41 D：OSAKA BANK NEW YORK BRANCH BY NEGOTIATION
DRAFTS AT …	42 C：DRAFTS AT SIGHT FOR FULL INVOICE VALUE
DRAWEE	42 A：FUJI BANK
PARTIAL SHIPMENTS	43 P：NOT ALLOWED
TRANSSHIPMENT	43 T：NOT ALLOWED
LOADING ON BOARD	44 A：SHANGHAI PORT
PORT OF DISCHARGE	44 E：OSAKA PORT
LATEST DATE OF SHIPMENT	44 C：120620
DESCRIPT OF GOODS	45 A：100% COTTON COLOUR WEAVE T-SHIRT TM111 USD 11.00/PC TM222 USD 10.00/PC TM333 USD 9.50/PC TM444 USD 8.50/PC CIF OSAKA PACKED IN ONE CARTON 20 PCS OF EACH AS PER S/C NO. TXT264
DOCUMENTS REQUIRED	46 A：

+ SIGNED COMMERCIAL INVOICE, 2 ORIGINAL AND 4 COPIES.
+ PACKING LIST, 1 ORIGINAL AND 4 COPIES.
+ CERTIFICATE OF ORIGIN GSP CHINA FORM A, ISSUED BY THE CHAMBER OF COMMERCE OR OTHER AUTHORITY DULY ENTITLED FOR THIS PURPOSE.
+ FULL SET OF NEGOTIABLE INSURANCE POLICY OR CERTIFICATE BLANK ENDORSED FOR 110 PERCENT OF THE INVOICE VALUE COVERING ALL RISKS.
+ FULL SET OF B/L CLEAN ON BOARD, MADE OUT TO ORDER OF SHIPPER AND BLANK ENDORSED AND MARKED "FREIGHT PREPAID" AND NOTIFY APPLICANT.
+ QUALITY INSPECTION TO BE EFFECTED BEFORE SHIPMENT AND THE RELATIVE CERTIFICATE IS REQUIRED FROM THE INSPECTING AGENCY DESIGNATED BY THE BUYER.

CHARGES	71B: ALL BANKING CHARGES OUTSIDE CANADA ARE FOR ACCOUNT OF BENEFICIARY.
PERIOD FOR PRESENTATION	48: DOCUMENTS MUST BE PRESENTED WITHIN 15 DAYS AFTER THE DATE OF SHIPMENT BUT WITHIN THE VALIDITY OF THE CREDIT.

(二) 审证的依据与内容

1. 审证的主要依据

审核信用证的主要依据是买卖双方签订的贸易合同、国际贸易惯例、UCP600 和进口国有关法规的规定。

2. 审证的重点项目

(1) 信用证的类别

如为不可撤销保兑信用证,检查其有无"保兑"字样(Confirmed)、保兑行行名和保兑行的保兑条款,缺少其中任何一项,应要求改证;如为不可撤销可转让信用证,视其有无"可转让"字样(Transferable)和自由议付信用证下的经开证行特别授权作为转让行的银行名称,缺其一则要求改证;如为不可撤销循环信用证,须注明"循环"(Revolving)字样,以及恢复信用证循环的条件,否则要求修改信用证。

(2) 开证申请人与受益人的名称与地址

在实际业务中,因注册地与实际租用场所会有不同,如开证申请人与受益人的名称与地址有误,应及时改证,以免影响收汇。

(3) 信用证有效期、装运期、交单期的相关性

装运期必须与合同规定的时间相一致,如因来证太晚或发生意外情况而不能按时装运,应及时电请买方展延装运期限。如来证仅规定有效期而未规定装运期时,信用证的有效期可视为装运期;来证的有效期和装运期是同一个时期,即为"双到期"的信用证,按我方能否按时装运来决定是否让对方修改有效期。信用证的有效期与装运期一般有一定的合理时间间隔,以便装船发运货物后有充足的时间办理制单和结汇工作。信用证一般规定交单期,如未规定,则为装船后第 21 天内交单。

(4) 信用证的到期地点

到期地点一般都要求在我国境内,如规定到期地点在国外,因不好掌握寄单时间,一般不轻易接受。

(5) 货物与金额的描述

货物描述、数量、单价、总金额、货币名称、价格条件必须与合同一致;总金额不能超过合同总价,如有"溢短装"条款,注意数量与总金额的增减幅度是否一致。

(6) 对信用证规定单据的审核

对信用证中所要求提供的单据种类、填写内容、文字说明、文件份数、填写方法等都要认真审核。凡是信用证中要求的单据与我国政策相抵触或根本办不到的,应及时与对方联系修改。

（7）保险条款

投保加成、投保险别必须与合同约定一致，如投保加成超过一成以上，不仅要注明增加的保费由进口商承担，且应征得保险公司同意后才能接受；如来证指定保险勘察代理人（Survey Agent），应要求改证，保险勘察代理人必须由保险公司选定。

（8）运输条款

如为集装箱运输，应注意出口货物的适宜性，货量与箱容要匹配。对港澳地区的陆运一般采用中外运出具的承运货物收据。

（9）"软条款"

"软条款"的实质是进口商单方面掌握单证一致的主动权，如信用证要求一份开证申请人或其指定的人签发的商检证，或待进口商取得有关进口文件后，再以信用证修改形式通知信用证生效；或出运日期由进口商通知开证行，开证行再以信用证修改形式通知受益人；或货物运抵目的港后，由进口地检验检疫部门对进口商品检验合格并出具相关证书后才履行付款责任。对此，出口商必须提出改证。

（10）开证行的保证条款

信用证条款中应注明"本证受跟单信用证统一惯例 UCP600 约束"文句（SWIFT 信用证除外），否则受益人应提出改证。

议题一

某进出口公司与加拿大客商签订一份销售合同。我方收到不可撤销信用证后，发现多处内容与合同的规定不符，并提出了改证的要求。进口商只同意我方部分的改证要求，向开证行提出了改证申请，并经其确认后发出信用证修改书。请问该信用证修改书有效吗？为什么？

相关知识链接　**催证、改证**

1. 催证

催证是在信用证支付条件下，出口方根据货源和运输情况有可能提前装运时，或进口方因市场行情变化和资金周转困难等原因，未在合同规定的时间内开出信用证，出口方应以传真等快捷方式催请买方尽快开证。

2. 改证

改证是对信用证中的某些内容进行修改的行为。对进口方开立的信用证进行全面审核后，如无发现任何问题，出口方就可按信用证条款规定发货，制单结汇。如发现我方不能接受的内容，应及时提出改证的要求。信用证的修改应注意以下几点原则和方法：

（1）非改不可的必须改，可改可不改的酌情处理凡在审证时发现违背国家政策的或出口企业无法办到的内容时，出口方必须立即要求进口方向原开证行申请改证，并在收到开证行的修改通知书后，才可履行出口合同下的义务。在不影响出口收汇的安全、经过努力可以做到而又不增加太多费用的情况下，可按信用证规定发货。

(2) 改证的内容必须一次提出

当信用证需要修改的地方不止一处时，出口方原则上应一次提出。对于修改通知书的内容，要么全部接受，要么全部予以拒绝。修改通知书只有经原通知行转递才有效。

(3) 改证必须得到有关当事人的全部同意

对不可撤销信用证的修改，必须经受益人、开证人和开证行有关当事人全部同意后才能进行，否则无效。保兑行有权对信用证的修改内容不保兑，但必须及时通知开证行和受益人。

二、出口方备货

(一) 出口方签订加工合同

出口商按照合同和信用证的规定，按时、按质和按量准备好交付的货物，于是向生产该商品的厂家订货，签订加工合同，委托厂家按合同或信用证要求进行生产和包装，并将运输标志清晰地刷在外包装的两端。

(二) 备货工作应注意的问题

备货是指卖方按出口合同和信用证的规定，向生产或供货单位下达联系单(或加工通知单)，安排生产或采购货物，由外贸公司对货物进行验收。

出口备货是卖方履行交货的物质基础，必须做好出口备货工作。在出口备货工作中，应注意的事项主要有：(1)交付货物的品质、规格一定要符合合同和信用证的规定，既不能偏高，也不能偏低，更不能以次充好。(2)备货的数量应比合同规定的稍多一些，如果发现货物短缺或损坏时，能及时补足或更换。(3)交付货物的包装必须符合合同和信用证的规定，包装材料和包装方法必须适合运输方式，唛头要字迹清晰，位置醒目。(4)备货的时间应按照合同和信用证规定的交货期限并结合船期安排，尽可能做到船货衔接，严防脱节。(5)若货物比较特殊，不易转售，出口方最好在收到信用证并审核无误后，再开始备货，以免对方不开证而给自己造成损失。(6)交付的货物必须是第三方不能提出任何权利或请求的，如侵犯他人的知识产权等。

议题二

某贸易公司与加拿大客户签订葡萄干销售合同。合同规定：一级500千克，每千克为12美元；二级600千克，每千克为10美元。该公司业务人员未细看合同条款，且确定成交的卖方样品也没留样，不分等级，以通级出口。货到目的地后，客户发现货物与样品不符，拒绝收货。试分析，我方应吸取什么教训？

三、签订加工合同的实例

方正进出口贸易公司与苏州服装公司签订加工合同，如样例 7—2 所示。

样例 7—2

方正进出口贸易公司

加工合同 编号：TXT264

甲方：苏州服装公司
地址：苏州市人民路 11 号
电话：(0512)8836420

乙方：方正进出口贸易公司
地址：中国上海市中山路 222 号
电话：(021)65788877

双方为开展来料加工业务，经友好协商，特订立本合同。

第一条 加工内容

乙方向甲方提供加工 全棉色织 T 恤衫 6 000 件，灰色 2 000 件(M、L、XL)、绿色 2 000 件(M、L、XL)、蓝色 2 000 件(M、L、XL) 所需的原材料，甲方将乙方提供的原材料加工成产品后交付乙方。

第二条 交货

乙方在 2012 年 5 月 22 日向甲方提供 12 600 米 原材料，并负责运至苏州车站交付甲方；甲方在收到原材料后，在 2012 年 6 月 12 日前将加工好的成品 6 000 件 负责运至吴淞港口交付乙方。

第三条 来料数量与质量

乙方提供的原材料须含 2 %的备损率，并符合工艺单的规格标准。如乙方未能按时、按质、按量提供给甲方应交付的原材料，甲方除对无法履行本合同不负责外，还得向乙方索取停工待料的损失。

第四条 加工数量与质量

甲方如未能按时、按质、按量交付加工产品，应赔偿乙方所受的损失。

第五条 加工费与付款方式

甲方为乙方进行加工的费用，每套人民币 20 元。甲方结汇后 45 天内向乙方支付全部加工费。

第六条 运输

乙方将成品运交甲方指定的地点，运费由乙方负责。

第七条 不可抗力

由于战争和严重的自然灾害以及双方同意的其他不可抗力引起的事故，致使一方不能履约时，该方应尽快将事故通知对方，并与对方协商延长履行合同的期限。由此而引起的损失，对方不得提出赔偿要求。

第八条 仲裁

本合同在执行期间，如发生争议，双方应本着友好方式协商解决。如未能协商解决，提请中国上海仲裁机构进行仲裁。

第九条 合同有效期

本合同自签字之日起生效。本合同正本一式 2 份，甲乙双方各执一份。

本合同如有未尽事宜，或遇特殊情况需要补充、变更内容，须经双方协商一致。

苏州服装厂公司
合同专用章

方正进出口贸易公司
合同专用章

甲方：(盖章) 苏州服装公司
委托代理人：王芳
2012 年 5 月 15 日

乙方：(盖章) 方正进出口贸易公司
委托代理人：方正
2012 年 5 月 15 日

工作任务二　办理订舱及有关单证缮制

业务导入

在CIF和CFR条件下,出口方应在合同和信用证规定的装运时间内缮制商业发票、装箱单和订舱委托书,及时向国际货运代理公司办理出口货物托运手续。

一、订舱业务程序

订舱业务流程如图7—2所示。

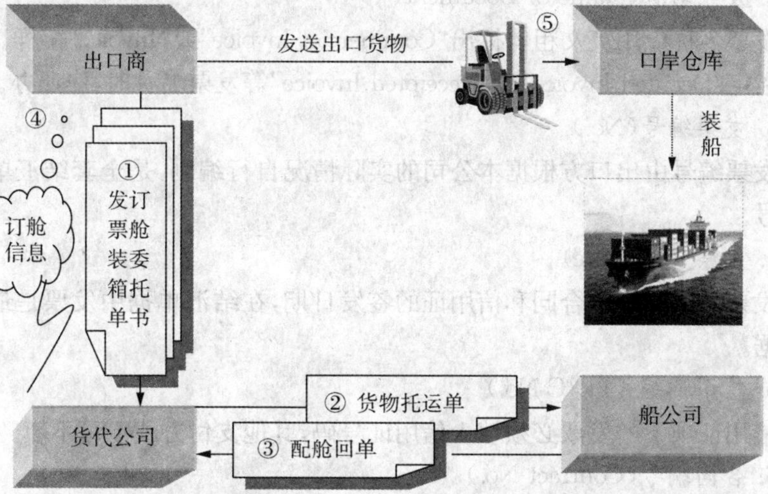

图7—2　出口货物订舱业务流程

点评:

● 出口方缮制商业发票、装箱单和订舱委托书,委托货代向船运公司办理订舱手续。

● 货代向船运公司递交货物托运单,代办订舱。

● 船运公司确认后,向货代签发配舱回单。

● 货代将订舱信息告知出口方,通知其送货时间与指定的地点。

● 货代或出口方将出口货物送到码头指定仓库。

二、商业发票的缮制方法

商业发票(Commercial Invoice)是卖方向买方签发的载明货物的品质、数量、包装和价格,并凭以索取货物的凭证。

商业发票的作用主要有:(1)发票是买卖双方收付货款和记账的依据;(2)发票是买卖双方办理报关、纳税和计算佣金的依据;(3)如信用证中不要求提供汇票,发票可代替其作为付款的依据;(4)发票是全套结汇单据的核心,是缮制其他出口单据的主要依据。

商业发票由出口企业自行拟制,无统一格式,但基本内容和缮制方法大致相同。

1. 出票的名称与地址(Exporter's Name and Address)

出票人的名称、地址应与合同的卖方或信用证的收益人的名称、地址相同。

2. 发票名称(Name of Document)

发票名称应用英文粗体标出"Commercial Invoice"或"Invoice"字样。如果信用证指定"Detailed Invoice"或"Receipted Invoice"等发票名称时,应照办。

3. 发票编号(No.)

发票编号由出口方根据本公司的实际情况自行编制,是全套结汇单据的中心编号。

4. 发票日期(Date)

发票日期应晚于合同和信用证的签发日期,在结汇单据中发票是最早签发的单据。

5. 信用证编号(L/C No.)

信用证项下的发票必须填入信用证号码,其他支付方式下可不填。

6. 合同编号(Contract No.)

合同编号应与信用证中列明的编号一致,信用证未规定合同编号,可不填。其他支付方式下,必须填入。

7. 收货人(Messrs)

信用证方式下须按信用证规定的填制,一般是开证申请人。托收方式下,通常是买方。填写时,名称和地址不应同行放置,应分行表明。

8. 航线(from…to…)

填写货物实际的起运港(地)、目的港(地),如货物需经转运,应把转运港

(地)的名称表示出来。例如，From Shanghai to London W/T Rotterdam. From Guangzhou to Piraeus W/T Hongkong by steamer.如货物运至目的港后再转运内陆城市，可在目的港下方打 In transit to…to…或 In transit 字样。

9. 唛头及件号(Marks and Number)

发票唛头应按信用证或合同规定的填制，通常包括收货人简称、参考号码、目的地和货物总件数。如未作具体的规定，则填写 N/M。

10. 货物描述(Description of Goods)

货物描述一般包括品名、品质、数量和包装等内容。信用证方式下必须与信用证的描述一致，省略或增加货名的任何字或句，都会造成单证不符。如为其他支付方式，应与合同规定的内容相符。

11. 单价及价格术语(Unit Price and Trade Terms)

完整的单价应包括计价货币、单位价格、计量单位和贸易术语四部分内容。例如，USD100 Per DOZ CIF London。价格术语关系到买卖双方风险和费用的划分，也是海关征税的依据，必须正确表述。

12. 总值(Total Amount)

发票总额不能超过信用证金额，对于佣金和折扣应按信用证的规定处理。如果来证要求分别列出运费、保险费和 FOB 价格，必须照办(见例 1)；如果来证要求分别扣除佣金和折扣后列出净价格，必须照办(见例 2)。

例 1	CIF Tokyo	USD 30 000	**例 2**	CIF Tokyo	USD 30 000
	Less F	USD 250		Less C	USD 250
	Less I	USD 150		Less D	USD 150
	FOB	USD 29 600		NET	USD 29 600

13. 声明文句及其他内容(Declaration and Other Contents)

根据信用证的规定或特别需要在发票上注明的内容，例如进口许可证号码和证明文句等。

14. 出票人签章(Signature)

通常出票人签章，是在发票的右下角打上出口方公司的名称，并由经办人签名或盖章。如信用证规定手签(Manual Signed)，则必须按规定照办。对墨西哥、阿根廷的出口，无论信用证是否规定，都必须手签。

相关知识链接　　**发票种类**

发票根据作用的不同，可分为商业发票(Commercial Invoice)、海关发票(Customs Invoice)、形式发票(Pro-forma Invoice)、领事发票(Consular Invoice)、厂商发票(Manufacturer's Invoice)、联合发票(Combined Invoice)和证实发票(Certified Invoice)等，其中商业发票是出口业务结汇中最重要的单据之一，是单证工作中的核心单据。

三、装箱单的缮制方法

装箱单(Packing List or Packing Specification)又称包装单、码单，是用以说明货物包装细节的清单。装箱单的作用主要是补充发票内容，详细记载包装方式、包装材料、包装件数、货物规格、数量、重量等内容，便于进口方和海关等对货物的核准。

装箱单无统一格式，各出口企业制作的装箱单大致相同。其主要内容和缮制方法如下：

1. 出口企业的名称和地址(Exporter's Name and Address)

出口企业的名称、地址应与发票同项内容一致，缮制方法相同。

2. 单据名称(Name of Document)

单据名称通常用英文粗体标出。常见的英文名称有：Packing List (Note)，Packing Specifications，Specifications。实际使用中，应与信用证要求的名称相符，倘若信用证未作规定，可自行选择。

3. 装箱单编号(No.)

装箱单编号一般填发票号码，也可填合同号。

4. 出单日期(Date)

出单日期填发票签发日，不得早于发票日期，但可晚于发票日期1～2天。

5. 唛头(Shipping Mark)

唛头制作要符合信用证的规定，并与发票的唛头相一致。

6. 品名和规格(Name of Commodity and Specifications)

品名和规格必须与信用证的描述相符。规格包括商品规格和包装规格，例如，Packed in polythene bags of 3kgs each, and then in inner box, 20 boxes to a carton (每3千克装一塑料袋，每袋装一盒，20盒装一纸箱)。

7. 数量(Quantity)

数量填写实际件数，如品质规格不同，应分别列出，并累计其总数。

8. 单位(Unit)

指外包装的包装单位，如箱、包、桶等。

9. 毛重(Gross Weight)

毛重填入外包装每件重量,规格不同要分别列出,并累计其总量。

10. 净重(Net Weight)

净重填写每件货物的实际重量,并累计其总量。

11. 尺码(Measurement)

尺码填写每件包装的体积,并表明总尺码。

12. 签章(Signature)

出单人签章应与商业发票相符,如果信用证规定中性包装,此栏可不填。

四、订舱委托书的缮制方法

订舱委托书无统一格式,各货运代理公司制作的内容大致相同。其主要缮制方法如下:

1. 经营单位

通常填写出口方名称,并与发票同项内容一致。

2. 编号

订舱委托书编号由货运代理公司提供,并由其填写。

3. 发货人

填写实际发货人的名称。

4. 收货人

应根据信用证的规定填写。

5. 通知人

通常填写进口方公司的名称,并注明地址和通讯号码。

6. 海洋运费

CIF 和 CFR 选择预付,FOB 选择到付。

7. 毛重

填写本批货物总的毛重数量。

8. 尺码

填写本批货物总的体积数。

五、办理订舱手续的实例

1. 方正先生缮制商业发票

方正先生缮制的商业发票,如样例 7—3 所示。

样例 7—3

方正进出口贸易公司

FANGZHENG IMPORT & EXPORT TRADE CORPORATION

222 ZHONGSHAN ROAD SHANGHAI CHINA

COMMERCIAL INVOICE

TEL：021-65788877　　　　INV.NO.：TX0522
FAX：021-65788876　　　　DATE: JUN. 10, 2012
　　　　S/C NO.：TXT264
TO:　　　　L/C NO.：XT173

TKAMRA CORPORATION
6-7, KAWARA MACH OSAKA JAPAN

FROM　SHANGHAI PORT　TO　OSAKA PORT

MARKS & NO.	DESCRIPTIONS OF GOODS	QUANTITY	U/PRICE	AMOUNT
T. C	100%　COTTON			
TXT264	COLOUR WEAVE T-SHIRT		CIF OSAKA	
OSAKA	TM111	2 000PCS	USD 11.00	USD 22 000.00
C/NO. 1-300	TM222	2 000PCS	USD 10.00	USD 20 000.00
	TM333	1 000PCS	USD 9.50	USD 9 500.00
	TM444	1 000PCS	USD 8.50	USD 8 500.00
				USD 60 000.00
	PACKED IN SIXTY CARTON OF 20 PIECES EACH			

TOTAL AMOUNT：SAY US DOLLARS SIX THOUSAND ONLY.

WE HEREBY CERTIFY THAT THE CONTENTS OF INVOICE HEREIN ARE TRUE AND CORRECT.

FANGZHENG IMPORT & EXPORT TRADE CORPORATION
方正

（印章：FANGZHENG IMPORT & EXPORT TRADE CORPORATION 方正进出口贸易公司）

点评：

- 发票是单证业务中的核心单据，是其他单据缮制的依据。
- 发票是收付货款和记账的凭证。
- 发票的总金额应用大小写来表示，以避免篡改。
- 商品的规格、数量、单价和金额应横竖对齐，简明整洁。

2. 方正先生缮制装箱单

方正先生缮制的装箱单，如样例 7—4 所示。

样例 7—4

方正进出口贸易公司

FANGZHENG IMPORT & EXPORT TRADE CORPORATION

222 ZHONGSHAN ROAD SHANGHAI CHINA

PACKING LIST

TEL：021-65788877　　　　INV. NO.：TX0522
FAX：021-65788876　　　　DATE：JUN. 10, 2012
S/C NO.：TXT264
MARKS & NOS
TO:　　　　T. C
TKAMRA CORPORATION　　　　TXT264
6-7, KAWARA MACH OSAKA　　　　OSAKA
JAPAN　　　　C/NO. 1-300

C/NOS	GOODS DESCRIPTION & PACKING	QTY (PCS)	G.W (KGS)	N.W (KGS)	MEAS (M^3)
	100% COTTON COLOUR WEAVE T-SHIRT				
1—100	TM111	2 000	11/1 100	10/1 000	0.22/22
101—200	TM222	2 000	11/1 100	10/1 000	0.22/22
201—250	TM333	1 000	11/550	10/500	0.22/11
251—300	TM444	1 000	11/550	10/500	0.22/11
	PACKED IN CARTON OF 20 PIECES EACH				
TOTAL		6 000	3 300	3 000	66

SAY TOTAL THREE HUNDRED CARTONS ONLY

FANGZHENG IMPORT & EXPORT TRADE CORPORATION
（印章：FANGZHENG IMPORT & EXPORT TRADE CORPORATION 方正进出口贸易公司）
方正

点评：

● 装箱单的编号、日期通常采用发票号码和日期，便于业务管理。

● 商品的规格、数量、包装数量、毛重、净重和体积等应层次分明，横竖整齐，简洁美观。

● 总包装数量应用英文大写表示，比较规范。

● 装箱单是办理订舱手续的随附单据，是进口地海关和收货人核对货物的依据。

3. 方正先生缮制订舱委托书

方正先生缮制的订舱委托书，如样例 7—5 所示。

样例 7—5

金发货运订舱委托书

经营单位（托运人）	方正进出口贸易公司		金发编号	JF0388811	
提单 B/L 项目要求	发 货 人：方正进出口贸易公司 Shipper:				
	收 货 人：TO ORDER OF SHIPPER Consignee:				
	通 知 人：TKAMRA CORPORATION Notify Party：6-7, KAWARA MACH OSAKA JAPAN				
海洋运费(√) Sea freight	预付(√)或到付( ) Prepaid or Collect	提单份数	3	提单寄送地址	上海市中山路 222 号
起运港 SHANGHAI	目的港 OSAKA	可否转船	不允许	可否分批	不允许
集装箱预配数	20'×40'×1	装运期限	2012. 6. 30	有效期限	2012. 6. 30
标记唛码	包装件数	中英文货号 Description of goods	毛重（千克）	尺码（立方米）	成交条件（总价）
T.C TXT264 OSAKA C/NO. 1-300	300 箱	100% COTTON COLOUR WEAVE T-SHIRT 全棉色织 T 恤衫	3 300	66	USD 60 000.00
			特种货物 ☐ 冷藏货 ☐ 危险品	重 件：每件重量	
内装箱（CFS）地址	上海市逸仙路 2960 号三号门 电话：6820682×215			大 件（长×宽×高）	
门对门装箱地址	上海市中山路 1321 号		特种集装箱：（ ）		
			物资备妥日期	20[illegible]16日	
外币结算账号	THY6684321337		物资进栈：自送(√)或金发派送( )		
			人民币结算单位账号	SZR80066686	
声明事项			托运人签章	FANGZHENG IMPORT & EXPORT TRADE CORPORATION 方正进出口贸易公司	
			电 话	65788877	
			传 真	65788876	
			联系人	方正	
			地 址	上海市中山路 222 号	
			制单日期：2012 年 6 月 11 日		

点评：

● 订舱委托书是托运人委托货运代理公司办理订舱协议书。

● 订舱委托书是货运代理公司向船公司办理订舱和缮制运输单据的依据。

● 订舱委托书中的发货人、收货人和通知人应按照信用证或合同的规定填写。

工作任务三　办理货物运输保险及有关单证缮制

业务导入

在 CIF 条件下，出口方在货物装运前缮制投保单和保险单，并随附商业发票向在本国的保险公司办理出口货物运输保险。

一、出口货物运输保险的程序

（一）填写投保单

投保单由各保险公司事先已印制好，其内容与缮制方法如下：

1. 被保险人（Assured's Name）

应填出口方公司的名称。

2. 发票号码（Invoice No.）

应填本套单据发票同项内容。

3. 包装数量（Quantity）

填最大包装件数，并与发票、装箱单同项内容一致。散装货填“IN BULK”。

4. 保险货物项目（Description of Goods）

填发票品名，如发票品种名称繁多，可填其统称。

5. 保险金额（Amount Insured）

填 CIF 发票总值 110％的金额，保险金额小数点后的尾数应进位取整，例如 USD2 304.1 应进位取整为 USD2 305。

6. 装载运输工具(Per Conveyance)

如为海运,应填写船名,如为空运,应填航班名称。

7. 航次、航班或车号(Voy. No.)

如为海运,应填航次号,如为空运,应填航班号。

8. 开航日期(Slg. Date)

填本批货物运输单据的签发日期,如为海运,可填"As per B/L"。

9. 起讫地点(From … to …)

在 From 后填装运港(地)名称,To 后填目的港(地)名称,转运时应在目的港(地)后加注 W/T at …(转运港/地名称)。

10. 赔款偿付地点(Claim Payable at)

本栏包括保险赔款的支付地点和赔付的货币名称,其应按信用证规定缮制。如来证未作规定,或托收项下的,则填目的港(地)名称。

11. 承保险别(Condition)

填合同或信用证规定的保险险别,并注明依据的保险条款名称及其颁布年份,如"Covering all Risks and War Risks as Per PICC 1/1/1981"。

12. 投保单位签章(Applicant's Signature and Co.'s Name, Add. and Tel. No.)

填出口方公司的全称、地址和电话,由经办人签名并注明日期。

在填制投保单时,应注意两方面的内容:(1)合理确定保险险别。保险险别规定了保险人与被保险人之间的权利与义务。险别不同,保险人的责任范围不同,被保险人支付的保险费也不同。因此,如何选择适当的险别是非常重要的。一般来说,对保险险别的选择应充分考虑到货物的性质、包装、运输、装载、季节、气候及安全等具体情况,既要使货物得到有效的保障,又要关注保险费用的高低。(2)合理确定投保金额。投保金额(Insured Amount)又称保险金额,是指被保险人对保险标的的实际投保金额,也是保险人承担的最高赔偿额及计收保险费的基础。投保人在办理货物运输保险时,应向保险人申报投保金额。在国际贸易实际业务中,出口货物运输保险的投保金额主要包括:货物的 FOB 价格、运费、保险费和"保险加成"。所谓保险加成是指按交易发票金额,增加若干百分比,这部分增加的保险金额是买方进行这笔交易所支付的费用和预期利润。在国际货物买卖中,凡是按 CIF 或 CIP 条件达成的合同一般均规定投保金额,如果合同对此未作规定,按 INCOTERMS 2000 和

UCP600 的规定，卖方有义务按 CIF 或 CIP 价格的总值另加 10%作为投保金额。如果买方要求加保超过 10%，卖方也可接受，但由此增加的保险费应由买方承担。

投保金额的计算公式为：

投保金额＝CIF(或 CIP)总值×(1＋保险加成率)

如果以 FOB 、CFR(或 FCA、CPT)成交，可先将 FOB 、CFR(或 FCA、CPT)换算成 CIF(或 CIP)价，再计算投保金额。

例 3　上海服装进出口公司与日商签订一份全棉男式衬衫销售合同。该合同规定：每件 20 美元 CIF 大阪，成交数量为 100 000 件，按发票金额加一成投保一切险、战争险和罢工险。那么，该批保险业务的投保金额是多少呢？

解：　　投保金额＝20×100 000×(1＋10%)
＝2 200 000(美元)

(二) 缴纳保险费

出口商将填制的投保单随附有关单证，向当地保险公司进行投保。保险公司如接受承保，向投保人收取保险费。保险费(Insurance Premiums)是指被保险人在投保时缴纳给保险人的金额，是被保险人获得损失赔偿权利的对价，也是保险人经营业务的基本收入。

保险人收取保险费，一般采取保险费率表的形式，按照既定的标准计收保险费。保险费率是计算保险费的百分率，由保险人依据被保险货物的危险程度大小、损失率的高低和经营费用的多少确定。目前，中国人民保险公司制定的出口货物保险费率表有“一般货物费率表”和“指明货物加费费率表”两大类，前者适用于所有的货物，后者仅指特别标明的货物。

保险费的计算公式为：保险费＝保险金额×保险费率

例 4　上海服装进出口公司与日商签订一份全棉男式衬衫销售合同。该合同规定：每件 20 美元 CIF 大阪，成交数量 100 000 件，按发票金额加一成投保一切险、战争险和罢工险，保险费率分别为 1%与 0.2%。那么该批货物的保险费是多少呢？

解：　　保险费＝2 200 000×(1%＋0.2%)
＝26 400(美元)

（三）领取保险单

保险单是保险人与被保险人之间订立保险合同的法定文件，是保险公司出具的承保证明，也是被保险人凭以向保险公司索赔的法定依据。目前，我国进出口贸易中，常用的保险单证有下列两种。

1. 保险单

保险单(Insurance Policy)又称大保单，是保险人签发的正式凭证，是保险契约成立的重要证明。其基本内容有：被保险人名称、保险货物名称、数量、包装及标志、运输工具名称、投保险别、保险起讫地点、开航日期等。除此之外，保险单背面印就保险条款，包括保险人的责任范围和除外责任，以及保险人与被保险人各自的权利、义务等详细内容。

2. 保险凭证

保险凭证(Insurance Certificate)又称小保单，是表示保险公司已接受承保的一种证明文件，是一种略式保险单。保险凭证仅载明被保险人名称、被保险货物的名称、数量、包装及标志、船名、航程、开船日期、投保险别、保险期限和保险金额等基本内容。而对保险人与被保险人的权利、义务则予以省略，但仍以保险单的保险条款为准，法律效力与保险单相当。

保险单或其他保险凭证是出口方向银行议付货款所必备的单证之一。在国际贸易中，可通过背书将投保人在保险单下的一切权益转移给被背书人。保险单证的背书有空白背书和指示背书两种，究竟采取哪一种，应视买卖合同或信用证的具体要求而定。

在保险人出立保险单之后，被保险人如果需要更改险别、运输工具的名称、航程和保险金额等，应向保险人或其授权的代理人提出申请。保险人或其授权的代理人如接受这项申请，应立即出立批单(Endorsement)，作为保险单的组成部分。此后，保险人应按批单的内容负责。

二、保险索赔

保险索赔(Insurance Claim)是指对于进出口货物在保险责任有效期内发生的属于保险责任范围内的损失，被保险人按保险单的有关规定向保险人提出赔偿的要求。中国人民保险公司承保的出口货物，在到达国外目的地后发现货损，收货人或其代理人应向保险单规定的检验机构申请实施检验，取得货损检验报告后，直接向保险公司或其代理人索赔。

被保险人在向保险人提出索赔时,应注意的事项有:

(一) 要分清责任

被保险人发现承保货物遭受损失后,应首先分清责任,并向责任方提出索赔。如货物短缺或包装破裂,除向保险公司报损外,还应向承运人、港务当局等索取货损证明,及时向有关责任方提出索赔,并保留其追索权。

(二) 备妥有关索赔单证

被保险人向保险人提出赔偿时,应备妥并提交索赔单证,其通常有保险单证、运输单据、发票、装箱单、重量单、检验报告、货损货差证明、索赔清单和向第三责任方追偿的有关文件等。

(三) 要了解是否有免赔率的规定

对易碎和易短量的货物应了解是否有免赔率的规定。免赔率(Franchise)是指保险人对于被保险货物在运输途中发生的货损货差,在一定比率内不承担赔偿责任。这是因为有些货物由于商品本身的特点或在装运作业中,必然会发生正常耗损,如瓷器和玻璃器皿等。免赔率分"绝对免赔率"和"相对免赔率"两种。两者异同点是:如果损失数额超过免赔率,前者扣除免赔率,只赔偿超过的部分;后者则不予以扣除,全部给予赔偿。中国人民保险公司采取的是绝对免赔率,如果损失数额不超过免赔率,两者均不予以赔偿。

(四) 应及时提出索赔

中国保险条款的索赔时效为两年,如果超过期限,保险公司就不再受理。因此,被保险人一旦获悉或发现货物受损时,应立即通知保险公司,不得延误时机。

(五) 要及时采取合理的补救措施

被保险人发现承保货物遭受损失后,应及时采取合理的补救措施,以防止损失进一步扩大。对于由此产生的施救费用,可向保险公司进行索赔,但以不超过该批货物的保险金额为限。

保险合同是一种补偿合同,被保险人不得因保险赔偿而获双份利益。因此,当被保险货物发生的损失,既属于保险责任,又属于第三者负有经济赔偿责任时,只要保险人已经支付了保险赔偿,保险人就有权取得代位权。

代位权(The Right of Subrogation)又称代位追偿权,是指保险人在赔偿保险损失之后,有权取代被保险人的地位,以获得被保险人对此项损失所持有的一切权益,并以保险人的名义对第三者追偿或收取共同海损的分摊价款,但代位的金额不得超过保险人原来的赔偿金额。

三、办理出口货物运输保险手续的实例

1. 方正先生缮制投保单

方正先生缮制的投保单，如样例 7—6 所示。

样例 7—6

中保财产保险有限公司上海市分公司

The People's Insurance (Property) Company of China, Ltd. Shanghai Branch

进出口货物运输保险投保单

Application From form I/E Marine Cargo Insurance

被保险人 FANGZHENG IMPORT & EXPORT CORPORATION
Assured's Name

发票号码(出口用)或合同号码(进口用) Invoice No. or Contract No.	包装数量 Quantity	保险货物项目 Description of Goods	保险金额 Amount Insured
INVOICE NO. TX0522	300 CARTONS	100% COTTON COLOUR WEAVE T-SHIRT	USD66 000.00

装载运输工具 PUDONG 航次、航班或车号 V.503 开航日期 JUN.25, 2012
Per Conveyance Voy. No. Slg. Date

自 SHANGHAI 至 OSAKA 转运地 ____ 赔款地 OSAKA
From To W/Tat Claim Payable at

承保险别：FOR 110% OF THE INVOICE VALUE COVERING ALL RISKS AS PER PICC DATE 1/1/1981
Condition & /or Special Coverage

投保人签章及公司名称、电话、地址：
Applicant's Signature and Co.'s Name, Add. And Tel. No.
22 ZHONGSHAN ROAD SHANGHAI
021-65788877
（印章：FANGZHENG IMPORT & EXPORT TRADE CORPORATION 方正进出口贸易公司）

备注： 投保日期：2012.06.14
Remarks Date

保险公司填写： 保单号： 费率：

点评：

● 如果进口方要求加保超过 10%，出口方也可接受，但须经保险公司同意，由此增加的保险费也应由进口方承担。

● 承保险别必须按信用证规定填写，尽量用信用证有关原句。

● 保险费金额严格按信用证要求计算，不得有误，小数点后尾数要取整数。

2. 保险公司签发保险单

保险公司签发的保险单，如样例 7—7 所示。

样例 7—7

中保财产保险有限公司

The People's Insurance (Property) Company of China, Ltd.

发票号码　　　　　　　　　　　　　　　　　　　　　　保险单号次

Invoice No. X0522　　　　　　　　　　　　　　　　　Policy No.SH043101984

海 洋 货 物 运 输 保 险 单

MARINE CARGO TRANSPORTATION INSURANCE POLICY

被保险人

Insured:　FANGZHENG IMPORT & EXPORT CORPORATION

中保财产保险有限公司(以下简称本公司)根据被保险人的要求,及其所缴付约定的保险费,按照本保险单承担的险别和背面所载条款与下列特别条款承保下列货物运输保险,特签发本保险单。

This policy of Insurance witnesses that The People's Insurance (Property) Company of China, Ltd. (hereinafter called "The Company"), at the request of the Insured and consideration of the premium paid by the Insures, undertakes to insure the under-mentioned goods in transportation subject to the condition of this Policy as per the Clauses printed overleaf and other special clauses attached hereon.

保险货物项目 Descriptions of Goods	包装　单位　数量 Packing　Unit　Quantity	保险金额 Amount Insured
100% COTTON COLOUR WEAVE T-SHIRT	300CARTONS	USD66 000.00

ORIGINAL

承保险别　FOR 110% OF THE INVOICE VALUE COVERING　　货物标记　AS PER INVOICE NO. X0522

Condition　ALL RISKS AS PER PICC DATE 1/1/1981　　Marks of Goods

总 保 险 金 额:

Total Amount Insured:　SAY US DOLLARS SIXTY SIX THOUSAND ONLY

保费　As arranged　　　　运输工具　　　　　　开航日期:

Premium　　　Per conveyance S.S　PUDONG V.503　Slg. On or abt　JUN, 25. 2012

起运港　　　　　　　　　　　　　目的港

From　SHANGHAI　　　　　　　　To　　　OSAKA

所保货物,如发生本保险单项下可能引起索赔的损失或损坏,应立即通知本公司下述代理人查勘。如有索赔,应向本公司提交保险单正本(本保险单共有 2 份正本)及有关文件。如一份正本已用于索赔,其余正本则自动失效。

In the event of loss or damage which may result in a claim under this Policy, immediate notice must be given to the Company's Agent as mentioned hereunder. Claims, if any, one of the Original Policy which has been issued in TWO Original (s) together with the relevant documents shall be surrendered to the Company, If one of the Original Policy has been accomplished, the others to be void.

THE PEOPLE'S INSURANCE (PROPERTY) COMPANY OF CHINA, LTD. OSAKA BRANCH

98 LSKL MACH OSAKA JAPAN

TEL:028-543657

中保财产保险有限公司

THE PEOPLE'S INSURANCE (PROPERTY) COMPANY OF CHINA, LTD.

赔款偿付地点

Claim payable at　　OSAKA IN USD

The People's Insurance (Property) Company of China

日期　　　　　　　　　　　在

Date　JUN. 15, 2012　　at　　SHANGHAI　　General Manager:凡玲

地址:

Address:

点评：

● 保险单一般由保险公司审单员根据投保人提供的投保单等材料进行缮制，但也有个别保险公司由投保人代其填制保险单的相关栏目内容，再由保险公司填制剩余栏目，签章后生效。

● 保险单是出口商向银行议付货款所必备的单证之一，其可通过背书转让。保险单的背书有空白背书和指示背书两种，究竟采取哪一种，应视信用证的具体要求而定。

相关知识链接 **联合凭证**

联合凭证(Combined Certificate)是指保险公司仅将承保险别、保险金额、保险人和理赔代理人的名称和地址及保险编号等，加注在出口方开具的商业发票上，作为承保的证明，至于其他保险项目，则均以发票所列内容为准。目前，这种联合凭证仅适用于对港澳地区出口货物运输的保险。

工作任务四 办理出口货物报检、报关及有关单证的缮制

业务导入

出口方应按我国检验检疫法律法规和海关法的有关规定，在货物装运前缮制报检委托书、代理报关委托书与委托报关协议，并随附合同、商业发票、装箱单及非木质包装证明等单据办理报检和报关手续，也可委托货运代理公司代办。货物装船后，凭收货单向船公司或货代公司换取提单。

一、出口货物报检、报关和装运程序

出口货物报检、报关和装运程序如下：

(1) 出口方在货物装运前委托货运代理公司代办报检和报关手续，填写报检委托书和报关委托书，并随附商业发票、装箱单、合同等有关单据。

(2) 货运代理公司填写出境货物报检单，向出入境检验检疫局办理报检手续。

(3) 货运代理公司办妥报检手续后，填写报关单并随附商业发票、装箱单、合同和通关单或检验检疫证书等有关单据，向当地的海关办理出口货物报关手续。

(4) 海关核准无误后，收讫关税，在报关单和装货单上盖放行章。

(5) 港口凭盖有放行章的装货单作为装船的依据，并进行装船。

(6) 船运公司凭收货单或通过货代向出口方签发海运提单。

二、缮制报检委托书

报检委托书是委托人与受托人进行代理报检业务的协议。报检单位是指经检验检疫机构注册登记，依法接受有关关系人委托，为有关关系人办理报检/申报业务，在工商行政管理部门注册登记的境内企业法人。其主要有专业代理报检单位、国际货物运输代理报检单位、国际船务运输代理报检单位。报检委托书的内容与缮制方法如下：

1. 出入境检验检疫局的名称

填写出境口岸出入境检验检疫局的名称。

2. 出口货物的时间

填写该票货物的出口日期。

3. 品名

填写该票货物的名称，并与发票上的货名一致。

4. H.S.编码

按海关规定的商品分类编码规则填写该出口货物的商品编号。

5. 数(重)量

填写该票货物的数量或重量，并与其他单据的同项内容一致。

6. 合同号

填写该票货物的编号。

7. 信用证号

填写该票货物的信用证编号。

8. 审批文件

根据有关法律法规的规定，将该出口货物报检时必须提供的文件名称填入此栏。

9. 其他特殊要求

委托人在报检中必须达到的要求，在此注明。

10. 受托单位

填写受理该报检业务单位的名称。

11. 代理内容

选择代理报检业务事宜，在相关事宜前的“□”内打“√”。

12. 委托人签章

委托人签名盖章，并注明日期。

13. 受托人签章

受托人签名盖章，并注明日期。

相关知识链接 **代理报检单位的义务**

1. 代理报检单位在代理报检业务时，须遵守出入境检验检疫法律、法规和规定，对代理报检的内容和提交的有关文件的真实性、合法性负责，并承担相应的法律责任。

2. 代理报检单位从事代理报检业务时，须提交委托人的“报检委托书”，载明委托人与代理报检单位的名称、地址、联系电话、代理事项，以及双方责任、权利和代理期限等内容，由法定代表人签字，并加盖双方公章。

3. 代理报检单位应按规定填制报检申请单，加盖代理报检单位的合法印章，并提供检验检疫机构要求的必要单证，在规定的期限、地点办理报检手续。

4. 代理报检单位应切实履行代理报检职责，负责与委托人联系，协助检验检疫机构落实检验检疫的时间、地点，配合检验检疫机构实施检验检疫，并提供必要的工作条件。对已完成检验检疫工作的，应及时领取检验检疫单证和通关证明。

5. 代理报检单位应积极配合检验检疫机构对其所代理报检业务有关事宜的调查和处理。

6. 代理报检单位应按检验检疫机构的要求聘用报检员，对其进行管理，并对其报检行为承担法律责任。如果报检员被解聘或不再从事报检工作，或离开本单位，代理报检单位应及时申请办理注销手续，否则，承担由此产生的法律责任。

三、缮制代理报关委托书与委托报关协议

自 2005 年 5 月 1 日起在全国正式启用“代理报关委托书/委托报关协议”，明确了委托双方的法律地位和各自责任。其由中国报关协会负责向企业提供，也可由企业按照规范格式在 A4 空白纸上打印自用。其主要缮制方法如下：

1. 代理报关委托书编号

编号事先已印制。

2. 委托对象

由委托方在________中填写受理该业务的报关公司或国际货运代理公司的名称。

3. 委托方式

由委托方根据本公司业务情况选择逐票或长期委托，在空白处注明方式。

4. 委托内容

由委托方根据业务在A、B、C、D、E、F、G、H中选择委托代理报关项目，并在空白处注明。

5. 委托书有效期

由委托方根据逐票或长期的委托方式进行决定。

6. 委托方(盖章)

由委托方法定代表人或其授权人签字盖章，并注明日期。

7. 委托方

由委托方填写经营单位的名称。

8. 主要货物的名称

由委托方填写该票货物的名称，并与发票上的货名一致。

9. H.S.编码

由委托方按海关规定的商品分类编码规则填写该出口货物的商品编号。

10. 货物总价

由委托方填写该票货物的总额，并与发票上的总金额一致。

11. 进出口日期

由委托方填写该票货物的进出口日期。

12. 提单号

由委托方填写该票货物的提单编号，即配舱回单的编号。

13. 贸易方式

由委托方根据实际情况填写相应的贸易方式，通常为一般贸易。

14. 原产地/货源地

由委托方填写该票货物的实际生产地名称，如“上海”。

15. 其他要求

委托方如对代理业务有其他要求，可在此注明。

16. 委托方业务签章

由委托方在此栏盖本公司法人章。

17. 经办人签章

由委托方的具体经办人在此签章。

18. 被委托方

由被委托方填写受理该代理业务的报关公司或国际货运代理公司的名称。

19. 报关单编码

此栏留空。

20. 收到单证的日期

由被委托方填写具体收到单证的日期。

21. 收到单证的情况

由被委托方根据收到单据的名称，在其前的"□"内打"√"。

22. 报关收费

由被委托方按约定费用填写。

23. 承诺说明

由被委托方在此栏填写保证文句。

24. 被委托方业务签章

由被委托方在此栏盖本公司法人章。

25. 经办报关员签章

由被委托方的报关员在此栏签章。

相关知识链接　**委托报关协议通用条款**

一、委托方责任

1. 委托方应及时提供报关报检所需的全部单证，并对单证的真实性、准确性和完整性负责。

2. 委托方负责在报关企业办结海关手续后及时履约，支付代理报关费用，支付垫支费用，以及因委托方责任产生的滞报金、滞纳金和海关等执法单位依法处以的各种罚款。

3. 负责按照海关要求将货物运抵指定场所。

4. 负责与被委托方报关员一同协助海关进行查验，回答海关的询问，配合相关调查，并承担产生的相关费用。

5. 在被委托方无法做到报关前提取货样的情况下，承担单货相符的责任。

二、被委托方责任

1. 负责解答委托方有关向海关申报的疑问。

2. 负责对委托方提供的货物情况和单证的真实性、完整性进行"合理审查"，审查内容包括：(1)证明进出口货物实际情况的资料，包括进出口货物的品名、规格、用途、产地、贸易方式等；(2)有关进出口货物的合同、发票、运输单据、装箱单等商业单据；(3)进出口所需的许可证件及随附单证；(4)海关要求的加工贸易(纸质或电子数据的)及其他进出口单证。

3. 因确定货物的品名、归类等原因，经海关批准，可以看货或提取货样。

4. 在接到委托方交付齐备的随附单证后，负责依据委托方提供的单证，按照《中华人民共和国海关进出口报关单填制规范》认真填制报关单，承担"单单相符"的责任，在海关规定和本委托报关协议中约定的时间内报关，办理海关手续。

5. 负责及时通知委托方共同协助海关进行查验，并配合海关开展相关调查。

6. 负责支付因报关企业的责任给委托方造成的直接经济损失以及所产生的滞报金、滞纳金，海关等执法单位依法负责在本委托书约定的时间内将办结海关手续的有关委托内容的单证、文件交还委托方或其指定的人员(详见"委托报关协议"中的"其他要求"栏)。

7. 赔偿原则。被委托方不承担因不可抗力给委托方造成损失的责任。因其他过失造成的损失，由双方自行约定或按国家有关法律法规的规定办理。由此造成的风险，委托方可以投保方式自行规避。

8. 不承担的责任。签约双方各自不承担因另外一方原因造成的直接经济损失，以及滞报金、滞纳金和相关罚款。

9. 收费原则。一般货物报关收费原则上按当地《报关行业收费指导价格》规定执行。特殊商品可由双方另行商定。

10. 法律强制。本"委托报关协议"的任一条款与《海关法》及有关法律、法规不一致时，应以法律、法规为准。但不影响"委托报关协议"其他条款的有效。

11. 协商解决事项。变更、中止本协议或双方发生争议时，按照《中华人民共和国合同法》有关规定及程序处理。因签约双方以外的原因产生的问题或报关业务需要修改协议条款，应协商订立补充协议。双方可以在法律、行政法规准许的范围内另行签署补充条款，但补充条款不得与本协议的内容相抵触。

四、出口货物报检与报关的实例

1. 方正先生缮制报检委托书

方正先生缮制的报检委托书，如样例7—8所示。

样例 7—8

报检委托书

上海市 出入境检验检疫局：

本委托人郑重声明，保证遵守出入境检验检疫法律、法规的规定。如有违法行为，自愿接受检验检疫机构的处罚并负法律责任。

本委托人委托受委托人向检验检疫机构提交"报检申请单"和各种随附单据。具体委托情况如下：

本单位将于 2012 年 6 月间出口如下货物：

品名	全棉色织 T 恤衫	H.S.编码	5210.4100
数(重)量	300 箱	合同号	TXT264
信用证号	XT173	审批文件	
其他特殊要求			

特委托 金发国际货运代理公司 （单位/注册登记号），代理本公司办理下列出入境检验检疫事宜：

☑ 1. 办理代理报检手续；

☑ 2. 代缴检验检疫费；

☑ 3. 负责与检验检疫机构联系和验货；

☑ 4. 领取检验检疫证书；

☐ 5. 其他与报检有关的相关事宜。

请贵局按有关法律法规的规定予以办理。

委托人（公章）：方正进出口贸易公司

FANGZHENG IMPORT & EXPORT TRADE CORPORATION 方正进出口贸易公司

2012 年 6 月 11 日

受委托人（公章）：

李眯

2012 年 6 月 11 日

金发国际货运代理公司 业务专用章

点评：

- 报检委托书是委托人与受委托人之间的一份协议，规定了双方的义务。
- 委托人填写报检委托书各项栏目的内容必须真实，且不得有误。
- 报检委托书必须由双方签章，否则不能生效。

2. 方正先生缮制代理报关委托书与委托报关协议

方正先生缮制的代理报关委托书与委托报关协议，如样例 7—9 和样例 7—10所示。

样例 7—9

代理报关委托书

编号：2200004510

金发国际货运代理公司：

我单位现 A（A. 逐票 B. 长期）委托贵公司代理 A E 等通关事宜（A. 报关查验 B. 垫缴税款 C. 办理海关证明联 D. 审批手册 E. 核销手册 F. 申办减免税手续 G. 其他），详见“委托报关协议”。

我单位保证遵守《海关法》和国家有关法规，保证所提供的情况真实、完整、单货相符。否则，愿承担相关法律责任。

本委托书有效期自签字之日起至 2012 年 6 月 30 日止。

（印章：FANGZHENG IMPORT & EXPORT TRADE CORPORATION 方正进出口贸易公司）

委托方（盖章）：

法定代表人或其授权签署“代理报关委托书”的人（签字）　　方正

2012 年 6 月 11 日

样例 7—10

委托报关协议

为明确委托报关具体事项和各自责任，双方经平等协商，签订如下协议：

委托方	方正进出口贸易公司
主要货物名称	全棉色织 T 恤衫
H.S.编码	5210.4100
进出口日期	2012 年 6 月 25 日
提单号	
贸易方式	一般贸易
原产地/货源地	上海
传真号码	65788876
其他要求：	
背面所列通用条款是本协议不可分割的一部分，对本协议的签署构成了对背面条款的同意。	
委托方业务签章：（印章：FANGZHENG IMPORT & EXPORT TRADE CORPORATION 方正进出口贸易公司） 经办人签章：方正　2012 年 6 月 11 日 联系电话：65788877	

被委托人	金发国际货运代理公司	
* 报关单编号	NO.	
收到单证日期	2012 年 6 月 11 日	
收到单证情况	合同☑	发票☑
	装箱清单☑	提（运）单☐
	加工贸易手册☐	许可证件☐
	其他	
报关收费	人民币：　　　元	
承诺说明：		
背面所列通用条款是本协议不可分割的一部分，对本协议的签署构成了对背面条款的同意。		
被委托方业务签章：（印章：金发国际货运代理公司 业务专用章） 经办报关员签章：王莉　2012 年 6 月 11 日 联系电话：56987452		

（白联：海关留存；黄联：被委托方留存；红联：委托方留存）　　中国报关协会监制

点评：

● 代理报关委托书和委托报关协议由中国报关协会负责统一印制，也可由企业按规范格式打印自用。

● 代理报关委托书和委托报关协议是委托人与受委托人之间的一份合同，规定了双方的权利与义务。

● 委托人填写代理报关委托书和委托报关协议各项栏目的内容必须真实，且不得有误。

● 委托人根据业务需要在A、B、C、D、E、F、G、H中，选择委托代理报关项目。

● 代理报关委托书和委托报关协议必须由双方签字盖章，否则不能生效。

3. 方正先生缮制非木质包装证明

方正先生缮制的非木质包装证明，如样例7—11所示。

样例7—11

Declaration of no-wooden

Packing material

TO:

THE SERVICE OF JAPAN ENTRY & EXIT INSPECTION AND QUARANTINE

IT IS DECLARED THAT THIS SHIPMENT

COMMODITY: 100% COTTON COLOUR WEAVE T-SHIRT

QUANTITY/WEIGHT: 300 CARTONS

INVOICE NUMBER: TX0522

DOES NOT CONTAIN WOOD PACKING MATERIALS

FANGZHENG IMPORT & EXPORT CORPORATION

2012.6.11

点评：

● 美国、加拿大、欧盟和日本等国为保护本国的资源，对进口商品木质包装必须提供进行过除害处理的官方熏蒸证书，如不是木质包装，也要出口商出具非木质包装证明。

● 非木质包装证明没有固定格式，内容也无统一规定，其主要内容有货名、数量、合同号或发票号，最重要的是有"本商品未用木质材料"证明文句。

● 非木质包装证明在委托订舱、代理报检、代理报关时需随附有关单据一起提供。

4. 金发国际货运代理公司签发提单

金发国际货运代理公司签发的提单,如样例 7—12 所示。

样例 7—12

<table>
<tr><td colspan="2">Shipper
FANGZHENG IMPORT & EXPORT TRADE CORPORATION
222 ZHONGSHAN ROAD SHANGHAI
CHINA</td><td colspan="3" rowspan="6">B/L NO. HJSHBI 142939 ORIGINAL
中国对外贸易运输总公司
CHINA NATIONAL FOREIGN TRADE TRANSPORT CORPORATION
直运或转船提单
BILL OF LADING DIRECT OR WITH TRANSSHIPMENT
SHIPPED on board in apparent good order and condition (unless otherwise indicated) the goods or packages specified herein and to be discharged or the mentioned port of discharge of as near there as the vessel may safely get and be always afloat.
THE WEIGHT, measure, marks and numbers quality, contents and value, being particulars furnished by the Shipper, are not checked by the Carrier on loading.
THE SHIPPER, Consignee and the Holder of this Bill of Lading hereby expressly accept and agree to all printed, written or stamped provisions, exceptions and conditions of this Bill of Loading, including those on the back hereof.
IN WITNESS where of the number of original Bill of Loading stated below have been signed, one of which being accomplished, the other(s) to be void.</td></tr>
<tr><td colspan="2">Consignee or order
TO ORDER OF SHIPPER</td></tr>
<tr><td colspan="2">Notify address
TKAMRA CORPORATION
6-7 KAWARA MACH OSAKA
JAPAN</td></tr>
<tr><td>Pre-carriage by</td><td>Port of loading
SHANGHAI</td></tr>
<tr><td>Vessel
PUDONG V. 503</td><td>Port of transshipment</td></tr>
<tr><td>Port of discharge
OSAKA</td><td>Frail destination</td></tr>
<tr><td>Container Seal No. or marks and Nos.</td><td colspan="2">Number and kind of packages
Designation of goods</td><td>Gross weight (kgs.)</td><td>Measurement (m³)</td></tr>
<tr><td>GATU0506118
T.C
TXT264
OSAKA
C/NO. 1-300</td><td colspan="2">100% COTTON COLOUR WEAVE T-SHIRT
SAY THREE HUNDRED (300) CARTONS ONLY
TOTAL ONE 40'CONTAINER
CY TO CY
FREIGHT PREPAID</td><td>3 300KGS</td><td>66CBM</td></tr>
<tr><td colspan="3">REGARDING TRANSSHIPMENT
INFORMATION PLEASE CONTACT</td><td colspan="2">Freight and charge
FREIGHT PREPAID</td></tr>
<tr><td rowspan="2">Ex. rate</td><td>Prepaid at</td><td>Freight payable at
SHANGHAI</td><td colspan="2">Place and date of issue
SHANGHAI JUN. 25, 2012</td></tr>
<tr><td>Total Prepaid</td><td>Number of original Bs/L
THREE</td><td colspan="2">Signed for or on behalf of the Master
丁毅 as Agent</td></tr>
</table>

点评：

●提单是货物收据，是物权凭证，并可作背书进行转让。

●提单持有人可凭提单向银行办理抵押贷款，是一份有价证券。

●提单是一份运输合同，提单条款明确规定了托运人和承运人之间的权利与义务、责任与豁免，是索赔和理赔的法律依据。

5. 方正先生发送装运通知

方正先生发送的装运通知，如样例7—13所示。

样例7—13

FANGZHENG IMPORT & EXPORT TRADE CORPORATION

222 ZHONGSHAN ROAD SHANGHAI CHINA

SHIPPING ADVICE

TEL：021-65788877　　　　INV. NO.： TX0522

FAX：021-65788876　　　　S/C. NO.： TXT264

L/C. NO.： XT173

TO MESSRS:　　　　DATE:： JUN. 25, 2012

TKAMRA CORPORATION
6-7 KAWARA MACH
OSAKA JAPAN

DEAR SIRS,

WE HEREBY INFORM YOU THAT THE GOODS UNDER THE ABOVE MENTIONED CREDIT HAVE BEEN SHIPPED. THE DETAILS OF THE SHIPMENT ARE STATED BELOW.

COMMODITY: 100% COTTON COLOUR WEAVE T-SHIRT

NUMBER OF CTNS: 300 CARTONS

TOTAL GROSS WEIGHT: 3 300KGS　　　　SHIPPING MARKS

OCEAN VESSEL: PUDONG V. 503　　　　T. C

B/L NO.: HJSHBI 142939　　　　OSAKA

PORT OF LOADING: SHANGHAI　　　　TXT264

DATE OF DEPARTURE: JUN. 25, 2012　　　　C/NO. 1-300

DESTINATION: OSAKA PORT

FANGZHENG IMPORT & EXPORT TRADE CORPORATION

方正

（印章：FANGZHENG IMPORT & EXPORT TRADE CORPORATION 方正进出口贸易公司）

点评：

●根据《2010年国际贸易术语解释通则》的规定，出口方在货物装船后有义务及时向进口方发出装运通知书，以便其做好接受货物的准备。

●装运通知书没有固定格式，内容也无统一规定，其主要内容包括货名、数量、重量、提运单号和装运时间等。

●装运通知书通常可通过传真或电子邮件等方式在信用证规定的时间内发出，副本作为议付单据。在实际业务中，有些公司业务员也会在装船前发出，让进口方更早获取装运信息。

工作任务五　办理交单结汇及有关单证缮制

业务导入

出口方在信用证有效和交单期限内缮制商业汇票，并随附商业发票、装箱单、普惠制产地证书、非木质包装证明、保险单、提单和装运通知等全套议付单据向指定银行提交符合信用证条款规定的单据。银行在收到单据后立即按照信用证条款的规定进行审核，确认无误后在收到单据次日起不超过5个银行工作日办理出口结汇，并按当日外汇买入价购入，结算成人民币支付给出口商。

一、交单结汇业务程序

交单结汇业务程序如下：

1. 出口商缮制商业汇票并持信用证规定的全套单据送至议付行进行议付，结算货款是交易的目的。因此，必须做到单证一致、单单一致和单同一致。

2. 议付行对议汇单据进行审核，核准无误后给予议付，如有不符点必须修正。

3. 付款行对议汇单据进行审核，核准无误后按照信用证规定的索偿路线进行付款转账，如有不符点可拒付。

4. 进口方审核单据无误后付款赎单。然后，办理进口货物报检、报关及提货手续。

相关知识链接　**信用证业务出口结汇方法**

1. 收妥结汇又称“先收后结”，是指出口地银行对受益人提交的单据进行审核无误后，将单据寄给付款行索偿。当付款行收到货款并划给出口地银行后，由出口地银行按当日外汇牌价结算成人民币贷记受益人账户或交付受益人。

2. 定期结汇，是指出口地银行对受益人提交的单据进行审核无误后，将单据寄给付款行索偿，从交单日至事先规定的期限内，将货款按当日外汇牌价结算成人民币贷记受益人账户或交付受益人。

3. 买单结汇，又称“出口押汇”或议付。其指议付行对受益人提交的单据进行审核无误后，按有关规定，买入受益人的汇票或单据，按照票面金额扣除从议付日至收款日的利息，按当日外汇牌价结算成人民币贷记受益人账户或交付受益人。

二、缮制汇票

（一）汇票的必要项目

汇票(Bill of Exchange/Draft/Bill)是出票人签发的，委托付款人在见票时或者在指定日期无条件支付确定金额给收款人或者持票人的票据。

汇票是一种要式证券，必须载明必要的法定事项，符合票据法的规定。我国的《票据法》第22条明确规定，汇票必须记载下列事项：

1. 表明“汇票”的字样

用英文单词 Bill of Exchange 或 Draft 或 Bill 表示，主要是为了区别其他的支付工具，如本票和支票等。

2. 应有无条件支付命令的字句

汇票是出票人指定付款人支付给收款人的无条件支付命令书，如果汇票上附有其他条件，如“卖方须交付符合合同规定的货物后，支付其金额10 000美元”，则该汇票无效。

3. 确定的金额

汇票票面所记载的金额必须确定，并用文字大写和数字小写分别表明，两者必须一致，否则票据无效。

4. 付款人名称

付款人(Drawee)通常是进口人或其指定的银行，其名称和地址应详细书写在“To”后。

5. 收款人名称

收款人(Payee)又称抬头，是受领汇票金额的人，通常是出口人或其指定的银行。其写法有三种：

(1) 限制性抬头。如“仅付给约翰·史密斯”(Pay to John Smith only)，或“付给约翰·史密斯，不准转让”(Pay to John Smith not transferable)，这种汇票不能作背书转让。

(2) 指示性抬头。如“付给约翰·史密斯或其指定的人”(Pay to John Smith or order),这种汇票可经背书转让。

(3) 持票人或来人抬头。即在汇票上不指定收款人名称,只写“付给持有人”(Pay to holder)或“付给来人”(Pay to bearer)字样。这种汇票可凭交付汇票进行转让,无须背书。我国《票据法》规定,凡签发持票人或来人抬头的汇票无效。

6. 出票日期

汇票记载出票日期的作用主要有:决定汇票的有效起算日,决定出票后定期付款的到期日,决定出票人的行为能力。

7. 出票人签字

出票人(Drawer)只有在票据上签字后,才承担付款或承兑责任。

如未记载上述规定事项之一的汇票,则无效。

在实际业务中,汇票通常还需列明付款日期、付款地点和出票地点等内容。我国《票据法》规定:“汇票上记载付款日期、付款地、出票地等事项的,应当清楚、明确。汇票上未记载付款时期的,为见票即付。汇票上未记载付款地的,付款人的营业场所、住所或者经常居住地为付款地。汇票上未记载出票地的,出票人的营业场所、住所或者经常居住地为出票地。”此外,汇票还可以记载一些票据法允许的其他内容,如汇票编号、付一不付二和出票条款等。

(二) 缮制汇票的方法

汇票是出票人签发的、委托付款人在见票时或者在指定日期无条件支付确定金额给付款人或持票人的票据。汇票是一种代替现金的支付工具,一般有两张正本(即 First Exchange 和 Second Exchange),具有同等效力,付款人付一不付二,付二不付一,先到先付,后到无效。汇票有银行汇票和商业汇票两种形式,在信用证和托收方式业务中,多使用出口方出具的商业汇票。

信用证项下汇票的主要内容和缮制方法如下:

1. 编号(No.)

汇票编号填本套单据的发票号码。

2. 出票日期与地点(Date and Place of Issue)

信用证项下的出票日期是议付日期,出票地点是议付地或出票人所在地,通常由出口方委托议付行在办理议付时代填。值得注意的是,汇票出票不得早于其他单据日期,也不得晚于信用证有效期和提单日期后第 21 天。

3. 汇票金额(Amount)

汇票金额用数字小写和英文大写分别表明,大小写金额与币制必须相符。小写金额位于 Exchange for 后,可保留 2 位小数,由货币名称缩写和阿拉伯数字组成,如 USD1 450.80;大写金额位于 the sum of 后,习惯上句首加"SAY",意指"计",句尾由"ONLY"示意为"整",小数点用 POINT 或 SENTS 表示。例如,SAY US DOLLARS ONE THOUSAND FOUR HUNDRED AND FIFTY POINT EIGHT ONLY。通常汇票金额和发票金额一致,不得超过信用证金额,除非信用证另有规定。

4. 付款期限(Tenor)

必须按信用证的规定填写。

(1) 即期付款在 At 与 sight 之间填上"*"符号,变成 At ***** sight,表示见票即付。

(2) 远期付款主要有见票后若干天付款、出票日后若干天付款、提单日后若干天付款和定日付款。例如,信用证规定见票后 90 天付款(Available against your drafts drawn on us at 90 days after sight),在 At 与 sight 之间填入 90 days after,意为从承兑日后第 90 天为付款期;信用证规定出票日后 80 天付款(Available against presentation of the documents detailed herein and of your drafts at 80 days after date of the draft),则在 at 后填入 80 days after date ,将汇票上印就的"sight"划掉,其意为汇票出票日后 80 天付款;信用证规定提单日后 70 天付款(Available by beneficiary's drafts at 70 days after on board B/L date),则在 at 后填入 70 days after date of B/L,删去 sight,意为提单日后第 70 天付款。

相关知识链接　**远期汇票付款时间的计算方法**

远期汇票付款时间的计算采用算尾不算头,如见票日为 6 月 15 日,付款期限为见票日后 30 天,则应从 6 月 16 起算 30 天,到期付款日为 7 月 14 日。如以月为单位计算付款期限,则不考虑每月的具体天数,都以相应月份的同一天为到期日。如见票后 1 个月付款,见票日为 6 月 15 日,到期付款日应为 7 月 15 日。如无对应日期,则以该月最后一天代替。如到期日恰逢周末或节假日,则顺延后一个工作日。

另有一种远期汇票,即在信用证汇票条款中规定远期汇票(例如,Available by your drafts at 80 days after sight on us…),在特殊条款中又规定受益人可即期收款(例如,The negotiating bank is authorized to negotiate the insurance drafts on sight bases, as acceptance commission, discount charges and interest are for account by buyer.),仍按远期(80 days after)填制,但可向议付行即期收款,其贴息由开证人负担。

5. 受款人(Payee)

汇票受款人又称抬头人或收款人，是指接受票款的当事人。汇票常见的抬头表示方式有：

(1) 指示性抬头。即在受款人栏目中填写 Pay to the order of …，意为付给……人指定的人。我国实际业务中多以中国银行等议付行为受款人，如 Pay to the Bank of China。以议付行为收款人，议付行要在汇票背面进行背书。

(2) 限制性抬头。即在受款人栏目中填写 Pay to … only 或 Pay to … not transferable，意为仅付……人或限付给……人，不许转让。使用这种方式多是付款人不愿将本债务和债权关系转移到第三者。

(3) 持票人抬头。又称来人式抬头，即在受款人栏目中填写 Pay to bearer，意为付给持票人。这种方式不用背书就可转让，风险较大，现极少使用。

6. 出票条款(Drawn Clause)

出票条款必须按信用证的描述填于 Drawn under 后，如信用证没有出票条款，其分别填写开证行名称、地址、信用证编号和开证日期。

信用证如有利息条款，例如，"Payable with interest at 5 per cent annum from date hereof to approximate date of arrival of cover in Tokyo"，或信用证要求汇票注明"Documents against payment "(货单付款)，必须在出票条款后将其列出。

7. 付款人(Drawee)

汇票付款人即受票人，包括付款人名称和地址，在汇票中以 To …(致……)表示。付款人必须按信用证规定填制，通常为开证行。如果信用证规定"Draft drawn on applicant"或"drawn on us"或未规定付款人时，在 to 后都打上开证行名称和地址。

如果信用证规定以开证申请人为付款人，银行将视该汇票为一份附加的票据。

8. 出票人签章(Signature of the Drawer)

出票人为信用证受益人，也就是出口方。通常在右下角空白处打上出口方全称，由经办人签名，该汇票才正式生效。如果信用证规定汇票必须手签，应照办。

三、交单结汇业务的实例

1. 方正先生缮制商业汇票

方正先生缮制的商业汇票，如样例 7—14 所示。

样例 7—14

No. TX0522

For USD60 000.00 **BILL OF EXCHANGE** SHANGHAI,JUN.26,2012

Date

At * * * * sight of this SECOND BILL of EXCHANGE (first of the same tenor and date unpaid) pay to the order of BANK OF CHINA SHANGHAI BRANCH the sum of SAY U.S. DOLLARS SIXTY SIX THOUSAND ONLY.

Drawn under FUJI BANK

L/C No. TH2003 Dated APR,30.2012

To. FUJI BANK

66 SAKULA OTOLIKINGZA MACHI OSAKA JAPAN

IMPORT & EXPORT TRADE CORPORATION 方正进出口贸易公司 FANGZHENG

FANGZHENG IMPORT & EXPORT TRADE CORPORATION

方正

点评：

● 汇票是由各银行印制，内容大致相同，是支付货款的凭证，属于有价证券。

● 汇票中的大小金额和币制必须一致。

● 信用证项下的汇票应做到单证一致，单单一致，要整洁美观，不得有涂改现象。

● 注意信用证支付方式项下与托收方式项下的汇票在填制要求方面有所不同。

2. 方正先生汇集全套议付单据

方正先生缮制好商业汇票后，随附商业发票、装箱单、非木质包装证明、保险单、提单和装运通知等全套议付单据，向中国银行上海分行进行议付。

相关知识链接 **本 票**

1. 本票的种类

本票(Promissory Note)是出票人签发的，承诺自己在见票时无条件支付确定的金额给收款人或持票人的票据。

(1) 因出票人的不同，本票人可分为商业本票和银行本票。前者是由工商企业或个人签发的本票，后者则是由银行签发的本票。需要注意的是，我国《票据法》所指的本票是银行本票，对其他组织和个人签发的本票(即商业本票)不予以承认。

(2) 商业本票按照付款时间又可分为即期和远期两种。前者是指持票人提示付款时,应见票即付;后者则是承诺于未来某一规定的或可以确定的日期支付票款的本票。银行本票则是即期的,我国只允许开立自出票日起、付款期限不超过2个月的银行本票。

2. 本票与汇票的区别

(1) 当事人不同。本票的当事人只有出票人和收款人,本票的付款人即出票人;而汇票有出票人、付款人和收款人三个当事人。

(2) 承兑不同。远期本票由出票人即付款人本人签发,因此无须承兑;而远期汇票须经付款人承兑,做进一步的付款保证。

(3) 份数不同。本票只能一式一份,不能多开;汇票可以一式两份(银行汇票除外),注明“付一不付二”或“付二不付一”字样即可。

(4) 责任范围不同。本票自始至终由出票人负责;汇票在承兑前由出票人负责付款,承兑后则由承兑人负主要付款责任,出票人负次要责任。

(5) 债权债务关系不同。本票是债务人对债权人的一种支付承诺,汇票是债权人对债务人的一种支付命令。

专业知识与操作技能训练

一、专业理论知识训练

(一) 不定项选择题

1. 出口贸易合同采用CIF贸易术语、海洋运输和信用证支付方式,在履行此类合同时一般要经过(　　)等环节。

A. 审证、备货　　B. 订舱、投保　　C. 报检、报关　　D. 制单结汇

2. 审核信用证的主要依据是(　　)。

A. 贸易合同　　B. 国际贸易惯例

C. UCP600　　D. 进口国有关法规

3. 出口方对进口方开立的信用证进行全面审核后,如果发现问题,则应该(　　)。

A. 非改不可的必须改　　B. 可改可不改的则不改

C. 改证内容须一次提出　　D. 得到有关当事人全部同意

4. 商业发票的作用主要有(　　)。

A. 收付货款与记账凭证

B. 办理报关、纳税和计算佣金的依据

C. 全套结汇单据的核心

D. 不要求提供汇票时可代替其作为付款依据

5. 发票根据作用不同,可分为(　　)。

A. 商业发票　　B. 海关发票、领事发票

C. 形式发票　　D. 厂商发票

6. 装箱单的主要内容是(　　)。

A. 货名规格　　B. 数量、重量

C. 包装件数　　D. 包装材料与方式

7. 普惠制产地证有格式 A 、格式 59A 和格式 APR 三种,其中(　　)使用范围较广。

A. 格式 A　　B. 格式 59A

C. 格式 APR　　D. 格式 A 与格式 59A

8. 凡申请办理普惠制产地证明书的单位必须持有关文件在当地的(　　)办理注册登记手续。

A. 主管海关　　B. 外经贸委

C. 贸促会　　D. 检验检疫机构

9. 原产地证明书通常用于不需要提供领事发票或(　　)的国家或地区。

A. 商业发票　　B. 海关发票

C. 形式发票　　D. 领事发票

10. 出口商在货物装运前委托货运代理公司代办报检和报关手续,填写报检委托书和报关委托书,并随附(　　)等有关单据。

A. 商业发票　　B. 装箱单

C. 贸易合同　　D. 领事发票

(二) 判断题

1. 催证原因主要是出口方根据货源和运输情况须提前装运,或进口方因市场行情变化和资金周转困难等原因,未在合同规定的时间内开出信用证。(　　)

2. 普惠制产地证明书是出口商根据进口商的要求提供的、由受惠国有关机构向给惠国出口受惠商品而签发的,其是有价值的文件。(　　)

3. 普惠制产地证明书的手签人员需持有相关资格证才能签字。(　　)

4. 原产地证明书主要作为出口国海关实行差别关税、实施出口税率和出口配额等不同国别政策的依据。(　　)

5. 被保险人只有在保险单背面作背书,才能转让该批货物保险单据。(　　)

6. 保险单签发日期可晚于提单等运输单据签发日。(　　)

7. 自 2005 年 5 月 1 日起在全国正式启用的“代理报关委托书/委托报关协议”,明确了委托双方的法律地位和各自责任。(　　)

8. 报检委托书是委托人与受托人进行代理报检业务的协议。(　　)

9. 报检单位是指经检验检疫机构注册登记、依法接受有关关系人委托、为有关关系人办理报检/申报业务、在工商行政管理部门注册登记的境内企业法人。(　　)

10. 在实际业务中,出口方可通过传真或电子邮件等方式在信用证规定的时间内发出装运通知书,副本不可作为议付单据。(　　)

(三) 简答题

1. 简述审核信用证的重点项目。

2. 简述出口备货工作中的注意事项。

3. 简述信用证业务出口结汇的主要方法。

二、操作技能训练

(一)业务背景

广州纺织品进出口公司收到了 OLEARA IMPORT & EXPORT CORPORATION 会签的销售确认书以及 OLEARA IMPORT & EXPORT CORPORATION 在合同规定的开证时间内开出的信用证,对此广州纺织品进出口公司业务员王伟依据贸易合同进行审证,没有发现不符点,并与广州宏光服装公司签订加工合同书。当男式衬衫加工完成后,委托广州国际货运代理公司代理订舱、报检和报关手续。

(二) 操作资料

甲　方:广州纺织品进出口公司

广州市北京路 530 号

TEL:(020)64043030　　FAX:(020)64043031

乙　方：广州宏光服装公司(委托代理人夏力)
　　　　广州市风林路19号(TEL：020-56788888)
加工合同号：GH07999
合同日期：2012年6月10日
加工货名：男式衬衫 Art No.88(蓝色)，Art No.44(黑色)
加工数量：Art No.88(蓝色)3 000PCS，Art No.44(黑色)3 000PCS
包　　装：每20件装一只纸箱，每箱毛重为20.2千克，净重为20千克，体积为0.2立方米装入一只20英尺集装箱(集装箱号：TEXU22636643)
加工费：每套20元，乙方结汇后45天向甲方支付全部加工费
单　耗：每条1.2米，备损率为2%
原料交付日期：甲方在2012年6月30日前向乙方提供原料，并负责运至广州车站交付
产品交付日期：2012年8月24日前将加工后的成品6 000件运至广州港口指定仓库
原料货名：色织棉布
单　价：20元/米
交货日期：2012年6月28日
交货地点：广州车站
包装条件：卷筒包装
付款方式：交货后1个月凭增值税发票付款
不合格产品处理：另议
支付方式：不可撤销跟单即期信用证
信用证号：07/CB4578
装运港：广州
目的港：MARSELLE
交货日期：2012年7月31日
合同号：ST071032
商品编码：6303.4500
货运代理：广州国际货运代理公司(负责人赵峡)
委托办理检验事宜：代理报检手续，代缴检验检疫费，负责与检验检疫机构联系和验货，领取检验检疫证书
报关委托书编号：12382455541

委托办理报关事宜：逐票、填单申报、辅助查验、办理海关证明联
报关委托书有效期：2012 年 8 月 10 日止
收到单证日期：2012 年 7 月 2 日
收到单证名称：合同、发票、装箱清单

（三）操作要求

请你以广州纺织品进出口公司业务员王伟的身份，根据上述资料拟订一份加工合同书，并填写报检委托书及报关委托书，要求内容正确。

广州纺织品进出口公司

加工合同

编号：________

甲方：　　　　乙方：
地址：　　　　地址：
电话：　　　　电话：

双方为开展来料加工业务，经友好协商，特订立本合同。

第一条　加工内容

乙方向甲方提供加工____________所需的原材料，甲方将乙方提供的原材料加工成产品后交付乙方。

第二条　交货

乙方在______年____月____日向甲方提供______原材料，并负责运至______车站交付甲方；甲方在______年______月______日前将加工后的成品______负责运至______港口交付乙方。

第三条　来料数量与质量

乙方提供的原材料须含____%的备损率，并符合工艺单的规格标准。如乙方未能按时、按质、按量提供给甲方应交付的原材料，甲方除对无法履行本合同不负责外，还得向乙方索取停工待料的损失。

第四条　加工数量与质量

甲方如未能按时、按质、按量交付加工产品，应赔偿乙方所受的损失。

第五条　加工费与付款方式

甲方为乙方进行加工的费用，每条人民币______元。乙方结汇后 45 天向甲方支付全部加工费。

第六条　运输

乙方将成品运交甲方指定的地点，运费由乙方负责。

第七条　不可抗力

由于战争和严重的自然灾害以及双方同意的其他不可抗力引起的事故，致使一方

不能履约时，该方应尽快将事故通知对方，并与对方协商延长履行合同的期限。由此而引起的损失，对方不得提出赔偿要求。

第八条　仲裁

本合同在执行期间，如发生争议，双方应本着友好方式协商解决。如未能协商解决，提请中国上海仲裁机构进行仲裁。

第九条　合同有效期

本合同自签字之日起生效。本合同正本一式 2 份，甲乙双方各执一份。

本合同如有未尽事宜，或遇特殊情况需要补充、变更内容，须经双方协商一致。

甲方：（盖章）　　　　乙方：（盖章）

委托代理人：　　　　委托代理人：

日期：　　　　日期：

报检委托书

________出入境检验检疫局：

本委托人郑重声明，保证遵守出入境检验检疫法律、法规的规定。如有违法行为，自愿接受检验检疫机构的处罚并负法律责任。

本委托人委托受委托人向检验检疫机构提交“报检申请单”和各种随附单据。具体委托情况如下：

本单位将于________年________月间出口如下货物：

品名		H.S.编码	
数(重)量		合同号	
信用证号		审批文件	
其他特殊要求			

特委托____________________（单位/注册登记号），代理本公司办理下列出入境检验检疫事宜：

□ 1. 办理代理报检手续；

□ 2. 代缴检验检疫费；

□ 3. 负责与检验检疫机构联系和验货；

□ 4. 领取检验检疫证书；

□ 5. 其他与报检有关的事宜。

请贵局按有关法律法规的规定予以办理。

委托人(公章)：　　　　受委托人(公章)：

本委托书有效期至　　年　　月　　日

代理报关委托书

编号：

____________：

我单位现(A. 逐票　B. 长期)委托贵公司代理　　等通关事宜(A. 填单申报　B. 辅助查验　C. 垫缴税款　D. 办理海关证明联　E. 审批手册　F. 核销手册　G. 申办减免税手续　H. 其他)，详见"委托报关协议"。

我单位保证遵守《海关法》和国家有关法规，保证所提供的情况真实、完整、单货相符。否则，愿承担相关法律责任。

本委托书有效期自签字之日起至　年　月　日止。

委托方(盖章)：

法定代表人或其授权签署"代理报关委托书"的人(签字)

年　月　日

委托报关协议

为明确委托报关具体事项和各自责任，双方经平等协商，签订如下协议：

委托方		被委托方		
主要货物名称		*报关单编码		
H.S.编码		收到单证日期	年　月　日	
货物总价		收到单证情况	合同□	发票□
进出口日期			装箱清单□	提(运)单□
提单号			加工贸易手册□	许可证件□
贸易方式			其他	
原产地/货源地		报关收费	人民币：　　元	
其他要求：		承诺说明：		
背面所列通用条款是本协议不可分割的一部分，对本协议的签署构成了对背面通用条款的同意。		背面所列通用条款是本协议不可分割的一部分，对本协议的签署构成了对背面通用条款的同意。		
委托方业务签章： 经办人签章： 联系电话：		被委托方业务签章： 经办报关员签章： 联系电话：		

(白联：海关留存；黄联：被委托方留存；红联：委托方留存)　　中国报关协会监制

项目八　办理出口收汇核销与出口货物退税

学习与考证要点

- 出口收汇核销的业务程序及其单证的缮制要求
- 出口收汇核销制度的特点
- 出口退税企业的范围与出口退税货物的条件
- 出口货物退税的业务程序及其内容

业务背景

方正进出口贸易公司因初次办理出口收汇核销，应先在国家外汇管理局办理核销备案登记，提供单位介绍信、申请书、外经贸部门批准经营进出口业务的批件、企业法人营业执照、组织机构代码证、海关注册登记证明书等材料。然后，领取有编号的纸质核销单，并进行填制，在领单90天内随附报关单据向海关报关。方正进出口贸易公司持海关加盖“验讫章”的核销单和全套结汇单据向银行办理议付。结汇后，持经海关签章的收汇核销专用联、结水单或收账通知及报关单到外汇管理局办理核销。

工作任务一　办理出口收汇核销及单证缮制

业务导入

我国自1991年起，为加强出口收汇管理，实施了出口收汇核销制度，由国家职能部门对出口企业的出口货物进行了逐笔"跟单"核销的管理。出口收汇核销单实行逐级核发、专人负责制。出口企业根据所需核销单的份数，通过"中国电子口岸出口收汇系统"向外汇管理局提出领取核销单的申请，凭本企业操作员IC卡及其他规定的凭证到外汇管理局领取有编号与"条码"的并加盖"国家外汇管理局监制章"的纸质核销单。外汇管理局将根据出口企业的申请予以发放，并将核销单电子底账数据传送至"中国电子口岸"数据中心。

一、出口收汇核销业务流程

出口收汇核销业务流程如下：

1. 出口单位到商务部或其委托的机构办理备案登记，取得对外贸易经营权；

2. 出口单位到海关办理"中国电子口岸"入网手续，并到有关部门办理"中国电子口岸"企业法人IC卡和"中国电子口岸"企业操作员IC卡电子认证手续；

3. 出口单位持有关材料到注册所在地外汇局办理核销备案登记，外汇局审核无误后，为出口单位办理登记手续，建立出口单位电子档案信息；

4. 出口单位通过"中国电子口岸出口收汇系统"在网上向外汇局申领出口收汇核销单(以下简称"核销单")；

5. 出口单位凭操作员IC卡、出口合同(首次申领时提供)到注册所在地外汇局申领纸质核销单；

6. 出口单位报关前通过"中国电子口岸出口收汇系统"在网上向报关地海关进行出口核销单的口岸备案；

7. 出口单位出口报关；

8. 出口单位报关出口后通过"中国电子口岸出口收汇系统"将已用于出口报关的核销单向外汇局交单；

9. 出口单位在银行办理出口收汇后，到外汇局办理出口收汇核销手续。

相关知识链接 **出口收汇核销制度**

1. 出口收汇核销制度的法规

(1)《出口收汇核销管理办法》及其《出口收汇核销管理实施细则》是由中国人民银行、国家外汇管理局、对外贸易经济合作部、国家海关总署、中国银行总行于1990年12月发布实施的。

(2)《关于出口收汇核销管理有关问题的补充规定》是由中国人民银行、国家外汇管理局、对外贸易经济合作部、国家海关总署、中国银行总行于1991年6月发布实施的。

2. 出口收汇核销制度的特点

(1) 以出口收汇核销单为中心的管理方法。出口收汇核销单涉及到出口企业、海关、银行、外贸运输和国家有关职能部门,出口企业必须凭核销单及其他有关单据向海关办理出口货物报关,向银行交单结汇。对此,外汇管理局通过其发放与收回,并采取核销的方法来管理出口收汇的工作。

(2) 实行先收汇后核销的方法。出口企业待货物装运后,向银行结汇,凭银行收款通知单才可以办理核销手续,提高了收汇管理工作的效率。

(3) 以提高收汇率为目的。出口收汇核销制度实行全方位的管理,准确及时地掌握出口收汇的情况。

(4) 加强对逾期收汇的监督,保证了收汇的安全。

3. 出口收汇核销的原则、对象与范围

(1) 出口收汇核销的原则。①属地管理原则,由出口单位向其注册所在地的外管部门申领核销单,在何地申领就在该地办理核销;②谁"单"谁用原则,核销单不得相互借用,其核销、作废、遗失和注销等手续也必须由原申领单位向其所在地的外管部门办理;③领用衔接原则,多用多发,不用不发,且与已用核销单相一致;④单单对应原则,一份核销单对应一份报关单,报关单、核销单、发票、汇票副本上的有关栏目的内容应相一致,如有变动,应附有关更改单或凭证。

(2) 出口收汇核销的对象。包括经外经贸部门及其授权单位批准的具有进出口贸易业务经营权的公司或企业和外商投资企业。

(3) 出口收汇核销的范围。包括一切出口贸易方式,如一般贸易、加工贸易、补偿贸易、易货贸易和寄售等。

二、缮制出口收汇核销单

出口收汇核销单是由国家外汇管理局统一印制,由出口企业和银行分别缮制,海关凭其受理报关,各级外汇管理部门将其作为核销外汇的凭证。它由核销单存根、出口收汇核销单及其出口退税专用联三联构成。其内容和缮制的要点如下:

(一) 核销单存根联的缮制方法

核销单存根联的填制应以本套结汇单据的发票和出口报关单为依据,在出口报关后交当地外汇管理局备案。

1. 编号

编号事先已由国家外汇管理局统一印就。

2. 出口单位的名称

注明合同的出口方公司的全称，并加盖公章，应与出口货物报关单、发票的同项内容一致。

3. 单位代码

此栏填出口单位的税务登记 9 位数代码。

4. 出口币种总价

按收汇的原币种填入该批货物的应收总额，通常与商业发票的总金额相同。

5. 收汇方式

根据合同的规定填制收汇方式，如 L/C、D/D、D/A 或 T/T 等。

6. 预计收款日期

根据具体的收汇方式，将推算出的可能收到汇款的日期填入此栏。具体的推算方法有：即期信用证或托收项下的货款，属近洋的地区，为寄单日后第 25 天，如远洋地区则为 35 天；远期信用证或托收项下的货款，属近洋地区，为付款日后第 35 天，如远洋地区则 45 天；分期付款要注明每次收款日期和金额；寄售项下的货款最迟在报关日起 360 天之内结汇；自寄单据项下的货款，自报关日起 50 天内结算。

7. 报关日期

按海关放行日期填写。

8. 备注

填写收汇方面需要说明的事项。例如，委托代理方式下，代理出口企业必须注明委托单位名称，并加盖代理出口企业的公章；属联合对外出口，应注明其他单位的名称及其出口金额，并加盖报关单位公章；原出口商品如发生变更，要填原核销单的编号等。

9. 此单报关有效期截止到

通常填写出口货物的装运日期。

（二）核销单的缮制方法

核销单的内容除与存根联相同的以外，还有下列栏目：

1. 银行签注栏

由银行填写商品的类别号、货币名称和金额，注明日期，并加盖公章。

2. 海关签注栏

此栏由海关批注有关内容，并加盖公章。

3. 外汇局签注栏

由外汇管理局在本栏批注有关内容，并填制日期，加盖公章。

（三）核销单出口退税专用联的缮制方法

出口收汇核销单出口退税专用联的栏目除与上述两联相同的以外，还有如下内容：

1. 货物名称

填实际出口货物的名称，应与发票、出口货物报关单的品名一致。

2. 数量

按包装方式的件数填写，应与报关单同项内容相符。

3. 币种总价

按发票或报关单的总金额和币种填写。

4. 报关单编号

按出口货物报关单的实际编号填入。

三、出口收汇核销的实例

1. 方正进出口贸易公司收到中国银行上海分行进账单

中国银行上海分行进账单如样例 8－1 所示。

样例 8－1

中国银行上海分行进账单(回单)

2012 年 7 月 10 日　　　　第　060611　号

出票人	全称	TKAMRA CORPORATION	收款人	全称	方正进出口贸易公司									
	账号	ZR96066682		账号	THY6684321337									
	开户银行	FUJI BANK		开户银行	中国银行上海分行									
美元：USD 60 000.00			千	百	十	万	千	百	十	元	角	分		
			U	S	D	6	0	0	0	0	0	0		
票据种类		BP XT173	申报号码											
票据张数		核销单号：06068866	NO.0606775588											
中国银行国际结算专用章			出口收汇核销专用章											

2. 方正先生缮制核销单

出口收汇核销单如样例 8—2 所示。

样例 8—2

出口收汇核销单
存根

（沪）编号：325623454

出口单位：方正进出口贸易公司
单位编码：4654984
出口币种总价：USD 60 000.00
收汇方式：L/C
预计收款日期：120721
报关日期：2012.06.20
备注：
此单报关有效截止到 2012.07.30

国家外汇管理局

出口单位盖章

出口收汇核销单

（沪）编号：325623454

出口单位：方正进出口贸易公司			
单位编码：4654984			
银行签注栏	类别	币种金额	盖章
	全棉色织T恤衫	USD60 000.00	中国银行
海关签注栏：该票货物已于 2012.06.25 结关			
外汇局签注栏：			
2012 年 7 月 12 日（盖章）			

方正进出口贸易公司 FANGZHENG IMPORT & EXPORT TRADE CORPORATION

上海吴淞海关 验讫章

出口单位盖章

海关盖章

出口收汇核销单
出口退税专用

（沪）编号：325623454

出口单位：方正进出口贸易公司		
单位编码：4654984		
货物名称	数量	币种总价
全棉色织 T 恤衫	6 000 PCS	USD 60 000.00
报关单编号：SH0328866451		
外汇局签注栏：		
2012 年 7 月 12 日（盖章）		

方正进出口贸易公司 FANGZHENG IMPORT & EXPORT TRADE CORPORATION

工作任务二　办理出口货物退税及单证缮制

业务导入

出口退税是指国家为增强出口商品的竞争力，由税务机关将出口离境的货物在国内生产与流通环节中已征的中间税款返还给出口企业，从而使出口商品以不含税价格进入国际市场参与国际竞争的一种政策制度。在即期付款的条件下，出口企业应在出口收汇核销后，持该笔出口业务的有关单据及时向出口地的国家税务局办理出口退税手续。

一、出口货物退税业务流程

按外贸企业方式管理的出口企业在成立之后需要先进行出口退税认定手续，然后按照报关单出口日期90日内的要求进行免退税申报。申报的基本流程为：(1)预申报；(2)正式申报。

企业正式申报后，由退税部门进行出口退税的审核，经退税部门审批办理退税，税款划转到企业办理出口退税的账户。

外贸企业出口退税申报、审核、审批流程，如图8－1所示。

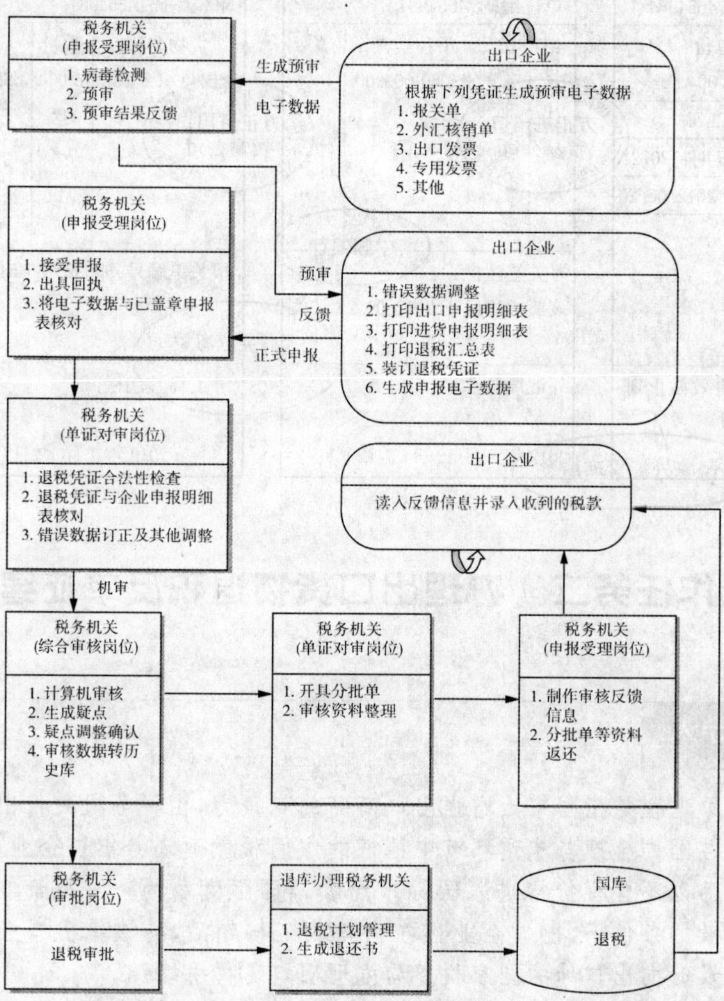

图8－1 外贸企业出口退税申报、审核、审批流程

二、免退税的预申报及预审核

(一) 免退税的预申报

企业在向税务部门申报免退税数据时,必须保证资料的准确性和及时性,这样才能及时退回税款。为了提高企业申报的质量,外贸企业在收齐出口货物退税凭证并正式申报前,可向主管税务机关的退税部门(以下简称"退税部门")进行一批次或多批次的出口货物免退税预申报(以下简称"预申报")。

1. 预申报时间、方式

预申报主要有上门预申报、远程预申报、自助预申报等方式。出口企业可自行选择是否进行预申报。

2. 预申报流程

(1) 外贸企业的办税人员将本企业当期(批次)出口货物退税纸质凭证的基础明细数据采集到"出口退税申报系统"(以下简称"申报系统");

(2) 外贸企业通过申报系统生成当期(批次)预申报明细电子数据;

(3) 外贸企业将预申报明细电子数据报送给退税部门(上门预申报)或通过远程网络进行预审核,并取得预审核反馈数据;

(4) 外贸企业将预审核反馈数据读入申报系统,在系统内进行"预审核反馈数据处理"操作,以反馈数据对申报系统中的申报数据进行适当调整。

(二) 免退税的预审核

退税部门的退税窗口接收外贸企业的出口货物免退税预申报,在"出口退税审核系统"(以下简称"审核系统")进行预审核,并向企业反馈预审核疑点电子数据。

预审核主要包括以下项目:

1. 数据自身审核

(1) 审核数据:数据唯一性与有效性审核;

(2) 审核分部核算:调取出口企业退税认定信息中相应部门代码信息,确定该企业是否分部核算;

(3) 审核出口货物:该商品代码是否存在,是否为基本商品,计量单位是否一致,是否为禁止出口货物或不退税货物、免税货物等;

(4) 审核税率:包括增值税税率和消费税税率;

(5) 审核单证:该报关单是否已开具过补办报关单证明、出口货物退运已办结税务证明、代理出口货物证明、出口转内销证明等单证,审核报关单(以报关单上注明的出口日期为准)是否超过规定的90天(审批延期的除外)。

2. 与相关部门数据进行核对

(1) 与出口报关单电子信息进行核对

申报数据的出口报关单号码是否在出口报关单电子信息中，出口报关单电子信息中的相应数据未被设置挑中标志，申报的出口货物退税率不应高于报关单电子信息中商品代码对应的退税率，申报的出口货物美元离岸价与出口报关单电子信息中美元离岸价之差在规定的误差范围内。审核报关单(以报关单上注明的出口日期为准)电子信息中的出口日期是否超过规定的90天。

(2) 如果该退税明细数据属于代理出口，则与代理出口证明电子信息进行核对

申报数据的代理出口证明号码在代理出口证明电子信息中的相应数据未被设置挑中标志，申报的出口货物退税率不应高于代理出口证明电子信息中商品代码对应的退税率，申报的出口货物美元离岸价与代理出口证明电子信息中美元离岸价之差在规定的误差范围内，代理出口证明的申报日期是否超过规定的90天(以出具之日起为准)。

(3) 与出口收汇核销单电子信息进行核对

申报数据的出口收汇核销单号码在出口收汇核销单电子信息中，出口收汇核销单电子信息中的相应数据未被设置挑中标志。

(4) 与综合征管应用系统、增值税管理应用系统、稽查管理系统等传来的增值税专用发票、专用税票等电子信息进行核对

对增值税专用发票主要核对以下内容:销货方纳税人识别号、购货方纳税人识别号、增值税专用发票号码、增值税专用发票代码、开票日期、计税金额、税额。

3. 综合性审核

根据外贸企业出口退税政策的要求对进行企业申报的出口数据和进货数据进行审核，并计算应退税额。

4. 其他审核项目

(1) 审核换汇成本是否超出合理范围;

(2) 是否为敏感地区和企业购进并出口等审核配置要求的其他审核项目。

三、免退税的正式申报及正式审核

外贸企业完成预申报并进行了预审反馈信息处理后，便可在规定的申报期限内，向退税部门按月进行一批次或多批次的出口货物免退税申报(以下简称“正式申报”)。

(一) 正式申报

1. 外贸企业正式申报前的准备工作

作为增值税一般纳税人的外贸企业以一般贸易或进料加工贸易方式出口货物，申请办理出口货物免退税正式申报，要做好下列准备工作。

(1) 当期(批次)出口货物免退税纸质凭证的收集

具体包括下列单据：

① 出口货物的增值税专用发票(抵扣联)；

② 税收(出口货物专用)缴款书或出口货物完税分割单(仅指购进出口的消费税应税货物)；

③ 出口货物报关单(出口退税专用联)(保税区内的商贸公司还需提供备案清单)；

④ 代理出口货物证明(仅指委托其他企业代理出口的企业,如受托方将代理出口货物与其他货物一笔报关出口的,还须提供出口报关单出口退税联复印件和外汇核销单出口退税联复印件)；

⑤ 外汇核销单(出口退税专用)(自动核销除外)(保税区内的商贸公司还需提供结汇水单)。

上述纸质凭证须按顺序装订成册。

(2) 将当期(批次)出口货物免退税纸质凭证的基础明细数据输入申报系统

对于已进行预申报的企业,不必重复进行基础数据采集和数据加工处理步骤,只需在申报系统内将经过反馈处理的数据转为正式申报数据即可。

(3) 在申报系统内对当期(批次)申报明细电子数据进行加工处理

根据企业出口业务,将进货申报数据与出口申报数据进行配比。

(4) 生成正式申报报表电子数据,并打印签章

具体包括下列内容：

① 生成"出口货物退(免)税进货明细申报表"、"出口货物退(免)税出口明细申报表"电子数据(对于已预申报的企业,如申报数据无调整,可不必重复生成明细申报表电子数据)；

② 生成"出口货物退(免)税汇总申报表"电子数据；

③ 进行数据的一致性检查；

④ 打印以上报表。

"出口货物退(免)税汇总申报表"由财务负责人签字,并加盖企业财务专用章、法定代表人印章和企业公章；"出口货物退(免)税进货明细申报表"、"出口货物退(免)税出口明细申报表"的每联都应由企业经办人和财务负责人签章,并加盖公章。上述报表应按顺序装订成册。"出口货物退(免)税汇总申报表"为一式三份,报退税部门三份,其中一份装在资料里,退税部门签批后留存一份,报地市以上(含地市,下同)税务机关一份。"出口货物退(免)税进货明

细申报表"、"出口货物退(免)税出口明细申报表"均为一份,装订在企业申报资料里。

(5) 导出正式申报电子数据

将申报数据导出到软盘或其他移动设备中,生成正式申报电子数据。

2. 外贸企业正式申报

外贸企业向退税部门按月进行一批次或多批次出口货物退(免)税正式申报,将申报的电子数据、装订成册的纸质凭证和报表报送给退税管理部门,取得"接单登记回执"。

(二) 税务机关受理

退税窗口的税务人员接收企业正式申报的资料后,对资料进行检查。其主要项目有:(1)由于税务机关受理的数据来自各个企业,所以,首先对企业申报电子数据进行病毒检测,确认数据安全后读入审核系统;(2)检查企业申报报表的种类、内容、联次和数量是否齐全;(3)检查企业申报纸质凭证的种类和数量是否与汇总表所列一致;(4)检查纸质凭证和报表是否按规定装订成册。

税务人员经初步检查,如发现企业申报问题,即时告知办税人员改正后再申报;如检查通过,则通过审核系统出具"接单登记回执",确认受理正式申报,并将所接收的纸质资料移交初审岗位。

(三) 税务机关审核

税务机关对外贸企业正式申报资料的审核工作分为初审和复审两个步骤。

1. 初审

初审是指人工审核。审核分两步进行。第一步将电子数据与纸质申报表进行核对,第二步将电子数据与原始凭证进行核对。

出口货物的审核要点有:(1)必须是属于增值税、消费税征税范围的货物;(2)必须是报关离境的货物;(3)必须是在财务上作销售处理的货物;(4)必须是出口收汇并已核销的货物。

2. 复审

复审是指用计算机审核,也就是利用计算机审核系统,对企业申报的电子数据进行自身逻辑关系审核,同时与海关、外汇管理、征税等部门提供的电子信息进行交叉对审。复审的主要作用是通过审核发现疑点并进行相应处理,从而保证审核结果的准确性。

计算机审核的内容及要点是:(1)审核数据的唯一性、有效性;(2)审核分部核算;(3)审核商品代码;(4)审核退税率;(5)审核进货信息;(6)审核出口信息;(7)审核有关证明电子信息;(8)审核换汇成本是否超出合理范围。

（四）免退税的签批

签批，又称为“审核审批”，是“退库审批”的前一道环节，在出口退税的管理中，原则上要求有签批环节。

退税部门负责人在接收到退税复审岗位人员已审核确认的申报数据和企业申报汇总表后，对退税审核结果进行最终确认，签批的主要数据来源为正常退税审核结果，也可是特准退税申报审核的结果。

（五）免退税的审批及退库

外贸企业免退税经过申报、初审、复审和签批四个环节被确认没有问题后，继而转入审批环节，退税审批工作由地市级以上税务机关完成。

对退税指标进行预处理是退税审批前的首要工作。在所属期内（年为单位），国家税务总局会根据不同阶段的实际情况给各地下达退税指标。地市级以上税务机关在接到总局下达的退税指标文件后，应及时将退税指标录入审核系统内，确保指标监控功能的有效实现和审批工作的顺利进行。税务机关应在总局下达的指标范围内及时为企业办理审批退库手续。至此，本次申报工作完成。

相关知识链接　**出口企业退税的有关规定**

1. 出口退税的企业范围

（1）具有出口经营权的企业，是指经过商务部等主管部门的批准，拥有独立对外进出口经营权的企业；(2)委托出口企业，是指委托有进出口经营权的企业办理出口业务，但仍由自己承担出口货物盈亏的企业；(3)特定企业，如外轮公司和远洋运输供应公司等单位发生一些特定业务后，也可办理出口退税。

2. 出口货物退税的范围

凡在进出口贸易中已征产品税、增值税和特别消费税的产品，除国家明确规定不予退还以外，都予以退税。但须具备下列条件：

（1）属于增值税和消费税征税范围的货物；

（2）经出口报关离境的货物，以加盖海关验讫章的出口报关单和出口销售发票为准；

（3）出口货物必须已经结汇（部分货物除外）；

（4）已在财务会计上做出口销售处理；

（5）提供退税机关规定的有关单据。

同时，国家也明确规定了少数出口产品即使具备上述条件，也不予以退税。其出口货物主要有：出口的原油，援外出口产品，国家禁止出口的产品，出口企业收购出口外商投资的产品，来料加工、来料装配的出口产品，军需工厂销售给军队系统的出口产品，军工系统出口的企业范围，齐鲁、扬子、大庆三大乙烯工程生产的产品等。

四、出口企业出口货物退(免)税有关备案单证

为规范外贸出口经营秩序,加强出口货物退(免)税管理,防范骗取出口退税的违法活动,国家税务总局决定对有关出口企业出口货物退(免)税的单证实行备案管理制度。

出口企业自营或委托出口属于退(免)增值税或消费税的货物,最迟应在申报出口货物退(免)税后 15 天内,将下列出口货物单证在企业财务部门备案,以备税务机关核查。

(一) 购货合同

购货合同是指外贸企业购货合同、生产企业收购非自产货物出口的购货合同,包括一笔购销合同下签订的补充合同等,如样例 8—3 所示。

样例 8—3

购销合同

需方(订货单位):　　　　　　　　　　　　　　　　　　合同号码:

供方(供货单位):　　　　　　　　　　　　　　　　　　签订时间:

根据《中华人民共和国经济合同法》的规定,双方同意签订本合同并共同信守。

1. 品名、规格、数量、金额、交货日期

品名/规格型号	数量、单位	17%税率,价税总价(元)	交货日期总价
金额总计(人民币大写):			

2. 质量技术标准、质量检验:

3. 交货地点、运输方式:

4. 包装要求:

5. 结算方式:

6. 供方经济责任:

(1) 应按合同规定,按时、按质、按量交货,否则需方因此所受的经济损失,由供方负责。

(2) 如发生未按合同规定数量交货的情况,除按前款赔偿需方经济损失外,对于未交的货物是否需要补交,何时补交,均按需方的要求办理。

(3) 货到需方指定目的地,由于装运不善而造成的损失,由供方负责。

(4) 不符合合同规定的产品,在需方代保管期内实际仓储费由供方承担。

7. 需方经济责任:

(1) 如有预付款,在供方发货前,需方将收到的国外客户汇款划入供方账户。

(2) 未按合同规定时间和要求提供有关资料、包装物等,交货日期则相应延迟。

(3) 实行送货或代运的产品,供方需在送货之前,先与需方委托代理方安排的仓库联系登记,再进行送货。如需方无故拒绝接货,应承担供方因此所受的损失和运输部门的罚金。

(4) 错填到货地点或接货人,应承担由此造成的损失。

(5) 变更产品品种、规格,给供方造成损失时,应偿付供方实际损失,但以直接损失为限。

8. 供需方双方由于人力不可抗拒的原因而不能按时履行合同时,经查实证明,可免予承担违约责任。

9. 凡因本合同发生的一切争议,先由双方友好协商解决,如协商不成,均应提交中国国际经济贸易仲裁委员会上海分会,按照该会的仲裁规则进行仲裁。仲裁裁决是终局的,对双方都有约束力。

10. 其他未尽事项除由双方协商达成书面协议者外,按经济合同法有关规定办理。

11. 本合同经双方盖章后生效。

需方签章:	供方签章:
电话:	电话:
传真:	传真:
地址:	地址:

购货合同,即《中华人民共和国合同法》所称买卖合同,是指供货者转移货物的所有权于出口企业,出口企业支付货款,出口企业与供货者签订的有关民事权利与义务关系的协议,含委托加工复出口业务的委托加工协议、原材料的购货合同。电子合同、口头合同等无纸化合同按国税函[2006]904 号的规定备案。

(二) 出口货物明细单

出口货物明细单(见表 8—1),又称货物出运分析单、信用证分析单,是在信用证结算方式项下,出口企业制作的,供有关人员在备货和办理其他手续时,了解该笔交易中信用证的规定和要求的,有关出口货物明细情况的清单。

大宗笨重及散装货物以及非信用证结算方式项下一般不使用出口货物明细单的,其出库单、发货单或出口货物的包装单据可作为备案单证。

表 8—1　　　　　　　　　　出口货物明细单

经营单位					
日期		信用证号		发票号码	
开证银行		合同号			
		开证日期			
收货人		金额		收到日期	
		贸易性质		收汇方式	
		运输方式		贸易国别	
提单抬头人		装运地		目的港	
		可否转运		可否分批	
		装运期限		有效期限	
通知人		运费			
		成交条件			

唛头	品名及规格	数量	件数	尺码	毛重	净重	单价	总价

注意事项	保险单险别		
装箱时间	保额		按发票金额　%
装箱地点	赔付地点		
装箱时间	船名		
装箱地点	开航日期/航次		
	核销单号		联系人

（三）出口货物装货单

出口货物装货单(Shipping Order,S/O)，是指船运公司或船务代理公司在接受出口企业委托的货运代理公司提出的申请后签发交给货运代理公司、同意货物装船、凭以命令船长将该单所列货物装船的凭证。通常由船务代理公司印制格式，会同船运公司填制具体内容，并签字盖章。装货单是报关单位向海关申报出口货物的随附单证，海关完成验关手续后，一般加盖海关放行章，实行无纸化通关管理的海关通关货物的装货单无海关放行章。

“一般海运出口托运单”(Booking Note)第 4 联、“集装箱货物托运单”(Container Booking Note)、“集装箱拼箱货物装箱准单”均为装货单。

除陆路运输和海洋运输方式外，对于其他运输方式不备案装货单。

（四）出口货物运输单据

出口货物运输单据的主要形式有：海运提单、多式联运单据、航空运单、国际铁路联运单、货物承运收据、邮政收据、邮寄证明以及国际特快专递、国际信使专递、民航快递服务等专门格式的收据。

五、出口货物退税的实例

1. 方正进出口贸易公司收到增值税专用发票

增值税专用发票如样例 8—4 所示。

样例 8—4

浙江省增值税专用发票

3300044140　　　　　　　　　　　　　　№ 03061855

抵　扣　联　　开票日期：2012 年 6 月 12 日

国税函[2004]683号海南华森实业公司

购货单位	名　　称：方正进出口贸易公司 纳税人识别号：3104466775532 地址、电话：上海市中山路 222 号 021-65788877 开户行及账号：中国银行上海分行 SZR80066686			密码区	+58−9/−,。.,<20　加密版本：01 0*12 < = − + 98 >/2 + 28 3300044140 +−<14−+89−19−<1/> 03061855		
货物或应税劳务名称	规格型号	单位	数量	单价	金额	税率	税款
全棉色织 T 恤衫	TM111	件	2 000	¥60.00	¥120 000.00	17%	¥20 400.00
	TM222	件	2 000	¥50.00	¥100 000.00		¥17 000.00
	TM333	件	1 000	¥40.00	¥40 000.00		¥6 800.00
	TM444	件	1 000	¥40.00	¥40 000.00		¥6 800.00
合　计					¥300 000.00		¥51 000.00
价税合计（大写）	⊗ 叁拾伍万壹仟元整　　（小写）¥351 000.00						
销货单位	名　　称：苏州服装公司 纳税人识别号：320486512 地址、电话：苏州市人民路 11 号 电话：0512-88364209 开户行及账号：中国银行苏州分行 THY6684321337			备注	253#		

第二联：抵扣联　购货方扣税凭证

收款人：金锦　　　复核：张凡　　　开票人：王红　　　销货单位（章）

注：纳税人识别号即纳税人登记号。

2. 方正先生填制出口货物退税汇总申报表

出口货物退税汇总申报表如样例 8—5 所示。

样例 8—5

外贸企业出口货物退税汇总申报表

（适用于增值税一般纳税人）

申报年月：2012 年 7 月　　　　　　　　　　申报批次：1

纳税人识别号：03204865

海关代码：0387124666

纳税人名称（公章）：　　申报日期：2012 年 7 月 20 日　　金额单位：元至角分、美元

出口企业申报
出口退税出口明细申报表 1 份，记录 25 条
出口发票　　1 张，出口额 60 000.00 美元
出口报关单　　1 张，
代理出口货物证明　　张，
收汇核销单　　1 张，收汇额 60 000.00 美元
远期收汇证明　　张，其他凭证　　张
出口退税进货明细申报表　1 份，记录 24 条
增值税专用发票　1 张，其中非税控专用发票　张
普通发票　　1 张，专用税票　　张
其他凭证　　张，总进货金额　　元
总进货税额　　51 000.00 元，
其中：增值税　　51 000.00 元，消费税　　元
本月申报退税额　　51 000.00 元，
其中：增值税　　51 000.00 元，消费税　　元
进料应抵扣税额　　元，
申请开具单证
代理出口货物证明　　份，记录　　条
代理进口货物证明　　份，记录　　条
进料加工免税证明　　份，记录　　条
来料加工免税证明　　份，记录　　条
出口货物转内销证明　　份，记录　　条
补办报关单证明　　份，记录　　条
补办收汇核销单证明　　份，记录　　条
补办代理出口证明　　份，记录　　条
内销抵扣专用发票　1 张，其他非退税专用发票　张
申报人声明
此表各栏目填报内容是真实、合法的，与实际出口货物情况相符。此次申报的出口业务不属于“四自三不见”等违背正常出口经营程序的出口业务。否则，本企业愿承担由此产生的相关责任。 企业填表人：方正 财务负责人：岷山　　（公章） 企业负责人：方正　　2012 年 7 月 20 日

主管退税机关审核	
审单情况	机审情况
	本次机审通过退增值税额　　元 其中：上期结转疑点退增值税　　元 　　　本期申报数据退增值税　　元 本次机审通过退消费税额　　元 其中：上期结转疑点退消费税　　元 　　　本期申报数据退消费税　　元 本次机审通过退消费税额　　元 结余疑点数据退增值税　　元 结余疑点数据退消费税　　元
	授权人申明
	（如果你已委托代理申报人，请填写以下资料） 为代理出口货物退税申报事宜，现授权________为本纳税人的代理申报人，任何与本申报表有关的往来文件都可寄与此人。 授权人签字（盖章）
审单人：	审核人： 年　月　日
签批人： （公章） 年　月　日	

受理人：　　　　　　　　　　　　　　受理日期：　年　月　日

受理税务机关（签章）

专业知识与操作技能训练

一、专业理论知识训练

(一) 不定项选择题

1. 我国实施出口收汇核销制度，由国家职能部门对出口企业的出口货物进行(　　)核销的管理。

A. 审证、备货　　B. 逐笔跟单　　C. 报检、报关　　D. 制单结汇

2. 出口企业办理好出口收汇核销后，按有关规定向(　　)主管退税机关办理退税手续。

A. 出境地国税务局　　B. 进境地国税务局
C. 出境地海关　　D. 进境地海关

3. 出口企业根据所需核销单的份数向外汇管理局领取，该核销单应有(　　)。

A. 核销单编号　　B. 条形码
C. 海关注册号　　D. 国家外汇管理局监制章

4. 出口收汇核销制度的主要法规有(　　)。

A.《出口收汇核销管理办法》
B.《出口收汇核销管理实施细则》
C.《出口收汇核销法》
D.《关于出口收汇核销管理有关问题的补充规定》

5. 出口收汇核销单是由国家外汇管理局统一印制，由(　　)三联构成。

A. 核销单存根　　B. 出口收汇核销单
C. 出口退税专用　　D. 出口报关单

6. 出口收汇核销的原则是(　　)。

A. 属地管理原则　　B. 谁“单”谁用原则
C. 领用衔接原则　　D. 单单对应原则

7. 我国实施出口收汇核销的对象是(　　)。

A. 有进出口贸易经营权的公司　　B. 有进出口贸易经营权的企业
C. 外商投资企业　　D. 加工贸易生产企业

8. 即期信用证或托收项下的货款，如为近洋或远洋地区的，预计收款日期分别为寄单日后第(　　)。

A. 20 天和 45 天
B. 25 天和 35 天
C. 25 天和 40 天
D. 25 天和 45 天

9. 出口退税企业的主要范围是(　　)。
A. 委托出口企业
B. 具有出口经营权的企业
C. 外轮公司
D. 远洋运输供应公司

10. 税务机关对出口退税出口货物审核的重点是(　　)。
A. 属于增值税、消费税征税范围的货物
B. 是在财务上作销售处理的货物
C. 是报关离境的货物
D. 是出口收汇并已核销的货物

(二) 判断题

1. 对出口收汇核销单实行逐级核发、专人负责制。(　　)

2. 出口收汇核销的范围主要是一般贸易、加工贸易、补偿贸易、易货贸易和寄售等。(　　)

3. 收货单是报关单位向海关申报出口货物的随附单证之一。(　　)

4. 属于退(免)增值税或消费税的货物,出口企业应最迟在申报出口货物退(免)税后 30 天内,将有关出口货物单证在企业财务部门备案,以备税务机关核查。(　　)

5. 远期信用证或托收项下的货款,属近洋地区,预计收款日期为付款日后第 35 天。(　　)

6. 寄售项下的货款最迟在报关日起 365 天之内结汇。(　　)

7. 自寄单据项下的货款,自报关日起 50 天内结算。(　　)

8. 出口退税是由税务机关将出口离境的货物在国内生产与流通环节中已征的任何税款返还给出口企业。(　　)

9. 复审是利用计算机审核系统对企业申报的电子数据进行自身逻辑关系审核,同时与海关、外汇管理、征税等部门提供的电子信息进行交叉对审。(　　)

10. 计算机复审的重点是审核数据的唯一性、有效性。(　　)

(三) 简答题

1. 简述出口收汇核销业务的主要流程。

2. 简述出口收汇核销制度的主要特点。

3. 简述出口货物退税的范围。

二、操作技能训练

（一）业务背景

广州纺织品进出口公司初次办理出口收汇核销，应先在广州外汇管理局办理核销备案登记，提供单位介绍信、申请书、外经贸部门批准经营进出口业务的批件、企业法人营业执照、组织机构代码证、海关注册登记证明书等材料。然后，领取有编号的纸质核销单，并进行填制，在领单 90 天内随附报关单据向海关报关。广州纺织品进出口公司持海关加盖“验讫章”的核销单和全套结汇单据向银行办理议付。结汇后，持经海关签章的收汇核销专用联、结水单或收账通知及报关单到外汇管理局办理核销。

（二）操作资料

卖　方：广州纺织品进出口公司

支付方式：不可撤销跟单即期信用证

信用证金额：40 500.00 美元

货　名：男式衬衫

数　量：6 000 件

报关单编号：GZ1343426436

（三）操作要求

请你以广州纺织品进出口公司业务员王伟的身份，根据上述资料的有关内容填写出口收汇核销单。

出口收汇核销单
存根

（沪）编号：325623455

出口单位： 广州纺织品进出口公司
单位编码：3654984
出口币种总价：
收汇方式：
预计收款日期：
报关日期：
备注：
此单报关有效截止到

出口单位盖章

出口收汇核销单

（沪）编号：325623455

出口单位： 广州纺织品进出口公司			
单位编码：3654984			
银行签注栏	类别	币种金额	盖章
海关签注栏：			
外汇局签注栏： 年　月　日（盖章）			

出口单位盖章

海关盖章

出口收汇核销单
出口退税用

（沪）编号：325623455

出口单位： 广州纺织品进出口公司		
单位编码：3654984		
货物名称	数量	币种总价
报关单编号：		
外汇局签注栏： 年　月　日（盖章）		

广州海关
验讫章

项目九　办理出口贸易融资

学习与考证要点

- 出口贴现的业务流程与作用
- 打包贷款的业务流程与作用
- 出口押汇的业务流程与作用
- 福费廷业务的流程与作用

业务背景

方正进出口贸易公司在进出口业务中需要大量的资金，通过贸易融资方式可以为企业的进出口业务提供一个非常好的融资渠道。出口贸易融资方式主要有贴现、打包贷款、出口押汇和福费廷等。

工作任务一　办理票据贴现

业务导入

票据贴现是收款人或持票人将未到期的银行承兑汇票或商业承兑汇票向银行申请贴现，银行按票面金额扣除贴现利息后将余款支付给收款人的一项银行授信业务。票据一经贴现便归贴现银行所有，贴现银行到期可凭票直接向承兑人收取票款。

一、票据贴现的特点

票据贴现作为一种高效实用的融资手段，其特点是：(1)贴现业务能为客户快速变现手中未到期的商业票据，手续方便，融资成本低；(2)客户可预先得到银行垫付的融资款项，加速公司资金周转，提高资金利用效率。

二、票据贴现的申办条件

银行对票据贴现有着严格的规定：(1)按照我国《票据法》和银行《支付结算办法》的规定签发汇票，基本要素齐全；(2)对于单张汇票金额的规定，如中国银行规定单张汇票金额不超过 1 000 万元；(3)汇票的签发和取得必须遵循诚实守信的原则，并以真实合法的交易关系和债务关系为基础。

三、票据贴现的申请程序

1. 持未到期的银行承兑汇票或商业承兑汇票到银行办事机构，填制“银行承兑汇票贴现申请书”或“商业承兑汇票贴现申请书”。

2. 向银行提供办理票据贴现的材料。

3. 银行按照规定的程序确认拟贴现汇票和贸易背景的真实性、合法性。

4. 计算票据贴现的利息和金额。其计算公式如下：

贴现利息＝汇票面值×实际贴现天数×月贴现利率/30

实付贴现金额＝汇票面额－贴现利息

5. 按照实付贴现金额发放贴现贷款。

四、办理票据贴现提供的资料

1. 未到期的承兑汇票、贴现申请人的企业法人资格证明文件及有关法律文件；

2. 经年审合格的企业(法人)营业执照(复印件)；

3. 企业法人代表证明书或授权委托书、董事会决议和公司章程；

4. 贴现申请人的近期财务报表；

5. 票据贴现申请书(见样例 9—1)；

6. 贴现申请人与出票人之间的商品交易合同复印件及合同项下的增值税专用发票复印件。

样例 9－1

票据贴现申请书

致：________银行________分行：

兹附________票据一张。

号码：

承兑行/出票行：

金额(大写)：

到期日：

请根据贵行现行规定办理票据贴现业务。

我公司保证按"票据贴现总质权书"(编号________)条文规定承担相关责任和义务，贵行保留票据贴现款项及相关利息、费用的追索权。

申请人：(公章)

法定代表人或授权签字人：(签字)

年　月　日

相关知识链接

票据贴现总质权书

编号：____年____字第____号

致：________银行________分行：

凡我公司向贵行申请办理票据贴现业务，经贵行同意办理票据贴现的，我公司同意按本质权书办理。

一、每次申请办理票据贴现时，按贵行规定填写"票据贴现申请书"，同时附带有关合格有效的票据。

二、对于票据贴现款项的归还，贵行直接从收回的票据款项中扣除。若收回款项不足，贵行有权从我公司在贵行开立的账户或其他各种应收账款中扣还。

三、贵行办理票据贴现业务，保留追索权。如因非贴现行原因，招致票据承兑行或出票行拒付、迟付或少付，由我公司承担全部责任，对贵行造成的损失及迟付利息，贵行有权从我公司在贵行开立的账户或其他各种应收账款中扣还。

四、对票据承兑行或出票行无理挑剔、拒付、迟付或短付，贵行有义务协助我公司据理交涉。如交涉无效造成损失，由我公司承担全部责任，对贵行造成的损失及迟付利息，贵行有权从我公司在贵行开立的账户或其他各种应收账款中扣还。

五、办理票据贴现后如系贵行直接过失，如贵行错误提示、错误索偿造成收汇未果、延迟收款的，由贵行承担责任。

六、办理票据贴现业务时，贵行有权按照自身规定向我公司计收贴现利息和有关费用。

七、如果我公司组织机构发生变化或名称变更，将预先通知贵行。无论我公司组织机构或名称发生何种变化，均不影响本质权书的效力和执行。

八、不论发生何种纠纷，我公司保证主动与票据有关各方主动联系，同时及时将联系情况通知贵行。

九、在任何情况下，贵行均有权按国际惯例、规则独立处理票据，我公司放弃抗辩权。

十、票据贴现业务项下未尽事宜由贵行与我公司协商解决。如有争议，交贵行所在地法院仲裁。

申请人：(公章)

法定代表人或授权签字人：(签字)

年　月　日

工作任务二　办理出口贴现

业务导入

出口贴现是指银行保留追索权地买入已由银行承兑但未到期的远期票据、为出口商提供短期资金融通的业务。出口贴现是最方便易行的出口贸易融资方式，其特点主要有：(1)融资手续简便。(2)加快资金周转。即期收回远期债权，加快资金周转，缓解资金压力。(3)扩大贸易机会。遇到新的投资机会，且预期投资收益率高于贴现利率，则宜选择出口贴现。

一、出口贴现的业务流程

出口贴现的业务流程如图 9—1 所示。

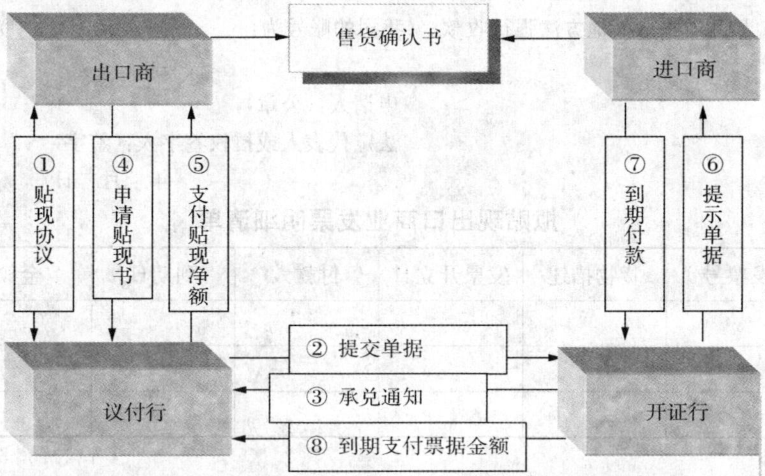

图 9—1　出口贴现业务流程

点评：

● 合同约定采用远期承兑信用证作为结算方式；

● 开证行承兑远期汇票或发出承兑通知后，出口方需向银行提交贴现申请书（见样例 6—2）。

● 我国中资、外资银行为了防范风险，一般不办理无贸易背景与用于投资目的的票据贴现。

二、缮制出口商业发票贴现申请书

出口商业发票贴现申请书如样例 9—2 所示。

样例 9—2

出口商业发票贴现申请书

致：________银行（贴现行名称）

根据贵行与我司于________年____月____日签署的第________号"出口商业发票贴现总协议"，我司现将附表所列出口商业发票项下我司出口货物（或提供服务）所产生的合格应收账款项下的所有权益转让给贵行并向贵行申请办理贴现业务。

我司郑重声明：

1. 在"拟贴现出口商业发票明细清单"中所列明的债务人名称和到期日记载正确。

2. 在有关出口商业发票项下应收款项到期日后十五个银行工作日内，贵行仍未收到债务人的付款，我司将主动归还贵行已贴现款项。否则，贵行有权从我司开在贵行的账户中扣款或采取其他方法强行收款。（我司的账号为：____________________）

申请人：（公章）

法定代表人或授权签字人：（签字）

年　月　日

拟贴现出口商业发票明细清单

发票号	货物描述	发票开立日	付款人	到期日	金额

相关知识链接

出口商业发票贴现总协议

编号：____年____字第____号

鉴于________公司(以下简称“出口商”)采用(　)商业承兑交单(D/A)(　)赊销(O/A)方式销售________(货物名称)，向________银行(以下简称“贴现行”)申请办理出口商业发票贴现业务，为了保证此项业务的顺利进行，出口商与贴现行于________年______月______日特签署本协议。

第一章　总则

第一条　自签署本协议之日起，出口商保证遵循国家有关法律法规及银行有关规章制度办理相关业务。

第二条　本协议有关术语的定义如下：

(一) 出口商业发票贴现指银行应出口商的要求，在保留追索权的条件下以贴现的方式买入出口商业发票项下应收款项，从而为客户提供短期资金融通的一种贸易融资业务。

(二) 出口商业发票指出口商出具给境外买方的，用以索取提供货物及/或服务价款的凭据，其上应列明买方应付款金额、付款日期、付款路径等。

(三) 应收账款指境外买方应付款项，该应收账款在出口商向贴现行申请贴现时，应符合未过期、贸易背景真实、属出口商所有等条件。

第二章　出口商对应收账款及其转让的保证与陈述

第三条　出口商保证自本协议签署之日后，将每次申请贴现的出口商业发票应收账款全部转让给贴现行。

第四条　出口商保证向贴现行提交的每笔应收账款均属于真实善意的货物销售，向贴现行转让的应收账款所涉及的货物销售符合基础交易合同规定的内容，该笔应收账款未被用作任何形式的担保。

第五条　出口商保证无条件向贴现行转让每笔应收账款的全部所有权，包括与该应收账款有关并可向买方索取的利息和其他费用的权利。

第六条　出口商保证对已经转让给贴现行的应收账款未经贴现行允许，不再进行处理、转让等，也不再向买方追索。

第七条　贴现行享有应收账款项下一切权利，包括强制收款权、起诉权、留置权，对流通票据的背书权和对该应收账款的再转让权及应收货款项下可能拒收或退回的货物所拥有的所有其他权利。

第八条　出口商同意贴现行有权以自己的名义或在自己认为适当的时候要求与出口商联名采取诉讼和其他强行收款措施，并有权以出口商名义对买方的汇票背书托收。出口商保证在贴现行对买方的诉讼或采取其他收款措施中给予必要的配合，包括作为诉讼主体参加诉讼，并承担贴现行因向买方追索欠款而实际支出的各类费用。

第三章　贴现业务办理

第九条　出口商在向贴现行办理出口商业发票贴现业务时，应提交“商业发票贴现申请书”及带有债权转让声明的拟贴现商业发票各一式两份。

第十条　贴现行在收到出口商提交的“商业发票贴现申请书”及带有债权转让声明的拟贴现商业发票后应认真审核，以确定贴现的商业发票为合格的应收账款，并在五个工作日内为出口商办理不超过出口商业发票金额90%的贴现。

第十一条　贴现行办理出口商业发票贴现的贴现率执行贴现行同期公布的同档次贷款利率，贴现息于办理贴现的当日扣收，扣息天数按贴现日至出口商业发票应收款到期日的实际天数加十五天计算。

第四章　应收账款的催收与贴现款的追偿

第十二条　贴现行对出口商已转让出口商业发票项下应收账款应于到期日前及时向买方催收。如在已贴现出口商业发票应收款项到期日未收到买方的付款，贴现行有权自出口商业发票应收款项到期日十五天后采用各种方式向出口商追偿贴现款项并开始合理计收罚息。追偿的方式包括但不限于从出口商账户上扣款、出口商其他交易款抵补等。

第十三条　贴现行有权根据自己的需要，及时记录每一笔出口商业发票贴现业务的发生情况，并定期同出口商核对有关账务。

第五章　仲裁

第十四条　出口商与贴现行若在本协议的执行过程中发生纠纷，应本着友好协商的原则解决。

第十五条　若经双方协商仍不能解决纠纷，应提交中国国际贸易促进委员会仲裁委员会仲裁，此仲裁结果为终局性的，对双方均具有约束力。

第六章　协议的变更、生效与终止

第十六条　本协议的任何一方未经另一方同意，无权单方面更改本协议的任何条款。

第十七条　本协议的一方要求对本协议之条款进行任何修改，应书面通知协议的另一方，在取得另一方的书面同意后，修改才被视为有效。

第十八条　本协议自签署之日起生效。协议的终止取决于贴现行核准的对出口商授信额度的有效期，即至________年______月______日。

第十九条　本协议的终止对终止前已转让的应收账款的处理无溯及力。

第七章　附则

第二十条　本协议由出口方法定代表人或其书面授权人和银行法定代表人或其书面授权人签署。

第二十一条　出口方及贴现行的组织、人事变动不影响本协议的效力及双方在本协议下各自的权利和义务。

第二十二条　本协议一式两份，出口方与贴现行各执一份，两份具有同等的法律效力。

贴现行：(公章)　　　　　　　　　　　　　出口方：(公章)

法定代表人或授权签字人：(签字)　　　　　法定代表人或授权签字人：(签字)

年　月　日　　　　　　　　　　　　　　　年　月　日

工作任务三　办理打包贷款

业务导入

打包贷款(Packing Loan),又称打包放款,是指出口地银行为支持出口方按期履行合同、出运交货,向收到合格信用证的出口方提供的用于采购、生产和装运信用证项下货物的专项贷款。打包贷款是一种装船前短期融资,使出口方在自有资金不足的情况下仍然可以办理采购、备料、加工,顺利开展贸易。

一、打包贷款的业务流程

打包贷款的业务流程如图 9—2 所示。

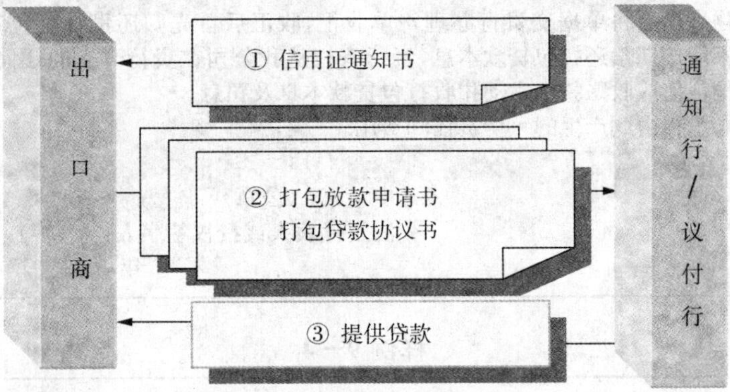

图 9—2　打包贷款业务流程

点评:

(1) 初次办理打包放款业务时须提供企业的营业执照副本、税务登记证(国税或地税均可)、企业组织机构代码证、进出口业务许可证和中国人民银行出具的企业的贷款卡。

(2) 申请办理打包贷款需向银行提交打包贷款申请书、销售合同和国内采购合同及正本信用证。

(3) 需与银行签订正式的打包贷款协议书,打包贷款后,信用证正本须留存于银行。

(4) 装运货物并取得信用证项下的单据后,应及时向银行进行交单。

(5) 打包贷款融资比例通常不超过90%,还款为信用证项下的货款。

(6) 出口商收到国外货款后归还打包贷款本金及其利息。

(7) 打包贷款可使用人民币或外汇。

打包贷款申请书如样例9—3所示。打包贷款协议书如样例9—4所示。

样例9—3

打包贷款申请书

______银行______分行:

我公司现向贵行申请办理信用证项下打包贷款业务,请予审核批准。

信用证号:____________

信用证性质:____________

信用证有效期:____________

信用证金额:____________

申请打包贷款金额:____________

申请打包贷款期限:____________

本打包贷款用途:____________

我公司将上述信用证正本存放于贵行,申请办理打包贷款业务,我公司保证在信用证项下货物发运后将单据交贵行办理寄单收汇,收汇后首先归还贵行打包贷款本息。如我公司不能按期偿还打包贷款本息,贵行有权从我公司在贵行开立的任何账户中或我公司其他任何应收账款中主动扣收打包贷款本息及罚息。

我公司承担由此产生的一切责任和费用。

申请人:(公章)

法定代表人或授权签字人:(签字)

年 月 日

样例9—4

打包贷款协议书

编号:______年______字第______号

经______公司(下称甲方)与______银行______分行(下称乙方)商定,乙方接受甲方申请,同意为甲方信用证号______办理打包贷款(下称贷款),双方确认:

一、贷款金额:人民币(大写)　　　　人民币(小写)

二、贷款用途:仅用于信用证项下出口商品的备货备料、生产和出运,不得挪作他用。

三、贷款期限:从______年______月______日起到______年______月______日止。

四、贷款利率为年利率______%,利随本清。贷款期内如遇利率调整,按调整后的利率执行。

续

五、还款和提前还款

(一) 甲方授权乙方,在甲方办理信用证项下收汇时,直接从结汇收入中扣收贷款本息。

(二) 甲方可提前还款,也可分期还款,利率按上述约定利率执行,但必须提前3个工作日通知乙方。

六、逾期还款。如甲方未能按期将押汇本息归还,无论何种原因,乙方均拥有下述权利:

(一) 逾期按贷款利率加收罚息。逾期一个月内的以每日________计收罚息,逾期一个月以上的以每日________计收罚息。

(二) 从甲方在乙方处开立的任何账户和各种应收款中扣还欠款。

七、甲方承诺

(一) 甲方对于在本协议项下的全部出口商品,必须向乙方所认可的保险机构投保。如遇意外,保险机构支付给甲方的赔偿金,必须首先用于归还乙方的贷款本息。

(二) 乙方有权检查监督甲方对贷款的使用情况。甲方必须定期向乙方提供有关生产、经营计划和统计、财务会计报表及资料;甲方应为乙方提供调阅账册、原始单证和查看仓库、车间的便利。甲方因本项贷款引起的一切经济活动、资金往来等均通过甲方在乙方开立的账户进行。

(三) 甲方如将该协议项下的贷款债务转移,须征得乙方书面同意,并由乙方有权签字人签字方可生效。

(四) 甲方在机构撤销、合并、改制、转移时,必须事前通知乙方,并立即归还贷款,或由乙方确认的接办单位或新设单位承担归还贷款的责任,并重新签订打包贷款协议。在没有办妥手续前,甲方继续承担还款责任。甲方经有关机构批准关停时,要及时向乙方提供证明文件和关停时的资产负债情况。甲方从关停日起一切清理财产、偿付欠债的活动都要接受乙方的监督,并保证以清理的全部资产收入首先还清借款本息。

八、甲方申请贷款展期,在乙方不批准展期时,甲方将按期归还贷款本息。

九、甲方违反上述规定的,乙方有权对甲方停止办理所有授信业务,并提前扣收全部或部分已贷出的款项。

十、甲、乙双方中任何一方如果要求变更本协议中某一项条款,必须事前以书面形式通知对方。在双方未达成新的协议前,仍按本协议中各项条款执行。

十一、本协议书自乙方向甲方交付打包贷款款项之日起生效,至乙方全部收回打包贷款款项、利息及有关费用之日起失效。

十二、本协议未尽事宜由双方协商解决,如有争议,交乙方所在地法院仲裁。

甲方:(单位公章)	乙方:(单位公章)
法定代表人或授权签字人(签字):	法定代表人或授权签字人(签字):
年　月　日	年　月　日

开户银行:

账户印鉴:　　　　账号:

办公地址:　　　　经办人:　　　　联系人:

二、打包贷款的利息计算

银行办理打包贷款通常不收手续费，其利息计算公式为：

打包贷款利息＝信用证金额×打包折扣(70％～90％)
×融资年利率×打包天数/360

打包天数的计算为：办理打包日至信用证最迟装运日的天数加30天。

例如，信用证的受益人于2012年11月10日要求打包贷款，信用证的最迟装运日为12月31日，则打包的天数为11月10日～12月31日的天数即51天加30天，也就是81天。

工作任务四　办理出口押汇

业务导入

出口押汇(Export Bill Purchase)就是在出口方发出货物并交来信用证或合同要求的单据后，银行应出口方要求向其提供的以出口单据为抵押的在途资金融通。

银行办理出口押汇的范围通常包括：信用证下的外币或人民币出口押汇，跟单托收下的外币或人民币出口押汇。

一、出口押汇的业务流程

出口押汇的业务流程如图9－3所示。

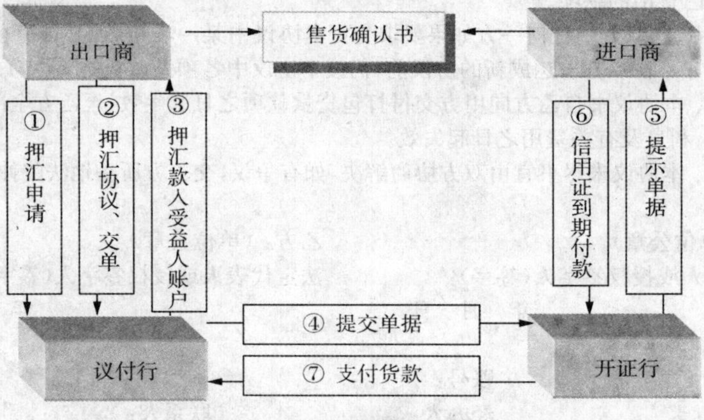

图9－3　出口押汇的业务流程

点评：

- 通常向通知行或议付行提出出口押汇申请，填写出口押汇申请书（见样例 9—5）并与其签订出口押汇协议书（见样例 9—6）。
- 信用证下的出口押汇的单据必须做到单证相符。
- 避免索汇路线迂回曲折，影响安全及时地收汇。

样例 9—5

出口押汇申请书

致：________银行________分行：

兹附来________号信用证/跟单托收项下单据一套，发票号码：________金额（大写）：________，请根据贵行现行规定办理出口押汇业务。

我公司保证按双方签署的"出口押汇协议书"和"出口押汇总质权书"条文规定承担相关责任和义务，贵行保留出口押汇款项及相关利息、费用的追索权。

申请人：（公章）

法定代表人或授权签字人：（签字）

年　月　日

样例 9—6

出口押汇协议书

编号：____年____字第______号

经________公司（下称甲方）与________银行________分行（下称乙方）商定，乙方接受甲方申请，同意为甲方信用证/托收号为________项下单据办理出口押汇，双方确认：

一、押汇金额（大小写）：

押汇利率：

起始日：　年　月　日

押汇期限（天数）：

到期日：　年　月　日

押汇期内如遇利率调整，按调整后的利率执行第二条。

二、还款及保证

对乙方提供的出口押汇，甲方保证在规定的期限内予以偿还。还款方式为：

（一）本协议项下出口收汇款偿还，并由乙方直接从出口收汇款中扣除。

（二）押汇期满后，若未及时收汇或所收款项不足，乙方可从甲方在乙方处开立的任何账户和其他各种应收款中扣还欠款。

续

三、拒付、迟付等情况的处置

(一) 乙方提供出口押汇融资后，如出口押汇项下单据遭拒付、迟付、减价或追索已付款，乙方可根据不同情况向甲方追索已付融资款、收汇短款及所产生的利息及一切损失。

1. 对开证行的挑剔、拒付、迟付或短付，乙方有义务协助甲方据理交涉。但如因开证行和乙方理解不同，形成纠纷造成的损失，由甲方承担责任。

2. 如系跟单托收项下的出口押汇，若付款人以任何理由拒付时，均由甲方承担责任。

(二) 远期信用证项下出口押汇期限最长不得超过 180 天，如甲方未按期归还乙方出口押汇本息，乙方有权从到期之日起对逾期部分以每日________计收罚息。

四、融资币别及汇率风险

办理本协议项下出口押汇业务，如需结汇，乙方将提供给甲方的押汇款项按当天乙方公布的牌价折成人民币贷记甲方账户，甲方还款时必须以原外币进行清偿。汇率风险由甲方承担。

五、组织机构变化及名称变更

甲方或乙方的组织机构如发生变化或名称变更，应预先通知对方。无论双方组织机构或名称发生何种变化，均不影响本协议的效力和执行，本协议项下的一切未了责任、权利、义务将由各自的继承人、兼并人、承包人等接办单位或新设单位继续履行。

六、受约原则

(一) 本协议项下有关业务操作，甲乙双方均应依照 UCP600、URC522 等国际惯例办理。

(二) 不论发生何种纠纷，甲方均应主动与境外客户联系，同时甲方应及时将联系情况通知乙方，并不得对乙方提出不合理要求。

(三) 在任何情况下，乙方均有权按国际惯例、规则独立处理各项业务，甲方放弃抗辩权。

七、生效及失效

本协议书自乙方向甲方交付出口押汇款项之日起生效，至乙方全部收回出口押汇款项、利息及有关费用之日起失效。

八、本协议未尽事宜由双方协商解决，如有争议，交乙方所在地法院仲裁。

甲方：(单位公章)　　　　乙方：(单位公章)

法定代表人或授权签字人：(签字)　　　　法定代表人或授权签字人：(签字)

年　月　日　　　　年　月　日

二、出口押汇的种类

（一）出口信用证押汇

出口信用证押汇（Negotiation under Documentary Credit），是指在出口信用证项下，卖方（受益人）以出口单据作抵押，要求出口地银行在收到国外支付的货款之前，向其融通资金的业务。其融资比例通常为100%，但由于银行使用了与其他贷款不同的“预收利息法”，即银行将全额本金扣除预计利息及各种手续费后的余额贷给受益人，因此，受益人实际所得仍然不足100%。还款的来源在正常情况下为信用证项下的收汇款，在企业不能正常从国外收回货款的情况下，企业应偿还押汇本金及利息，或允许银行主动从其账户扣划押汇的金额及补收有关的费用。押汇一般是原币（即信用证使用的货币）入受益人账户，若受益人无外汇账户，则可兑换（结汇）成人民币使用。

银行办理押汇通常不收押汇手续费，其利息计算公式为：

押汇利息＝本金×融资年利率×押汇天数/360

押汇天数的计算通常是：办理押汇日到预计信用证的收汇日的天数加5～7天。

例如，受益人在2012年11月24日要求办理押汇，装运日是11月21日，信用证的付款条件是提单后30天，预计信用证的收汇日为12月21日，则押汇天数为：从11月24日到12月21日的天数（27天）加上5～7天，即为32～34天。

（二）出口托收押汇

出口托收押汇（Advance against Documentary Collection），是指出口方收款人以托收为结算方式并将单据交出口地托收行，在货款收回前，要求托收行先预支部分或全部货款，待托收款项收妥后归还银行垫款的一种贸易融资方式。其融资比例、收取利息的方法（预收）、利息计算公式等与出口信用证项下的押汇相同，还款的来源在正常情况下为托收项下的收汇款，在企业不能正常从国外收回货款的情况下，企业必须偿还押汇本金及利息，或允许银行主动从其账户扣划押汇的金额及补收有关的费用。出口托收押汇一般是原币（即托收使用的货币）入收款人账户，若收款人无外汇账户，则可兑换（结汇）成人民币使用。

出口托收押汇的主要作用与出口信用证项下的押汇类似，出口方收款人在装运货物并向出口地银行提交有关的单据后，能向出口地银行（托收行）申请短期融资，在国外货款到达之前提前从银行得到垫款，方便了资金周转，与其他融资方式相比，具有手续简单、融资速度快捷的特点。

出口托收押汇与出口信用证项下的押汇的根本区别在于后者有开证行(或保兑行)的付款保证,属银行信用;而前者为商业信用,没有银行作为付款保证,出口方收款人能否收回货款,完全取决于国外付款人的信誉,与托收行、代收行等银行无关,收汇的风险较大。为控制押汇风险,出口地银行通常根据出口方收款人的资信、还款能力等对其核定相应的授信额度,仅仅在额度内叙做出口托收押汇。

三、出口押汇的作用

出口押汇是应用最广泛的出口贸易融资,其主要作用有:(1)加快资金周转。在进口方支付货款前,就可以提前得到偿付,加快了资金周转速度。(2)简化融资手续。融资手续相对于流动资金贷款等简便易行。(3)改善现金流量。可以增加当期的现金流入量,从而改善财务状况,提高融资能力。(4)节约财务费用。办理出口押汇,可以根据不同货币的利率水平选择融资币种,从而实现财务费用的最小化。(5)押汇系短期垫款,押汇期限一般不超过 90 天。

企业在流动资金有限,发货后、收款前遇到临时资金周转困难,发货后、收款前遇到新的投资机会且预期收益率肯定高于押汇利率的情况下宜选择出口押汇。

工作任务五　办理福费廷

业务导入

福费廷(FORFAITING)又称包买票据或票据买断,是指包买商(一般为商业银行或其他金融企业)从出口方那里无追索权地购买由银行承兑/承付或保付的远期汇票,而向出口方提供融资的业务。在福费廷业务中,包买票据的类型主要有:(1)进口方已承兑的汇票;(2)进口方出具的以出口方为收款人的本票;(3)由进口方往来银行开出的远期信用证项下的已承兑汇票;(4)由包买商可接受的担保人出具的独立保函所保付的以进口商为付款人的汇票;(5)进口方出具的本票;(6)由包买商可接受的第三者加注了保付签字的汇票或本票。由于无追索权地购买纯汇票或本票的风险极大,因此在实务中,包买商购买的汇票或本票,主要是指远期信用证项下经开证行或保兑行承兑的汇票。

一、福费廷业务的流程

在我国，各中资、外资银行办理的福费廷业务目前暂时还局限于信用证项下的票据包买，对于其他的票据暂不予办理，因而在此以信用证项下的福费廷业务流程为例，如图 9—4 所示。

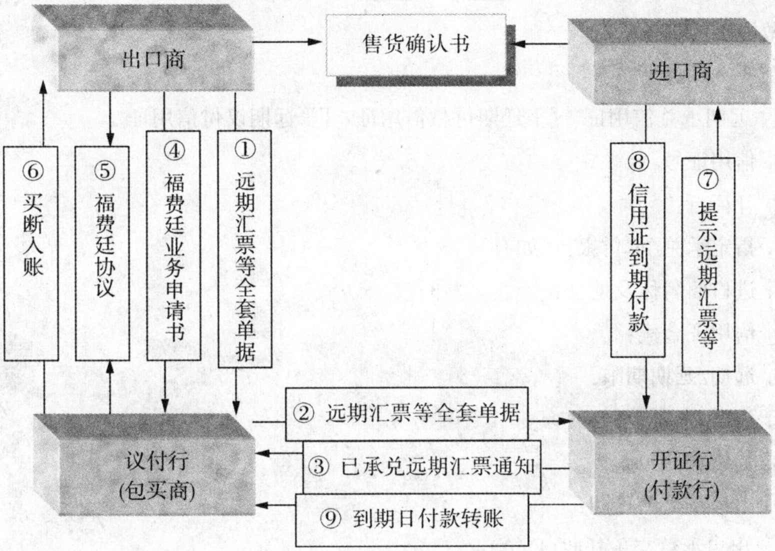

图 9—4　福费廷业务流程

点评：

● 出口商转运后持远期信用证项下的单据交出口地银行议付(或处理)，该行收到开证行的承兑后通知出口商。

● 首次办理福费廷业务，银企双方需签订“福费廷业务合同”。

● 出口商向出口地银行提交“福费廷业务申请书”(见样例 9—7)，该行审定后出具“福费廷业务确认书”(见样例 9—8)。

● 出口地银行扣除费用及利息后转入出口商账户，并出具可供国家外汇管理局核销的进账单或“水单”。

● 出口商办理福费廷业务提交的材料有：企业营业执照、税务登记证、企业的组织机构代码证、经过会计师事务所年审的报表、外经贸局出具的企业进出口权的批准证书或外商投资企业的批文。

样例 9—7

福费廷业务申请书

致：中国银行________分(支)行　　　　　　　　　我公司参考号________

根据我公司与贵行签订的____年第____号(福费廷业务合同)，我公司特向贵行申请叙做福费廷业务。

有关交易情况如下：

☐ 远期承兑信用证　☐ 延期付款信用证　☐ 远期议付信用证

1. 信用证号：

2. 开证行：

3. 指定承兑/承付银行(如有)：

4. 进口商名称及地址：

5. 信用证金额：

6. 远期/延期期限：

7. 汇票/发票金额：

8. 货物名称：

9. 出运及交单日期：

☐ 出口承兑交单托收(D/A)

1. 汇票/发票金额：

2. 承兑交单期限：

3 进口商名称及地址：

4. 货物名称：

5. 保付银行：

如果贵行确认可以对上述信用证或托收业务叙做福费廷业务，请向我公司报价。本申请书构成我公司与贵行签订的____年第____号(福费廷业务合同)不可分割的一部分。在此，我公司重申遵守上述“福费廷业务合同”的有关承诺、陈述与保证。

我公司联系人：____________电话：____________传真：____________

公司名称(加盖公章)：

有权人签字：

日期：

样例 9—8

福费廷业务确认书

致：____________公司

我行同意贵公司____年____月____日提交的"福费廷业务申请书"(贵公司参考号________)所述交易项下福费廷业务。我行叙做该笔福费廷业务的报价条件为：

买断汇票/债权币种及金额：____________

贴现利率：年利率____________%

承诺费：如贵公司在签署本确认书后及我行向贵公司支付买断款项前提出撤销此笔福费廷业务，则承诺费按本确认书出具之日起到我行收到贵公司撤销此笔福费廷业务申请之日止的实际天数计算(以承诺天数乘以买断汇票/债权金额乘以年利率________%除以 360，不足 USD50.00 的，按 USD50.00 收取)，贵公司应立即支付承诺费并授权我行从贵公司的账户中主动扣划。

预扣国外银行费用：________

其他正常的业务费用，例如信用证项下的单据处理费、电报费、邮费等按我行确定的标准照常收取。

本确认书一式两份，如贵公司接受本确认书所列的报价条件，请在____月____日之前签署、确认并加盖公章，将其中一份及时退回我行。如我行在上述日期之前没有收到贵公司的同意确认，则此确认书自动失效。

本确认书构成我行与贵公司签订的____年第____号"福费廷业务合同"不可分割的一部分。

中国银行××分行(公章)：
有权签字人：
日期：

我公司同样接受贵行上述所列的福费廷业务条件，并重申我公司将遵守与贵行签署的"福费廷业务合同"中的有关承诺、保证与义务。请贵行为我公司有关交易办理福费廷业务。

公司名称(公章)：
有权签字人：
日期：

二、福费廷业务的作用

1. 终局性融资便利

福费廷是一种无追索权的贸易融资便利，出口方一旦取得融资款项，就不必再对债务人偿债与否负责；同时不占用银行授信额度。

2. 改善现金流量

将远期收款变为当期现金流入，有利于出口方改善财务状况和清偿能力，从而避免资金占压，进一步提高筹资能力。

3. 节约管理费用

出口方不再承担资产管理和应收账款回收的工作及费用，从而大大降低管理费用。

4. 提前办理退税

办理福费廷业务后出口方可立即办理外汇核销及出口退税手续。

5. 规避各类风险

办理福费廷业务后，出口方不再承担远期收款可能产生的利率、汇率、信用以及国家等方面的风险。

6. 增加贸易机会

出口方能以延期付款的条件促成与进口商的交易，避免了因进口方资金紧缺无法开展贸易的局面。

7. 实现价格转移

可以提前了解包买商的报价并将相应的成本转移到价格中去，从而规避融资成本。

8. 业务适用面广

福费廷业务不仅适用于大额资本性交易，也适用于小额交易，但金额越小，融资成本越高，应在融资成本和福费廷带来的便利之间进行权衡。

专业知识与操作技能训练

一、专业理论知识训练

(一) 不定项选择题

1. 票据贴现作为一种高效实用的融资手段，其特点与作用是（　　）。

A. 融资成本低　　B. 加速公司资金周转

C.变现未到期的商业票据　　D.预先得到融资款项

2. 中国银行规定单张汇票金额不超过（　　）。

A. 100 万元　　B. 1 000 万元
C. 1 500 万元　　D. 2 000 万元

3. 出口贴现是银行保留追索权地买入(　　),为出口商提供短期资金融通的业务。

A. 银行未承兑的远期票据　　B. 银行承兑的远期票据
C. 银行签发的票据　　D. 银行承兑但未到期的远期票据

4. 我国银行为了防范风险,一般不办理(　　)的票据贴现。

A. 用于国际贸易　　B. 无贸易背景
C. 用于投资目的　　D. 有保留追索权

5. 打包贷款是银行为支持出口方按期履行合同,向收到(　　)的出口方提供的用于该信用证项下货物的专项贷款。

A. 信用证　　B. 国际贸易合同
C. 运输单据　　D. 采购合同

6. 打包贷款是一种装船前短期融资,使出口方在自有资金不足的情况下仍然可顺利开展贸易,其可使用(　　)。

A. 人民币　　B. 日元　　C. 美元　　D. 港元

7. 银行办理出口押汇的范围通常是(　　)项下的外币或人民币的出口押汇。

A. 信用证　　B. 托收　　C. 电汇　　D. 票汇

8. 福费廷业务中,包买商购买的票据是(　　)。

A. 信用证　　B. 本票
C. 承兑的远期汇票　　D. 即期汇票

9. 办理福费廷业务后出口方可立即办理(　　)的手续。

A. 外汇核销　　B. 出口退税
C. 电汇　　D. 票汇

10. 福费廷业务适应的交易范围是(　　)。

A. 大额资本交易　　B. 托收
C. 电汇　　D. 小额资本交易

(二) 判断题

1. 汇票的签发和取得必须遵循诚实守信的原则,并以真实合法的交易关系和债务关系为基础。(　　)

2. 出口贴现融资手续简便,收回即期债权,加快资金周转。(　　)

3. 出口贴现由于融资手续简便，加快资金周转，所以不用考虑预期投资收益率就可直接选择。（ ）

4. 出口押汇就是在出口方发出货物并交来信用证或合同要求的单据后，银行应出口方要求向其提供的以出口单据为抵押的在途资金融通。（ ）

5. 银行办理出口信用证押汇通常要收押汇手续费。（ ）

6. 出口托收押汇风险较大，为控制押汇风险，出口地银行通常仅在信用额度内办理。（ ）

7. 在我国银行办理福费廷业务是信用证和托收项下的票据包买。（ ）

8. 福费廷是一种有追索权的贸易融资便利。（ ）

9. 做福费廷业务，出口方不承担远期收款可能产生的利率、汇率、信用以及国家等方面的风险。（ ）

10. 首次办理福费廷业务，银企双方需签订“福费廷业务合同”。（ ）

（三）简答题

1. 简述票据贴现申请的程序。

2. 简述打包贷款的业务流程。

二、操作技能训练

（一）业务背景

上海进出口公司按照信用证（号码为 3456218）的规定及时装运，并办理了报检与报关手续。货物装船后，上海进出口公司开出见票后 60 天付款的远期汇票，并持全套单据向中国银行上海分行办理出口信用证押汇。

（二）操作资料

发票号码：ST0812345

发票金额：18 560.00 美元

法人代表：李放

申请时间：2012 年 10 月 28 日

（三）操作要求

请你以上海进出口公司法人代表的身份，根据上述资料填写出口押汇申请书。

出口押汇申请书

致：________银行________分行：

兹附来____号信用证/跟单托收项下单据一套，发票号码：________金额（大写）：________，请根据贵行现行规定办理出口押汇业务。

我公司保证按双方签署的“出口押汇协议书”和“出口押汇总质权书”条文规定承担相关责任和义务，贵行保留出口押汇款项及相关利息、费用的追索权。

申请人：（公章）

法定代表人或授权签字人：（签字）

年　月　日

项目十　进口贸易合同商订与许可证签发

学习与考证要点

- 进口交易磋商过程中发询盘函应注意的问题
- 属于进口许可证范围的商品
- 进口贸易合同的书面形式

业务背景

方正进出口贸易公司面对当今激烈的国际市场竞争，尤其是在人民币升值的背景下，不断拓展对外贸易市场，在从事出口贸易业务的同时，开辟进口贸易业务。

近日，日本生产的手工工具扳手在国内市场紧缺，上海工具公司决定委托方正进出口贸易公司从日本进口一批不同规格的扳手。于是，方正先生上网查阅日本扳手生产厂商的供应情况，收集产品的质量、规格和购货价格等各种信息，选择理想的出口商 TOKYO IMPORT & EXPORT CORPORATION 进行洽谈。双方就扳手的交易条件达成一致后，方正进出口公司要求 TOKYO IMPORT & EXPORT CORPORATION 出具形式发票，并持主管部门有关批准进口文件等资料向上海市外经贸主管部门申请签发进口许可证，并向中国银行购汇。然后，再与 TOKYO IMPORT & EXPORT CORPORATION 签订购货贸易合同。

工作任务一　进口交易磋商

业务导入

在国际贸易中，交易磋商是在买卖双方之间进行的，双方意向达成一致，合同才得以订立。作为合同的我方来说，应争取拟订合同的主动权，如果是出口，其为销售合同，反之为进口购货合同，所涉及的内容是共同的。

进口方为了争取有利的价格和优良的货物品质，往往对多家出口商进行询盘，经过分析与比较，确定其中最理想的客商进行交易磋商。

一、进口交易磋商的环节

进口交易磋商的基本环节和磋商的主要内容与出口交易磋商基本相同，只是视角不同，在此故略。

二、进口交易磋商的实例

近日，方正进出口贸易公司受上海工具公司的委托从日本进口一批高质量的手工工具扳手。为此，方正先生根据客户的要求上网查阅日本有关商社的经营情况，收集各种信息，掌握市场的供求信息和价格动态。经过对日本多家商社的充分认证后，确定 TOKYO IMPORT & EXPORT CORPORATION 为供应商，并与其进行洽谈，争取一个合理的成交条件。

1. 方正进出口贸易公司询盘

答复　答复全部　转发　删除　永久删除　转到

发件人： FANGZHENG @ sohu.com
收件人： TOKYO < TOKYO119 @ hotmail.com >
主　题： ENQUIRY　　2012-08-01 10：05

Dear Sir,
We are interested in your wrench, especially HEX DEYS WRENCH, DOUBLE RING OFFSET WRENCH, COMBINATION WRENCH, ADJUSTABLE WRENCH. We would be appreciated if you could quote us your best prices.

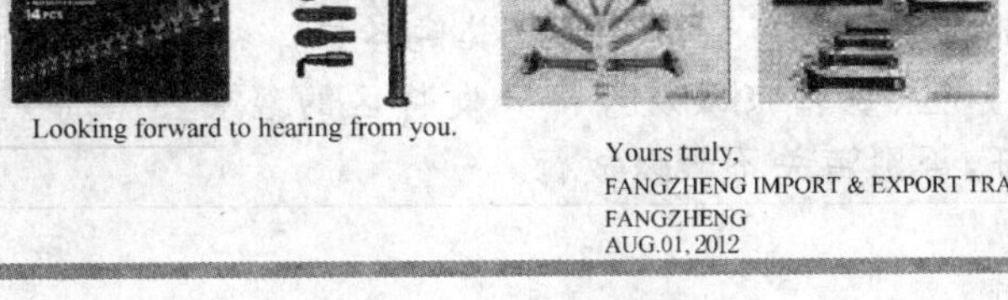

Looking forward to hearing from you.

Yours truly,
FANGZHENG IMPORT & EXPORT TRADE CORPORATION
FANGZHENG
AUG.01, 2012

2. 东京进出口公司发盘

答复　答复全部　转发　删除　永久删除　转到

发件人： TOKYO < TOKYO119 @ hotmail.com >
收件人： FANGZHENG @ sohu.com
主　题： OFFER　　2012-08-05　12：00

Dear Sir,

We are pleased to receive your inquiry of AUG.01.2012 and to hear that you are interested in our product.
We would like to quote as follows:

	PACKING	FOB TOKYO
HEX DEYS WRENCH	100 PCS/CTN	USD 10.00/ SET
DOUBLE RING OFFSET WRENCH	100 PCS/CTN	USD 10.00/ SET
COMBINATION WRENCH	100 PCS/CTN	USD 20.00/ SET
ADJUSTABLE WRENCH	100 PCS/CTN	USD 20.00/ SET

Shipment: not later than SEP. 30, 2012
Payment: by at 30 days after sight irrevocable L/C
We are looking forward to your initial order.

Yours truly,
TOKYO IMPORT & EXPORT CORPORATION
YAMADA
AUG.05, 2012

3. 方正进出口贸易公司接受

答复　答复全部　转发　删除　永久删除　转到

发件人： FANGZHENG @ sohu.com
收件人： TOKYO < TOKYO119 @ hotmail.com >
主　题： ACCEPTANCE　　2012-8-08　11：30

Dear Sir,

Thank you for your letter of AUG.05, 2012

We would like to inform your that we accept your proposal for price, other conditions remain unchanged.
We will draw up sale contract and send it to you as soon as possible.

The Buyer shall establish the pro-form invoice .

Yours truly,
FANG ZHENG IMPORT & EXPORT TRADE
CORPORATION
FANGZHENG
AUG.08, 2012

工作任务二　申请进口许可证及有关单证缮制

业务导入

进口许可证是国家主管机关签发的批准进口商品的证明文件，也是进口通关证据之一。凡纳入《实施进口许可证商品目录》范围内的商品，都必须向商务部主管部门配额许可证事务局及其驻各口岸特派员办事处，或商务部授权的省、自治区、直辖市以及经济开发特区的经贸主管部门申请签发进口货物许可证，否则海关不予以放行。

一、申请签发进口货物许可证书的业务流程

进口货物许可证书的申请流程如图 10－1 所示。

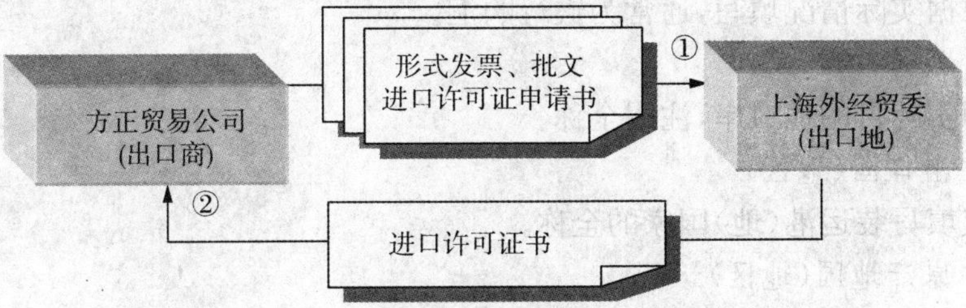

图 10－1　申请签发进口许可证书的业务流程

点评：

● 发放许可证是我国政府限制进出口商品的有效管理形式。

● 进口许可证自签发之日起 1 年内有效，如 1 年内尚未对外签订贸易合同，该证作废。

● 在进口许可证有效期内已对外签订了贸易合同，但货物还未进口，可持进口合同到原发证机关申请展期。

相关知识链接　**形式发票的作用**

形式发票(Pro-forma Invoice)是在贸易合同订立前开立的，主要用于进口方向当局申请批汇或进口许可证。形式发票不是正式发票，一旦贸易合同签订后，须另开正式商业发票，并将形式发票的内容全部照录。

二、进口许可证申请表的缮制方法

进口货物许可证申请表一式两联，由进口商填制，其主要内容与缮制方法如下：

1. 进口商及编码

填写进口方公司的全称，注明在海关注册的企业代码。

2. 收货人

按信用证或合同规定填写。

3. 进口许可证号

此栏留空，由签证机关填制。

4. 进口许可证有效截止日期

通常为一年，由签证机关填写。

5. 贸易方式

根据实际情况填写，如一般贸易、进料加工、来料加工等贸易方式。

6. 外汇来源

根据实际情况填写，通常为银行购汇。

7. 报关口岸

即实际目的地口岸，注明全称。

8. 出口国(地区)

应填写装运港(地)国家的全称。

9. 原产地国(地区)

应填写进口货物生产国家或地区的全称。

10. 商品用途

根据实际情况填写，通常有自用、生产用、内销和外销等。

11. 商品名称及商品编码

根据《中华人民共和国海关统计商品目录》规定的商品标准名称和统一编码填写。

12. 规格、型号

填写实际规格，不同规格应分行表示，计量单位按 H.S.编码规则填写。

13. 单位

填写与合同规定一致的计量单位名称。

14. 数量

必须填写实际出运的数量，并与发票的相关内容一致。

15. 单价

按合同成交的单价填制，并与发票的相关内容一致。

16. 总值

按合同成交的总额填写，并与发票总金额相同。

17. 总值折美元

按外汇牌价折算为美元记入。

18. 总计

将各栏的合计数分别填入本栏内。

19. 领证人姓名

根据实际情况填写。

20. 签证机构审批(初审)

发证机关审核无误后盖章，由授权人签名，并注明签证日期。

三、申请进口货物许可证书的实例

方正进出口贸易公司收到 TOKYO IMPORT & EXPORT CORPORATION 签发的形式发票后，由方正先生持主管部门有关批准进口文件等资料向上海市外经贸主管部门申请签发进口许可证。

1. 出口商签发形式发票

出口商签发形式发票，如样例 10－1 所示。

样例 10－1

TOKYO IMPORT & EXPORT CORPORATION

82-324, OTOLI MACHI TOKYO, JAPAN

PROFORMA INVOICE

(WITHOUT ENGAGEMENT)

TEL: 028-548742　　P/I NO.: IN05791

FAX: 028-548743　　DATE: AUG. 10, 2012

P/C NO.: TX200523

CONSIGNEE: FANGZHENG IMPORT & EXPORT TRADE CORPORATION

FROM TOKYO, J APAN　TO SHANGHAI, CHINA

DELIVERY: LATEST DATE OF SHIPMENT 120930

PARTIAL SHIPMENTS ALLOWED TRANSSHIPMENT NOT ALLOWED

MARKS & NO.	DESCRIPTIONS OF GOODS	QUANTITY	UNIT PRICE	AMOUNT
TITC	WRENCH		FOB TOKYO	
TX200523	HEX DEYS WRENCH	1 000 SETS	USD 10.00	USD 10 000.00
SHANGHAI	DOUBLE RING OFFSET WRENCH	1 500 SETS	USD 10.00	USD 15 000.00
C/NO. 1-60	COMBINATION WRENCH	2 000 SETS	USD 20.00	USD 40 000.00
	ADJUSTABLE WRENCH	1 500 SETS	USD 20.00	USD 30 000.00
				USD 95 000.00

SAY U.S. DOLLARS NINETY FIVE THOUSAND ONLY

TERMS: 100% PAYMENT BY IRREVOCABLE DOCUMENTARY CREDIT AT 30 DAYS AFTER SIGHT

This invoice is supplied to enable you to apply　　TOKYO IMPORT & EXPORT CORPORATION

For the necessary import licence to be valid up to　　山田

工作任务三 签订进口贸易合同

业务导入

凡是属于《实施进口许可证商品目录》范围内的商品，都应获取进口货物许可证。否则，进口方万一因进口许可证未获得签发而会处于被动局面。进口贸易合同主要有购货合同书和购货确认书两种形式，二者仅仅是条款的简繁差异，法律效力相同。

方正进出口贸易公司获得进口许可证后，由方正先生与 TOKYO IMPORT & EXPORT CORPORATION 签订了下列购货合同（见样例 10－4）。双方签字盖章后，各持一份作为履行合同的依据。

样例 10－4

PURCHASE CONTRACT

TEL：021-56082266 P/C NO：TX200523

FAX：021-56082265 DATE：AUG. 25, 2012

The Buyer：FANGZHENG IMPORT & EXPORT TRADE CORPORATION
1321 ZHONGSHAN ROAD SHANGHAI CHINA
TEL：021-56082266 FAX：021-56082265

The Sellers：TOKYO IMPORT & EXPORT CORPORATION
82-324 OTOLI MACHI TOKYO，JAPAN
TEL：028-548742 FAX：028-548743

The Seller and the Buyer have confirmed this Contract with the terms and conditions stipulated below.

DESCRIPTIONS OF GOODS	QUANTITY	UNIT PRICE	AMOUNT
WRENCH		FOB TOKYO	
HEX DEYS WRENCH	1 000 SETS	USD 10.00	USD 10 000.00
DOUBLE RING OFFSET WRENCH	1 500 SETS	USD 10.00	USD 150 00.00
COMBINATION WRENCH	2 000 SETS	USD 20.00	USD 40 000.00
ADJUSTABLE WRENCH	1 500 SETS	USD 20.00	USD 30 000.00

1. COUNTRY OF ORIGIN AND MANUFACTURER: TOKYO IMPORT & EXPORT CORPORATION JAPAN
2. PACKING: PACKED IN 1 CARTON OF 100 PCS EACH
3. PORT OF LOADING: TOKYO JAPAN
4. PORT OF DESTINATION: SHANGHAI CHINA
5. PAYMENT: IRREVOCABLE DOCUMENTARY CREDIT AT 30 DAYS AFTER SIGHT
6. PARTIAL SHIPMENTS: ALLOWED
7. TRANSSHIPMENT: ALLOWED
8. DOCUMENTS: THE SELLER SHALL PRESENT THE FOLLOWING DOCUMENTS TO THE PAYING BANK FOR NEGOTIATION:
   1) THREE COPIES OF SIGNED COMMERCIAL INVOICE INDICATING CONTRACT NUMBER.
   2) THREE COPIES OF PACKING LIST.
   3) TWO COPIES OF CERTIFICATE OF QUALITY/QUANTITY ISSUED BY MANUFACTURE .
   4) WITHIN 12 HOURS AFTER THE GOODS ARE COMPLETELY LOADED, THE SELLER SHALL FAX TO NOTIFY THE BUYER OF THE CONTRACT NUMBER, NAME OF COMMODITY, QUANTITY, GROSS WEIGHT, B/L NO. AND THE DATE OF DELIVERY.
9. INSPECTION AND CLAIMS: IF THE QUALITY/WEIGHT AND/OR THE SPECIFICATIONS OF THE GOODS SHOULD BE FOUND NOT IN LINE WITH THE CONTRACTED STIPULATIONS, OR SHOULD THE GOODS PROVE DEFECTIVE FOR ANY REASONS, INCLUDING LATENT DEFECT OR THE USE OF UNSUITABLE MATERIALS, THE BUYER WOULD ARRANGE AN INSPECTION TO BE CARRIED OUT BY THE INSPECTION BUREAU AND HAVE THE RIGHT TO CLAIM AGAINST THE SELLERS ON THE STRENGTH OF THE INSPECTION CERTIFICATE ISSUED BY THE BUREAU. ALL CLAIMS SHALL BE REGARDED AS ACCEPTED IF THE SELLERS FAIL TO REPLY WITHIN 30 DAYS AFTER RECEIPT OF THE BUYER'S CLAIM.

Buyer: (FANGZHENG IMPORT & EXPORT TRADE CORPORATION 方正进出口贸易公司)
FANGZHENG IMPORT & EXPORT TRADE CORPORATION
方正

Seller: (TOKYO IMPORT & EXPORT CORPORATION)
TOKYO IMPORT & EXPORT CORPORATION
山 田

专业知识与操作技能训练

一、专业理论知识训练

(一) 不定项选择题

1. 进口交易磋商与出口交易磋商基本相同，都必须经过(　　)。
   A. 询盘　　B. 发盘　　C. 还盘　　D. 接受

分批装运：允许(ALLOWED)
转　运：允许(ALLOWED)
唛　头：由卖方制定(BY THE SELLER)
合同号：TX07238
提交单据：1) 已签字的商业发票一式三份，并显示合同号(THREE COPIES OF SIGNED COMMERCIAL INVOICE INDICATING CONTRACT NUMBER OF TX07238)；
2) 装箱单一式三份(THREE COPIES OF PACKING LIST)；
3) 品质证书一式二份，由厂商签发(TWO COPIES OF CERTIFICATE OF QUALITY/QUANTITY ISSUED BY MANUFACTURE)
4) 在装船后12小时内用传真向买方发出装运通知，其包含合同号、货名、数量、毛重、提单号和装运日期等(WITHIN 12 HOURS AFTER THE GOODS ARE COMPLETELY LOADED, THE SELLER SHALL FAX TO NOTIFY THE BUYER OF THE CONTRACT NUMBER, NAME OF COMMODITY, QUANTITY, GROSS WEIGHT, B/L NO. AND THE DATE OF DELIVERY)

(三) 操作要求

(1) 请你以上海进出口贸易公司业务员方为的身份，向德国PITER IMPORT & EXPORT CORPORATION 询盘，写一封询盘函。

询盘函：

(2) 请你以上海进出口贸易公司业务员方为的身份，向德国PITER IMPORT & EXPORT CORPORATION 写一封接受函。

接受函：

(3) 请你以上海进出口贸易公司业务员方为的身份，与德国PITER IMPORT & EXPORT CORPORATION 签订购货贸易合同书。

上海进出口贸易公司

SHANGHAI IMPORT & EXPORT TRADE CORPORATION

21 ZHONGSHAN ROAD SHANGHAI CHINA

PURCHASE CONTRACT

TEL:________　　　　　　　　　　　　　　P/C NO.:________

FAX:________　　　　　　　　　　　　　　DATE:________

The Buyer:

The Seller:

The Seller and the Buyer have confirmed this Contract with the terms and conditions stipulated below.

DESCRIPTIONS OF GOODS	QUANTITY	UNIT PRICE	AMOUNT

1. COUNTRY OF ORIGIN AND MANUFACTURER:
2. PACKING:
3. LATEST DATE OF SHIPMENT:
4. PORT OF LOADING:
5. PORT OF DESTINATION:
6. PAYMENT:
7. TRANSSHIPMENT:
8. DOCUMENTS: THE SELLER SHALL PRESENT THE FOLLOWING DOCUMENTS TO THE PAYING BANK FOR NEGOTIATION:
   (1) ____ COPIES OF SIGNED COMMERCIAL INVOICE INDICATING CONTRACT NUMBER.
   (2) ________ COPIES OF PACKING LIST.
   (3) ____ COPIES OF CERTIFICATE OF QUALITY/QUANTITY ISSUED BY MANUFACTURE.
   (4)WITHIN ____ HOURS AFTER THE GOODS ARE COMPLETELY LOADED, THE SELLER SHALL FAX TO NOTIFY THE BUYER OF THE CONTRACT NUMBER, NAME OF COMMODITY, QUANTITY, GROSS WEIGHT, B/L NO. AND THE DATE OF DELIVER.
9. INSPECTION AND CLAIMS: IF THE QUALITY/WEIGHT AND/OR THE SPECIFICATIONS OF THE GOODS SHOULD BE FOUND NOT IN LINE WITH THE CONTRACTED STIPULATIONS, OR SHOULD THE GOODS PROVE DEFECTIVE FOR ANY REASONS, INCLUDING LATENT DEFECT OR THE USE OF UNSUITABLE MATERIALS, THE BUYER WOULD ARRANGE AN INSPECTION TO BE CARRIED OUT BY THE INSPECTION BUREAU AND HAVE THE RIGHT TO CLAIM AGAINST THE SELLERS ON THE STRENGTH OF THE INSPECTION CERTIFICATE ISSUED BY THE BUREAU. ALL CLAIMS SHALL BE REGARDED AS ACCEPTED IF THE SELLERS FAIL TO REPLY WITHIN 30 DAYS AFTER RECEIPT OF THE BUYER'S CLAIM.

Buyer:　　　　　　　　　　　　　　　　　　　　Seller:

项目十一　进口贸易合同的履行

学习与考证要点

- 进口合同的履行的一般环节和内容
- 开立信用证的主要依据和基本方法
- 进口货物运输保险投保的形式和方法
- 进口货物的报检与报关手续及要求
- 审核进口到货单证的内容和要求

业务背景

方正进出口贸易公司与 TOKYO IMPORT & EXPORT CORPORATION 签订合同后，方正先生在合同规定的开证时间内及时向出口商 TOKYO IMPORT & EXPORT CORPORATION 开出本笔交易的信用证，委托金友国际货代公司代办托运，并办理保险手续，确保合同的履行。货物到达目的港后，还要根据我国检验检疫、海关和外汇管理等有关规定办理报检、报关和进口付汇核销等手续。

工作任务一　开立信用证及单证缮制

业务导入

在信用证业务条件下,进口方必须按照合同规定的开证时间,按合同条款规定的内容填写开证申请书并交付押金或其他保证金,向出口方开出不可撤销的跟单信用证。否则,要承担由此产生的违约责任。

一、开立信用证的程序

开立信用证的程序如图 11－1 所示。

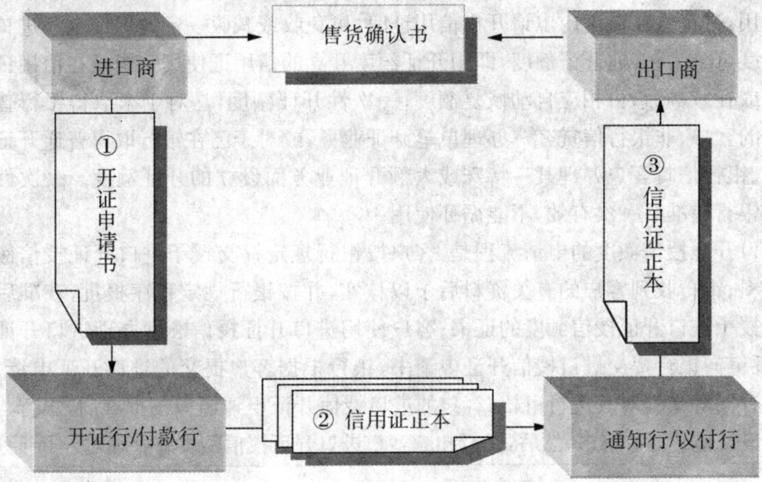

图 11－1　开立信用证的程序

点评:

● 进口方须在合同规定的时限内向当地能被出口方接受的银行申请开证,如果合同未规定开证日期,则应在合理时间内开证,一般为装运期前 30～45 天,以便出口方在收到信用证后有较宽裕的时间安排装运。

● 进口方开证要按合同条款规定的内容填写开证申请书,并交付押金或其他保证金。

- 开证行根据开证申请书开立信用证，正本寄送通知行，副本交进口商。
- 通知行对信用证进行审证后，交付出口方。

议题一

上海进出口公司与日商签订了一份丰田轿车进口合同。根据我国有关规定，该公司在我国任何银行都能申请开立信用证吗？为什么？如我方未能在合同规定时间内开立信用证，出口商能解除合同并提出索赔吗？

相关知识链接

进口开证授信额度的申请

进口开证授信额度（Limits for Issuing of Credit）是指开证行为方便进口开证业务，对一些具有外贸业务经营资格，在银行有一定外贸结算业务，业务情况及收付汇情况良好，资信可靠，具备一定经济实力，能够提供银行接受的可靠担保、抵押、质押的客户，根据其资信状况或提供抵押品的数量和质量的情况而核定的开证额度，供该进口人循环使用，进口人在额度内申请开立信用证时，可免收或减收一定的保证金。进口开证授信额度可分为：普通开证额度，即用开证额度开立的信用证使用完毕或在信用证注销与撤销或在减额后，可相应自动恢复额度；一次性开证额度，是对于未取得银行普通开证额度的客户、非银行信贷客户办理单笔开证业务，或对于已在银行取得普通开证额度的客户、银行信贷客户办理某一特殊或大额开证业务而设立的开证额度。一次性开证额度由银行核准后一次有效，不能循环使用。

进口开证授信额度的申请流程是：客户按银行规定提交授予进口开证授信额度的有关材料；银行收到客户的有关资料后予以核实，并按银行规定程序报批，获准后向客户颁发授予进口开证授信额度的证书；客户使用进口开证授信额度办理进口开证业务时，应逐笔向银行提交进口授信开证申请书，银行根据客户提交的进口开证申请书、进口贸易合同等文件对其进行审核；客户的进口授信开证申请经审核批准后，银行与客户签署进口授信开证协议书，然后，银行扣减客户进口开证授信额度并办理对外开证手续。

二、开证申请书的缮制方法

1. Beneficiary

填写出口方公司的全称和详细地址。

2. Contract No.

填写合同号码。

3. Date and Place of Expiry of the Credit

填写信用证的有效日期与地点。

4. Partial Shipments

根据合同对分批装运的规定，用“×”选择允许或不允许。

5. Transshipment

根据合同对转运的规定，用“×”选择允许或不允许。

6. Issue by

根据合同的规定，用“×”选择开证方式。

7. Loading on Board/Dispatch Taking in Change at/from

根据合同的规定填写运输路线和装运日期。

8. Amount (both in figures and words)

按照合同总金额用大小写表示。

9. Description of Goods

根据合同的规定，填写货物名称、规格和包装方式。

10. Credit Available with

填写信用证的种类和汇票金额。

11. Trade Terms

根据合同的规定用“×”选择贸易术语，也可补充在“other terms”后面。

12. Documents Required

根据合同的规定或进口商的要求，用“×”选择单据的类别及要求。

13. Additional Instructions

根据合同的规定或进口商的要求，用“×”选择相关内容。

14. Account No.

填写进口方公司的开户银行账号。

15. Name of Bank

填写开证银行的名称。

16. Transacted by

填写开证申请人及经办人名称。

17. Telephone No.

填写开证申请人的电话号码。

三、开证申请书的缮制实例

方正进出口贸易公司在合同规定的开证时间内，通过中国银行上海分行及时向 TOKYO IMPORT & EXPORT CORPORATION 开出本批交易的不可撤销跟单远期信用证。由于该公司在中国银行上海分行有较好的信用，每次开证时只需缴纳30%的保证金。于是，方正先生在填写好开证申请书(见样例11－1)后，通知财务部将保证金转账到公司的保证金账户上。

样例11－1

IRREVOCABLE DOCUMENTARY CREDIT APPLICATION

To：BANK OF CHINA　　　　Date：AUG. 27，2012

<table>
<tr><td colspan="2">Beneficiary (full name and address)
TOKYO IMPORT & EXPORT CORPORATION
82-324 OTOLI MACHI TOKYO, JAPAN</td><td>L/C No.
Ex Card No.
Contract No.　TX200523</td></tr>
<tr><td colspan="2"></td><td>Date and place of expiry of the credit
NOV. 20, 2012　JAPAN</td></tr>
<tr><td>Partial shipment
☒ allowed
☐ not allowed</td><td>Transshipment
☒ allowed
☐ not allowed</td><td>☐ Issue by airmail With
☐ brief advice by teletransmission
☐ Issue by express delivery
☒ Issue by teletransmission (which shall be the operative instrument)</td></tr>
<tr><td colspan="2">Loading on board/dispatch taking in change at/from
TOKYO
not later than　OCT. 31, 2012
for transportation to SHANGHAI</td><td>Amount (both in figures and words)
USD 95 000. 00
SAY U. S. DOLLARS NINETY FIVE THOUSAND ONLY</td></tr>
<tr><td colspan="2">Description of goods
HEX DEYS WRENCH
DOUBLE RING OFFSET WRENCH
COMBINATION WRENCH
ADJUSTABLE WRENCH
Packing: PACKED IN ONE CARTON OF 100 SETS EACH</td><td>Credit available with
☐ by sight payment　☒ by acceptance
☒ by negotiation
☐ by deferred payment at against the documents detailed herein
☒ and beneficiary's draft for 100% of the invoice value
at USD 95 000. 00
on 30 DAYS AFTER SIGHT</td></tr>
<tr><td colspan="2"></td><td>☒ FOB　☐ CFR　☐ CIF
☐ or other terms</td></tr>
<tr><td colspan="3">Documents required: (marks with ×)
1. (×) Signed Commercial Invoice in 5 copies indicating L/C No. and Contract No.
2. ( ) Full set of clean on board ocean Bills of Landing made out to and blank endorsed, marked "freight [ ] to collect/ [ ] prepaid [ ] showing freight amount" notifying
3. ( ) Air Waybills showing "freight [ ] to collect/ [ ] prepaid [ ] including freight amount" and consigned to
4. ( ) Memorandum issued by consigned to</td></tr>
</table>

续

<table>
<tr><td colspan="2">5. ( ) Insurance Policy/Certificate in copies for % of the invoice value showing claims payable in China in currency of the draft, blank endorsed, covering ([ ] Ocean Marine Transportation / [ ] Air Transportation / [ ] Over Land Transportation) All Risks, War Risks.
6. (×) Packing List/Weight Memo in 5 copies issued by the quantity/gross and the weights of each packing and packing condition as called by the L/C.
7. ( ) Certificate of Quantity/Weight in copies issued by an independent surveyor at loading port, indicating the actual surveyed quantity/weight of shipped goods as well as the packing condition.
8. (×) Certificate of Quantity in 2 copies issued by [×] manufacturer / [ ] public recognized surveyor / [ ]
9. (×) Beneficiary's certified copy of cable dispatched to the accountee within 12 hours after shipment advising [×] name of vessel / [ ] flight No. / [ ] wagon No. , date quantity, weight and value of shipment.
10. ( ) Beneficiary's Certifying that extra copies of the documents have been dispatched according to the contract terms.
11. ( ) Shipping Co's Certificate attesting that the carrying vessel is chartered or booked by accountee or their shipping agents.
12. ( ) Other documents , if any:
Additional instructions:
1. (×) All banking charges outside the opening bank are for beneficiary's account.
2. (×) Documents must be presented with 15 days after the date of issuance of the transport documents but with the validity of this credit.
3. (×) Third party as shipper is not acceptable. Short Form/Blank Back B/L is not acceptable.
4. ( ) Both quantity and amount % more or less are allowed.
5. ( ) Prepaid freight drawn in excess of L/C amount is acceptable against presentation of original charges voucher issued by shipping Co. /Air Line/or it's agent.
6. ( ) All documents to be forwarded in one cover, unless otherwise started above.
7. ( ) Other terms, if any:</td></tr>
<tr><td>Account No. : 67548211
Transacted by: FANGZHENG IMPORT & EXPORT TRADE CORPORATION
Telephone No. : 56082266</td><td>with BANK OF CHINA (name of bank)
(Applicant: name, signature of authorized person)
方正 (with seal)</td></tr>
</table>

点评：

● 开证申请书列明出口方提供的各项单据及份数，并对单据内容提出具体要求。

● 开证申请书的内容依据贸易合同的规定填写，两者同项内容要一致。

工作任务二　办理进口订舱、保险及有关单证缮制

业务导入

在FOB条件下，由进口方办理货物运输和保险手续，支付运费和保险费，也可委托货运代理公司办理。

方正进出口贸易公司办理好开证后，根据合同有关内容填写进口订舱委托书，及时向上海金发货运代理公司办理订舱委托。当获知订舱确认后，方正先生向东京进出口公司发出装船通知，告知其船名、航次和到达装运港的时间，以便其做好装运货物的准备。

一、订舱、保险业务程序

订舱、保险业务流程如图11－2所示。

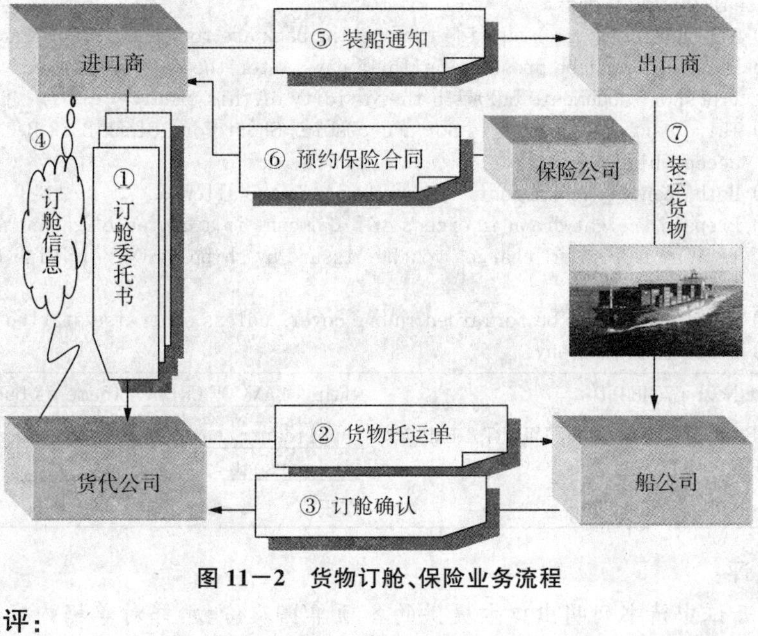

图11－2　货物订舱、保险业务流程

点评：

- 进口方缮制订舱委托书，委托货代向船运公司办理订舱手续。
- 货代向船运公司递交货物托运单，代办订舱。

- 货代获知订舱确认后告知进口方相关信息。
- 进口方与保险公司签订进口货物预约保险合同，并通知出口方装船信息。

议题二

上海良友进出口公司与美商以 FOB 条件签订了一份大米购销合同。我方办理完租船手续后，未向对方及时发出装船通知。船到达装运港后，由于货物量大未能如期装完，需支付滞期费。根据国际惯例，该费用应由谁承担？

二、订舱、保险业务实例

1. 方正先生缮制进口订舱委托书

进口订舱委托书如样例 11－2 所示。

样例 11－2

进口订舱委托书

编号：XT051147　　　　日期：2012 年 8 月 31 日

货　名 （英文）	扳手 WRENCH		
重　量	175KGS	尺　码	$7\ M^3$
合　同　号	TX200523	包　装	60 箱
装　运　港	大阪港	交货期	2012 年 10 月 20 日
装货条款	（1）2012 年 10 月 19 日到达大阪港装运 （2）允许转船 （3）允许分批装运		
发　货　人 名称、地址	TOKYO IMPORT & EXPORT CORPORATION 82-324 OTOLI MACHI TOKYO，JAPAN		
发　货　人 电　挂	028-548743		
订妥船名	COSCO V.861	预抵港口	东京港
备　注		委托单位	FANGZHENG IMPORT & EXPORT TRADE CORPORATION 方正进出口贸易公司 方正

1. 危险品须注明性能，重大件须注明每件重量及尺码。
2. 装货条款须详细注明。

2. 方正先生与保险公司订立预约保险合同

方正先生与保险公司订立预约保险合同，如样例 11－3 所示。

样例 11－3

中国人民保险公司
进口货物运输预约保险合同

合同号：TX200523　　　　　　　　　　　　　　　　日期：2012 年 9 月 15 日

甲方：方正进出口贸易公司

乙方：中国人民保险公司上海分公司

双方就进口货物的运输预约保险拟订以下条款，以资共同遵守：

一、保险范围

甲方从国外进口的全部货物，不论运输方式，凡贸易条款规定由买方办理保险的，都属于本合同范围之内。甲方应根据本合同规定，向乙方办理投保手续并支付保险费。

乙方对上述保险范围内的货物，负有自动承保的责任，在发生本合同规定范围内的损失时，均按本合同的规定，负责赔偿。

二、保险金额

保险金额以货物的到岸价(CIF)即货价加运费加保险费为准(运费可用实际运费，亦可根据双方协定的平均运费率计算)。

三、保险险别和费率

各种货物需要投保的险别由甲方选定并在投保单中填明。乙方根据不同的险别规定不同的费率。现暂定如下：

货物种类	运输方式	保险险别	保险费率
扳手	江海运输	一切险、战争险	按约定

四、保险责任

各种险别的责任范围，以乙方制定的“海洋货物运输保险条款”、“海洋运输货物战争险条款”、“海运进口货物国内转动期间保险责任扩展条款”、“航空运输一切险条款”和其他有关条款的规定为准。

五、投保手续

甲方一经掌握货物发运情况，即应向乙方寄送启运通知书，办理投保。通知书一式五份，由保险公司签认后，退回一份。如不办理投保，货物发生损失，乙方不予赔偿。

六、保险费

乙方按甲方寄送的启运通知书照前列相应的费率逐笔计收保费，甲方应及时付费。

七、索赔手续和期限

本合同所保货物发生保险责任范围内的损失时，乙方应按制定的“关于海运进口保险货物残损检验的赔款给付办法”和“进口货物施救整理费用支付办法”迅速处理。甲方应尽力采取防止货物扩大受损的措施，对已遭受损失的货物必须积极抢救，尽量减少货物的损失。向乙方办理索赔的有效期限，以保险货物卸离海港之日起满一年终止。如有特殊需要，可向乙方提出延长索赔期。

八、合同期限

本合同自 2012 年 9 月 15 日起开始生效。

FANGZHENG IMPORT & EXPORT TRADE CORPORATION 方正进出口贸易公司　　　　中国人民保险公司 上海分公司

甲方：方正　　　　　　　　　　　　　　　　乙方：丁君

相关知识链接　**进口货物保险**

1. 逐笔保险

逐笔保险是指进口方在收到国外客户的装运通知后，向当地保险公司逐笔办理进口货物的投保手续，保险公司将承担货物装上运输工具至目的地收货人仓库之间的保险责任。如果货物启运后，进口方未能及时办理好货物运输保险，保险公司不负责货物投保前在运输途中的损失。

2. 预约保险

预约保险通常是由进口商委托外运公司办理，并由外运公司同中国人民保险公司签订预约保险合同。在预约保险合同中，对进口货物的投保险别、保险费率、适用的保险条款、保险费和赔偿方式等都作了明确规定。当进口货物装船后，出口方立即向保险公司发出装运通知，将船名、提单号码、开船日期、商品名称、数量、装运港和目的港等项内容告知保险公司，该批进口货物将被自动承保。在进口贸易业务实践中，通常采用预约保险。

3. 方正先生缮制装船通知

方正先生缮制装船通知，如样例 11－4 所示。

样例 11－4

FANGZHENG IMPORT & EXPORT TRADE CORPORATION

SHIPPING　ADVICE

To:　　　　　　　　　　　　　　　　　　　　Date: OCT. 10, 2012

TOKYO IMPORT & EXPORT CORPORATION

Re: Shipment of Contract No. TX200523

Letter of Credit No. IR05458954

We wish to advise that the following stipulated vessel will arrive at TOKYO port, on/about OCT. 19, 2012 Vessel's name COSCO Voy No. V. 861

We'll appreciate to see that the covering goods would be shipped on the above vessel on the date of L/C called.

FANGZHENG IMPORT & EXPORT TRADE CORPORATION

FANGZHENG IMPORT & EXPORT TRADE CORPORATION 方正进出口贸易公司

工作任务三　审核到货单证

业务导入

出口方按照合同与信用证的规定按时发出货物，在信用证规定的交单期内办理议付。进口方收到全套议付单据(进口商业发票、装箱单和汇票等)，对其进行审单，核准无误后办理付款赎单，如为远期付款，则对汇票进行承兑。

一、审核到货单据的依据

进口方审单的主要依据是:信用证项下为信用证与贸易合同条款，托收项下为贸易合同条款。

进口方审单要善于利用现代计算机技术来提高审单的准确性和效率，要做到单证的内容准确、格式完整、单据齐全、单证相符和单单相符。进口方审单发现单证或单单不符，应立即通知开证行拒绝付款，并以书面形式说明理由。在单证或单单的不符点不构成风险，且急需进口商品的条件下，可要求出口商提供担保后再进行付款赎单。开证行如拒绝接受单据，根据 UCP600 的规定，不得迟于收到单据的翌日起第 5 个银行工作日将拒付通知直接发至通知行，并说明拒付理由。

二、审核到货单据的实例

方正进出口贸易公司在中国银行上海分行对东京进出口公司的全套议付单据进行审单，当核准无误后，办理承兑手续。汇票付款时间一到，方正先生向中国银行上海分行办理付款赎单。

1. 方正先生审单

方正先生审查商业发票(见样例 11－5)、装箱单(见样例 11－6)和汇票(见样例 11－7)。

样例 11－5

TOKYO IMPORT & EXPORT CORPORATION
82-324 OTOLI MACHI TOKYO, JAPAN
TEL：028-548-742　FAX：028-548-743

COMMERCIAL INVOICE

FANGZHENG IMPORT & EXPORT TRADE CORPORATION
1321 ZHONGSHAN ROAD SHANGHAI CHINA
TEL:021-56082266　FAX:021-56082265

INVOICE NO. TIEX060930
DATE: SEP. 16, 2012
PAYMENT TERMS:
30 DAYS AFTER SIGHT L/C

MARKS:　N/M

SHIPPED FROM	SHIPPED TO	VESSEL/VOYAGE NO.	
TOKYO	SHANGHAI	KLING/EX060511	
DESCRIPTION	QUANTITY	PRICE PER SET	TOTAL AMOUNT
WRENCH		FOB TOKYO	
HEX DEYS WRENCH			
DOUBLE RING OFFSET WRENCH	1 000 SET	USD 10.00	USD 10000.00
COMBINATION WRENCH	1 500 SET	USD 10.00	USD 15 000.00
ADJUSTABLE WRENCH	2 000 SET	USD 20.00	USD 40 000.00
L/C NO.：XUT17345	1 500 SET	USD 20.00	USD 30 000.00
P/C NO.：TX200523			USD 95 000.00
PACKED IN ONE CARTON OF 100 SETS			

SAY U.S. DOLLARS NINETY FIVE THOUSAND ONLY

山田
TOKYO IMPORT & EXPORT CORPORATION

样例 11－6

TOKYO IMPORT & EXPORT CORPORATION
82-324 OTOLI MACHI TOKYO, JAPAN
TEL：028-548-742　FAX：028-548-743

PACKING LIST

FANG ZHENG IMPORT & EXPORT TRADE CORPORATION
1321 ZHONGSHAN ROAD SHANGHAI CHINA
TEL：021-56082266　FAX:021-56082265

INVOICE NO. TIEX060930
DATE: SEP. 16, 2012
PAYMENT TERMS:
30 DAYS AFTER SIGHT L/C

MARKS: N/M

SHIPPED FROM	SHIPPED TO	VESSEL/VOYAGE NO.		
TOKYO	SHANGHAI	COSCO V.861		
PACKAGES	DESCRIPTION	QUANTITY	GROSS WEIGHT	NET WEIGHT
60	WRENCH			
	HEX DEYS WRENCH	1 000 SET	35 KGS	30 KGS
	DOUBLE RING OFFSET WRENCH	1 500 SET	35 KGS	30 KGS
	COMBINATION WRENCH	2 000 SET	50 KGS	40 KGS
	ADJUSTABLE WRENCH	1 500 SET	55 KGS	45 KGS
	L/C NO.：XUT17345	6 000 SET	175 KGS	145 KGS
	PACKED IN ONE CARTON OF 100 SETS			

SAY TOTAL SIXTY(60)CARTONS ONLY.

山　田
TOKYO IMPORT & EXPORT CORPORATION

样例 11—7

No. TIEX060930

For USD 95 000.00 **BILL OF EXCHANGE** TOKYO, OCT.21,2012
Date

At 30 DAYS AFTER *sight of this SECOND BILL of EXCHANGE (first of the same tenor and date unpaid) pay to the order of* FUJI BANK TOKYO BRANCH *the sum of*
SAY U.S. DOLLARS NINETY FIVE THOUSAND ONLY
Drawn under BANK OF CHINA SHANGHAI BRANCH
L/C No. XUT17345 *Dated* AUG. 28, 2012
To. BANK OF CHINA SHANGHAI BRANCH
100 ZHONGSHAN NO. 1 ROAD SHANGHAI, CHINA

IMPORT & EXPORT CORPORATION TOKYO

TOKYO IMPORT & EXPORT CORPORATION
山 田

2. 方正先生承兑

方正先生承兑，如样例 11—8 和样例 11—9 所示。

样例 11—8

中 国 银 行
BANK OF CHINA
进口信用证付款/承兑通知书

申请人 方正进出口贸易公司	信用证号：L/C NO.：XUT17345 汇票金额：USD 95 000.00 汇票期限：30 DAYS AFTER SIGHT 汇票到期日：

寄单行：FUJI BANK TOKYO BRANCH

受益人：TOKYO IMPORT & EXPORT CORPORATION

单据	汇票	发票	海运提单	空运提单	货物收据	保险单	装箱单	重量单	产地证	装船通知	
	1	2					2			1	

货物：WRENCH

不符点：

上述单据已到，现将影印单据提交贵公司：

请审核并备妥票款于 2012 年 10 月 24 日前来我行，如不在上述期限来我行承兑，即作为你公司同意授权我行在公司存款账户内支出票款对寄单行承兑。

对于上述不符点，你公司如不同意接受，请于 2012 年 10 月 24 日书面通知我行，如不在上述期限来我行办理拒付，又不将单据退回我行，即作为你公司接受不符点并授权我行在你公司存款账户内支出票款对寄单行承兑。

中国银行
2012 年 10 月 20 日

同意付款 方正进出口贸易公司
方正

FANGZHENG IMPORT & EXPORT TRADE CORPORATION

样例 11－9

No. TIEX060930

For USD 95 000.00　　**BILL OF EXCHANGE**　　TOKYO, OCT.21,2012

Date

At 30 DAYS AFTER *sight of this SECOND BILL of EXCHANGE (first of the same tenor and date unpaid) pay to the order of* FUJI BANK TOKYO BRANCH *the sum of*

SAY U.S. DOLLARS NINETY FIVE THOUSAND ONLY

Drawn under BANK OF CHINA SHANGHAI BRANCH

L/C No. XUT17345　　Dated　AUG. 28, 2012

To. BANK OF CHINA SHANGHAI BRANCH

100 ZHONGSHAN NO.1 ROAD SHANGHAI, CHINA

承兑

2012.10.24

TOKYO IMPORT & EXPORT CORPORATION

山田

TOKYO IMPORT & EXPORT CORPORATION

工作任务四　办理进口信用证押汇

业务导入

进口信用证押汇是指信用证项下单据到达并经审核无误后，开证申请人因资金周转关系，无法及时对外付款赎单，以该信用证项下代表货权的单据为质押，并同时提供必要的抵押/质押或其他担保，由银行先行代为对外付款。

一、进口信用证押汇业务的流程

单据到达开证行后，开证申请人向开证行提出进口押汇申请并签订有关协议，开证行办理进口押汇并对外付款，开证申请人取得进口单据，押汇到期后开证申请人归还押汇款并支付押汇利息。

开证申请人办理进口押汇业务时，应向开证行提交下列材料：

1. 填写开证行印制的进口押汇申请书(见样例 11－10)。

2. 与开证行签订信托收据，作为开证申请人将自己货物所有权转让给银行的确认书。

3. 签订经签章确认的进口押汇合同(见样例 11－11)，合同须列明申请人名称、信用证编号、押汇金额、押汇期限、押汇利率、还款日期、还款责任及违约处理等。

样例 11－10

进口押汇申请书

________银行________分行：

我公司现向贵行申请办理信用证（　　）/托收（　　）项下进口押汇业务，请予受理。

信用证/托收号：____________

押汇金额：____________

押汇天数：____________

发票号：____________

商品名称：____________

贵行业务编号：____________

单据包括：

1. 汇票：正本　份，副本　份。
2. 发票：正本　份，副本　份。
3. 海运提单：正本　份，副本　份。
   空运单据：正本　份，副本　份。
   其他运输单据：正本　份，副本　份。
4. 保单：正本　份，副本　份。
5. 装箱单：正本　份，副本　份。
6. 品质证：正本　份，副本　份。
7. 产地证：正本　份，副本　份。
   G. S. P.：正本　份，副本　份。
8. 其他单据：正本　份，副本　份。

我公司对以上单据项下办理的进口押汇，保证在规定的期限内偿还押汇本息，如不能按期全部偿还，贵行有权从我公司在贵行开立的任何账户中或我公司的任何其他应收账款中主动扣收押汇本息及罚息。

我公司承担由此产生的其他责任、费用和因我公司的违约使贵行遭受的其他一切损失。

申请人：（公章）

法定代表人或授权签字人：（签字）

年　月　日

样例 11－11

进口押汇协议书

编号：________年________字第________号

经____________公司（下称甲方）与________银行________分行（下称乙方）商定，乙方接受甲方申请，同意为甲方信用证/托收号为________项下单据办理进口押汇，双方确认：

一、押汇金额（大小写）：________

押汇利率：________

起始日：________年________月________日

押汇期限（天数）：________

到期日：________年________月________日

押汇期内如遇利率调整，按调整后的利率执行。

二、甲方保证在押汇到期日前归还乙方本息。如甲方未能按期将押汇本息归还，无论何种原因，乙方均拥有下述权利：

（一）逾期按押汇利率加收罚息。逾期一个月以内的以每日________计收罚息，逾期一个月以上的以每日________计收罚息。

（二）从甲方在乙方处开立的任何账户和各种应收款中扣还欠款。

三、乙方有权监督与核查上述押汇业务项下货物的销售及收款情况，同时应乙方要求，甲方必须随时以书面形式向乙方提供上述押汇业务项下货物的有关情况，由此产生的一切费用均由甲方承担。

四、甲方可提前还款，也可分期还款，利率按上述约定利率执行，甲方提前还款后，利息按未还余额计收。

五、在甲方未能还清乙方押汇本息之前，上述单据及单据项下货物的所有权归乙方，甲方凭信托收据预借单据提货并销售或处理货物，押汇本息还清后单据及单据项下货物的所有权归属甲方。

六、办理进口押汇时，乙方向甲方收取________‰的风险承担费，可收取外币，也可收取人民币。

收取外币的方法：押汇金额×　　‰

收取人民币的方法：押汇金额×当日卖价×　　‰

七、如甲方或乙方的组织机构发生变化或名称变更，应预先通知对方。无论双方组织机构或名称发生何种变化，均不影响本协议的效力和执行，本协议项下的一切未了责任、权利、义务将由各自的继承人、兼并人、承包人等接办单位或新设单位继续履行。

八、本协议书自乙方向甲方交付进口押汇款项之日起生效，至乙方全部收回进口押汇款项、利息及有关费用之日失效。

九、本协议未尽事宜由双方协商解决，如有争议，交乙方所在地法院仲裁。

甲方：（单位公章）　　　　乙方：（单位公章）

法定代表人或授权签字人：（签字）　　　　法定代表人或授权签字人：（签字）

年　月　日　　　　年　月　日

二、进口信用证押汇业务的特点

进口信用证押汇业务的特点主要有：(1)专款专用，仅用于履行押汇信用证项下的对外付款；(2)进口押汇是短期融资，期限一般不超过90天，90天以内的远期信用证，其押汇期限与远期期限相加一般不得超过90天；(3)进口押汇利率按银行当期流动资金贷款利率计收；(4)押汇百分比、押汇期限等由银行按实际情况决定；(5)进口押汇须逐笔申请，逐笔使用。

三、信托收据

信托收据(Trust Receipt，简称T/R)，是进口商与开证行或代收行之间的关于物权处理等的一种契约，是将货物抵押给银行的确认书。从理论上而言，银行可以仅凭之办理融资业务。但在实务中，由于仅凭信托收据办理融资业务的风险较大，因此通常不单独使用，而是在进口融资业务中，银行为从法律上保证其对货物的所有权，作为防范风险的一种手段而使用。如进口信用证业务项下的进口押汇业务、提货担保业务、进口代收押汇业务中，银行均须与企业签订信托收据（见样例11—12）。

样例11—12

信托收据

编号：

________银行：

我公司在贵行办理了业务编号为________、期限为________天的进口开证/代收业务，现同意以下列方式处理该进口开证/代收项下单据（单据金额：________，货物名称：________，数量：________）及货物：

一、我公司兹确认收到贵行上述进口开证/代收项下单据/货物，自我公司取得该单据之日起，至我公司付清该进口开证/代收项下货款、利息及一切费用之日止，该单据及货物的所有权以及有关的保险权益均归属于贵行，我公司保证办理确认贵行上述权利所必需的手续。未经贵行授权，我公司不以任何方式处理该单据及货物。我公司不因上述转让行为而减少、免除或抵消我公司对贵行所承担的债务。

二、我公司作为贵行的受托人，代贵行保管有关单据，以贵行名义办理该货物的存仓、保管、运输、加工、销售及保险等有关事项，代为保管该货物出售后的货款或将货款存入贵行指定账户。贵行有权以任何合法方式对我公司进行监督，包括随时派员或代理人在任何时候进入仓库检查货物。

三、贵行有权要求我公司立即返还该单据或货物或销售所得款项，或从我公司在贵行系统内各机构开立的账户中直接扣款。该货物折价或销售所得款项不足以偿付我公司所欠贵行债务的，贵行有权就差额部分向我公司及保证人进行追索；货物折价或销售所得款项超过我公司所欠贵行债务的，超额部分我公司有权保留。

四、该货物在我公司保管期间产生的所有费用（包括但不限于保险、仓储、运输、码头费用等）由我公司承担。我公司承诺对该货物投保所有可能出现的风险，在保险单上列明贵行为第一受益人，并将保险单交贵行保管，如投保货物发生损失，贵行有权直接向保险公司索赔。

五、未经允许，我公司不以延期付款或任何非货币方式或低于市场价值处理该货物。

六、我公司保证不将货物销售给我公司无权向其进行索偿的任何人。

七、我公司不向其他任何人抵押或质押该货物，或使该货物受到任何留置权的约束。

八、一经贵行要求，我公司即将该货物的账目、任何销售收入或与该货物有关的销售合同详细情况提交给贵行，贵行有权进入仓库对货物的实际情况进行检查或重新占有该货物。

九、若本公司发生破产清算，以信托收据提取的货物不在本公司债权人可分配的财产范围内。

十、我公司保证履行上述有关承诺，否则贵行有权采取任何措施（包括处理公司其他财产）清偿我公司在本信托收据项下承担的义务。

单位名称（公章）：
有权签字人：

年　月　日

进口方与银行签订信托收据，并办妥其他有关手续后，进口方在未付讫进口项下的货款前，能向开证行或代收行借出单据，从而及时报关、提货、销售等，但由于物权是开证行或代收行的，进口方仅是“借单行事”，处于代管货物的地位，是代保管人，因此，进口方取得的货款属开证行或代收行所有，进口方只能在向开证行或代收行付款并赎回信托收据后，物权才归其所有。因此，进口方与银行签订信托收据的实质是开证行或代收行对进口方提供的一种资金融通便利。

信托收据的主要适用范围是：(1)在银行享有授信额度的客户所开出的信用证项下来单；(2)卖方采用付款交单托收方式的进口代收单据，但不适用于承兑交单进口代收单据；(3)申办进口押汇。

信托收据须指明客户作为银行的受托人代银行保管有关货物，同时保证以银行名义代办货物存仓或处理；在银行要求下立即退回有关文件；以银行名义进行货物加工并在加工后重新存仓；安排出售货物，并立即或在规定期限内用销售收入归还全部银行垫款。

相关知识链接　**进口托收押汇**

进口托收押汇是代收行以包括物权单据在内的进口托收单据为抵押向进口方提供的一种融资性垫款，由于风险较大，一般适用于以付款交单(D/P)为结算方式的进口托收业务中。代收行通常根据进口方资信状况和抵押品的情况核定一个押汇额度，周转使用。

进口托收押汇的业务操作流程是：代收行收到托收行寄送的单据后，代收行根据进口方的申请与其签订信托收据和进口押汇协议，先行对外垫付。同时，将单据放给进口方，由其提货进行加工、转卖，用货物的“回笼款”归还代收行的垫款。

工作任务五　办理入境货物报检及有关单证缮制

业务导入

进口方办理付款赎单后，应根据《中华人民共和国进出口商品检验法》及其实施条例等有关规定，填写“入境货物报检单”，并随附进口贸易合同、国外发票、提(运)单和装箱单等有关单证及时办理报检手续。

一、审单、入境货物报检业务程序

审单、入境货物报检业务程序如图 11—3 所示。

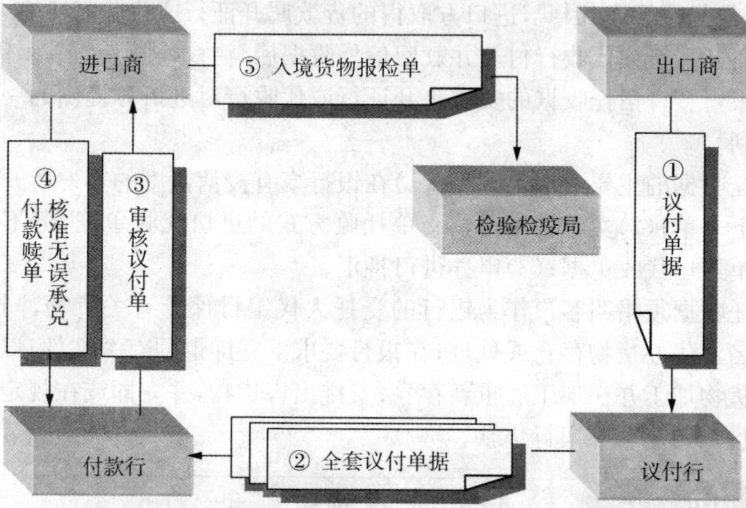

图 11—3 入境货物报检业务程序

二、入境货物报检单的缮制方法

入境货物报检单填制的具体方法如下：

1. 编号

由检验检疫机构报检受理人员填写。

2. 报检单位

填写报检单位的全称，并加盖报检单位印章。

3. 报检单位登记号

填写报检单位在检验检疫机构备案或注册登记的代码。

4. 联系人

填写报检人员的姓名。

5. 电话

填写报检人员的联系电话。

6. 报检日期

检验检疫机构实际受理报检的日期，由检验检疫机构受理报检人员填写。

7. 收货人（中/外文）

填写进口贸易合同中的买方，中英译文应一致。

8. 发货人（中/外文）

填写进口贸易合同中的卖方，中英译文应一致。

9. 货物名称（中/外文）

填写本批货物的品名，应与进口贸易合同和国外发票名称一致，如为废旧货物应注明。

10. H.S.编码

填写本批货物的商品编码，以当年海关公布的商品税则编码分类为准。

11. 原产国（地区）

填写本批货物生产/加工的国家或地区。

12. 数/重量

填写本批货物的数/重量，应与进口贸易合同、国外发票上所列的货物数/重量一致，并应注明数/重量单位。

13. 货物总值

填写本批货物的总值及币种，应与进口贸易合同和国外发票上所列一致。

14. 包装种类及数量

填写本批货物实际运输包装的种类及数量，应注明包装的材质。

15. 运输工具名称及号码

填写装运本批货物的运输工具名称及号码。

16. 合同号

填写本批货物的进口贸易合同号，或订单、形式发票的号码。

17. 贸易方式

填写本批进口货物的贸易方式，如一般贸易。

18. 贸易国别（地区）

填写本批进口货物的贸易国或地区名称。

19. 提单/运单号

填写本批进口货物的海运提单号或空运单号，有二程提单的应同时填写。

20. 到货日期

填写本批进口货物到达口岸的日期。

21. 启运国家（地区）

填写本批进口货物的启运国家或地区名称。

22. 许可证/审批号

对于需办理进口许可证或审批的进口货物，应填写有关许可证号或审批号，不得留空。

23. 卸毕日期

填写本批进口货物在口岸卸毕的实际日期。

24. 启运口岸

填写本批进口货物启运口岸的名称。

25. 入境口岸

填写装运本批进口货物的交通工具进境首次停靠的口岸名称。

26. 索赔有效期至

按进口贸易合同规定的日期填写，特别要注明截止日期。

27. 经停口岸

填写本批进口货物在到达目的地前，中途曾经停靠的口岸名称。

28. 目的地

填写本批进口货物最后到达的交货地。

29. 集装箱规格、数量及号码

进口货物若以集装箱运输，应填写集装箱的规格、数量及号码。

30. 合同订立的特殊条款以及其他要求

填写在进口贸易合同中订立的有关质量、卫生等特殊条款，或报检单位对本批货物检验检疫的特别要求。

31. 货物存放地点

填写本批进口货物实际存放的地点。

32. 用途

填写本批进口货物的用途。

33. 随附单据

在向检验检疫机构提供的实际单据名称前的“□”内打“√”，也可在“□”后补填其名称，并在“□”内打“√”。

34. 标记及号码

填写进口货物的标记及号码，应与进口贸易合同和国外发票等有关单据保持一致。若没有标记及号码，则填“N/M”。

35. 外商投资财产

由检验检疫机构报检受理人员填写。

36. 报检人郑重声明

由报检人员亲笔签名。

37. 检验检疫费

由检验检疫机构计费人员填写。

38. 领取证单

由报检人在领取证单时，填写实际领证日期并签名。

相关知识链接　**入境货物报检的范围**

1. 法律与行政法规所规定的实施检验检疫的入境对象

根据《中华人民共和国进出口商品检验法》及其实施条例、《中华人民共和国进出境动植物检疫法》及其实施条例、《中华人民共和国国境卫生检疫法》及其实施细则、《中华人民共和国食品卫生法》等有关法律、行政法规的规定，须向检验检疫机构报检的对象主要有：(1)列入《出入境检验检疫机构实施检验检疫的进出境商品目录》内的货物；(2)入境废物、进口旧机电产品；(3)进境集装箱；(4)进境、过境的动植物、动植物产品及其他检疫物；(5)进境动植物性包装物、铺垫材料；(6)来自动植物疫区的运输工具，装载进境、过境的动植物、动植物产品及其他检疫物的运输工具；(7)进境拆解的废旧船舶；(8)入境人员、交通工具、运输设备以及可能传播检疫传染病的行李、货物和邮包等物品；(9)旅客携带物和携带伴侣动物；(10)国际邮寄物；(11)其他法律、行政法规规定需经检验检疫机构实施检验检疫的其他对象。

2. 凡我国作为成员的国际条约、公约和协定所规定的实施检验检疫的入境货物

凡我国作为成员的国际条约、公约和协定所规定的，必须由我国检验检疫机构实施检验检疫的入境货物，该货主或其代理人须向检验检疫机构申报实施检验检疫。

3. 凡贸易合同约定的须凭检验检疫机构签发的证书进行交接、结算的入境货物

凡在进口贸易合同或协议中规定的入境货物，要以我国检验检疫机构签发的检验检疫证书作为交接、结算依据，该货主或其代理人须向检验检疫机构报检。

三、办理入境货物报检单的实例

方正进出口贸易公司根据《中华人民共和国进出口商品检验法》及其实施条例等有关规定，填写入境货物报检单，随附有关单据，及时办理报检手续。

1. 方正先生缮制报检单

入境货物报检单如样例 11—13 所示。

样例 11－13

中华人民共和国出入境检验检疫
入境货物报检单

报检单位(加盖公章):方正进出口贸易公司　　　　＊编号:

报检单位登记号:1880298666 联系人:方正　电话:56082266　　　报检日期:2012 年 10 月 27 日

收货人	(中文)方正进出口贸易公司	企业性质(划“√”)	☑合资 □合作 □外资
	(外文)FANGZHENG IMPORT & EXPORT TRADE CORPORATION		
发货人	(中文)		
	(外文)TOKYO IMPORT & EXPORT CORPORATION		

货物名称(中/外文)	H. S. 编码	原产国	数/重量	货物总值	包装种类及数量
扳手 WRENCH	8204.1100	日本	6 000SETS	95 000.00 美元	60 箱

运输工具名称及号码	COSCO V. 861			合同号	TX200523
贸易方式	一般贸易	贸易国别(地区)	日本	提单/运单号	XY05111
到岸日期	2012. 10. 24	启运国家(地区)	日本	许可证/审批号	06-JZ5661168
卸毕日期	2012. 10. 24	启运口岸	东京	入境口岸	吴淞海关
索赔有效期至	2013. 10. 24	经停口岸		目的地	上海
集装箱规格、数量及号码					

合同订立的特殊条款以及其他要求		货物存放地点	上海市逸仙路 5 号
		用　途	自营内销

随附单据(划“√”或补填)		标记及号码	＊外商投资财产(划“√”)	□是 否
☑ 合同 ☑ 发票 □ 提/运单 □ 兽医卫生证书 □ 植物检疫证书 □ 动物检验证书 □ 卫生证书 □ 原产地证 ☑ 许可/审批文件	☑ 到货通知 ☑ 装箱单 □ 质保书 □ 理货清单 □ 磅码单 □ 验收报告	N/M	＊检验检疫费 总金额(人民币元) 计费人 收费人	

报检人郑重声明: 1. 本人被授权报检。 2. 上列填写内容正确属实。 签名:方正	领取证单	
	日期	
	签名	

注:有“＊”号栏由出入境检验检疫机关填写　　　◆国家出入境检验检疫局制

点评：

● 对于同一买卖合同、同一国外发票、同一装运单据填写一份报检单。

● 报检单编号前 6 位为检验检疫机构代码，第 7 位为报检类代码，第 8、9 位为年代码，第 10 至 15 位为流水号。

● 检验检疫机构对属于法定检验检疫的货物签发通关单，并在提货单上盖检验检疫章；对于非法定检验检疫货物仅在提货单上盖检验检疫章。

● 对于不属于法定检验检疫的货物，根据报检人的要求和有关买卖合同的规定对进口商品进行检验、鉴定，然后签发有关检验检疫证书。

2. 检验检疫机构签发入境货物通关单

入境货物通关单如样例 11－14 所示。

样例 11－14

中华人民共和国出入境检验检疫

入境货物通关单

编号：T0608114

<table>
<tr><td colspan="3">1. 收货人
方正进出口贸易公司</td><td rowspan="3">5. 标记及唛码
N/M</td></tr>
<tr><td colspan="3">2. 发货人
TOKYO IMPORT & EXPORT CORPORATION</td></tr>
<tr><td>3. 合同/提(运)单号
TX200523/XY05111</td><td colspan="2">4. 输出国家或地区
日本</td></tr>
<tr><td>6. 运输工具名称及号码
COSCO V.861</td><td colspan="2">7. 目的地
上海</td><td>8. 集装箱规格及数量
——</td></tr>
<tr><td>9. 货物名称及规格
扳手
WRENCH
****
（以下空白）</td><td>10. H.S.编码
8204.1100
****
（以下空白）</td><td>11. 申报总值
USD95 000.00
****
（以下空白）</td><td>12. 数/重量、包装数量及种类
6 000SETS
60CTNS
****
（以下空白）</td></tr>
<tr><td colspan="4">13. 证明
上述货物业已报验/申报，请海关予以放行。
本通关单有效期至二〇一二年十一月二十日。
日期：2012 年 10 月 30 日
签字：丁毅</td></tr>
<tr><td colspan="4">14. 备注</td></tr>
</table>

工作任务六　办理进口货物报关、付汇核销及有关单证缮制

业务导入

进口方在办理报检手续后，应按有关法律法规的规定填写进口货物报关单，并随附国外商业发票、装箱单、进口贸易合同和提单等单据及时向当地口岸海关办理进口报关手续。海关核准放行后，征收进口关税并在提货单上盖放行章，进口方凭其提货。

一、进口货物报关、付汇核销业务程序

进口货物报关、付汇核销业务程序如图 11－4 所示。

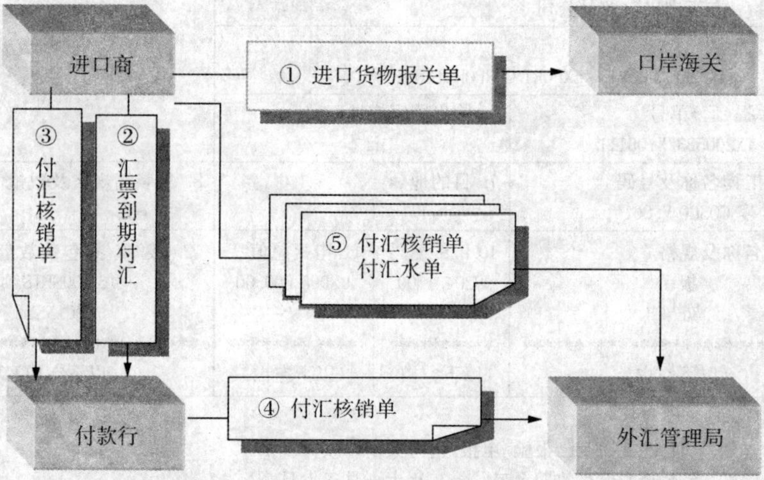

图 11－4　进口报关、付汇核销业务程序

点评：

● 进口方在办理好付汇手续后，填写贸易进口付汇核销单交银行。

● 银行审核无误后，将第一联交外汇管理局，第二联退还给进口方。

● 进口方核销员向外汇管理局提供贸易进口付汇核销单、进口货物报关单和付汇水单，并填写贸易进口付汇到货核销表，办理核销报审手续。

二、进口货物报关单的缮制方法

进口货物报关单的内容和缮制方法与出口货物报关单的大致相同，其不同的栏目有：

1. 进口口岸

按实际货物进口的口岸填写海关的名称及其海关“关区代码表”代码。

2. 进口日期

填报进口货物所载运输工具的进境日期，无实际进境的，则填申请办理货物进口手续的日期。

3. 申报日期

填制进口方或其代理人申请办理货物进口手续的日期，其不能早于进口日期。

4. 经营单位

应填写对外签订并执行进口货物贸易合同的中国境内企业的全称及其代码。

5. 提运单号

填写进口货物提单或运单编号。

6. 收货单位

填入已知的进口货物在境内的最终消费单位的名称及其代码。

7. 征免性质

按海关对进口货物实施征、减、免税管理的性质类别和代码填报，一份报关单只允许填一种征免性质。

8. 征税比例

此项仅用于“进料非对口”贸易方式下的进口报关单，填报海关规定的实际应征税比率，例如，5% 填报 5。

9. 许可证号

填写进口货物许可证的编号，一份报关单只允许填一个许可证号，如有多个许可证号，须分单申报。如不属于进口许可证范围的，此栏留空。

10. 启运国(地区)

根据进口货物始发的国家(地区)的名称及其代码填写。

11. 装运港

填写进口货物在运抵我国关境前的最后一个境外装运港的名称及代码，无实际进出境的，填“中国境内 0142”。

12. 境内目的地

填写进口货物在国内的消费地或最终运抵地的名称及代码。

13. 批准文号

本栏目应填入“进口付汇核销单”编号。

14. 运费

应注明该批货物的运费并注明币制代码，如以 CIF 或 CFR 成交，则可不填。

15. 保费

填报该批货物的全部保险费和币制代码，如以 CIF 成交，则可不填。

16. 合同协议号

注明进口货物合同(协议)的全部字头和号码。

17. 用途

按进口货物的实际用途和用途代码进行填报，如"以产顶进 13"。

18. 原产国(地区)

填写进口货物的生产、开采或加工制造国家(地区)的名称及其代码。

三、进口货物报关、付汇核销业务实例

方正进出口贸易公司在办理好报检后，根据海运提单、国外发票、装箱单等有关内容填写进口货物报关单，在海关规定的时间内及时办理进口货物报关。海关核准放行后，委托运输公司将货物运至方正进出口贸易公司的仓库。然后，向国家外汇管理局办理进口付汇核销手续。

1. 方正先生缮制进口货物报关单

进口货物报关单如样例 11—15 所示。

样例 11—15

中华人民共和国海关进口货物报关单

预录入编号：　　　　海关编号：444117252

进口口岸 吴淞海关 2202	备案号	进口日期 2012.10.24	申报日期 2012.10.26	
经营单位 (0387124666) 方正进出口贸易公司	运输方式 江海运输	运输工具名称 COSCO V.861	提运单号 XY05111	
收货单位 0387124666	贸易方式 一般贸易	征免性质 一般征税	征税比例	
许可证号 06- JZ5661168	启运国(地区) 日本	装货港 东京	境内目的地 上海	
批准文号	成交方式 FOB	运费 502/890/3	保费 502/990/3	杂费
合同协议号 TX200523	件数 60	包装种类 箱	毛重(千克) 175	净重(千克) 145
集装箱号	随附单据 B:T0608114	用途 自营内销		
标记唛码及备注 N/M				

项号	商品编号	商品名称、规格型号	数量及单位	原产国（地区）	单价	总价	币制	征免
	8204.1100	WRENCH		日本			502	照章
01		HEX DEYS WRENCH	30 千克　1 000 套		10.00	10 000.00		
02		DOUBLE RING OFFSET WRENCH	30 千克　1 500 套		10.00	15 000.00		
03		COMBINATION WRENCH	40 千克　2 000 套		20.00	40 000.00		
04		ADJUSTABLE WRENCH	45 千克　1 500 套		20.00	30 000.00		

税费征收情况

录入员　录入单位	兹声明以上申报无讹并承担法律责任	海关审单批注及放行日期(签章) 张玲　2012.11.03
报关员　3101045588 方正	申报单位(签章)　方正进出口贸易公司 报关专用章	审单　审价
单位地址　上海市中山路 1321 号		征税　统计
邮编　电话 56082266　填制日期 2012 年 10 月 31 日		查验　放行 丸泞　2012.11.03

2. 方正先生缴纳进口关税

海关进口关税专用缴款书与海关代征增值税专用缴款书如样例 11－16 和样例 11－17 所示。

样例 11－16

上海　海关　进口关税　专用缴款书

收入系统：

海关系统　　填发日期 2012 年 11 月 2 日　　号码:269874123

收款单位	收入机关	中央金库		缴款单位(人)	名称	方正进出口贸易公司
	科目	进口关税　预算级次	中央		账号	SZR80066686
	收款国库	中国银行上海分行			开户银行	中国银行上海分行

税号	货物名称	数量	单位	完税价格(￥)	税率(%)	税款金额(￥)
1.6258698	WRENCH	60	箱	7 676 000	1.0	76 000.00
金额人民币(大写)柒佰陆拾柒万陆仟元整						

申请单位编号		报关单编号	444117860	填制单位	收款国库(银行)
合同(批件)号	TX200523	运输工具(号)	SCO.3861		BANK OF CHINA SHANGHAI BRANCH
缴款期限	2012.11.8	提/装货单号	ZX05111	制单人：350 复核人：	
备注	一般征税　照章征税　20120930 进 USD 95 000.00 成交：FOB				

从填发缴款书次日起、限七日内(星期日和法定假日除外)缴纳，逾期按日征收税款总额千分之一的滞纳金。

样例 11—17

上海 海关 代征增值税 专用缴款书

收入系统：

税务系统　　填发日期 2012 年 11 月 2 日　　号码：269874123

收款单位	收入机关	中央金库			缴款单位(人)	名称	方正进出口贸易公司
	科目	进口关税	预算级次	中央		账号	SZR80066686 BANK OF CHINA SHANGHAI BRANCH
	收款国库	中国银行上海分行				开户银行	中国银行上海分行

税号	货物名称	数量	单位	完税价格(¥)	税率(%)	税款金额(¥)
1.6258698	WRENCH	60	箱	7 676 000	1.0	76 000.00

金额人民币(大写)柒佰陆拾柒万陆仟元整

申请单位编号		报关单编号	444117252	填制单位	收款国库(银行)
合同(批件)号	TX200523	运输工具(号)	COSCO V.861		
缴款期限	2012.11.8	提/装货单号	XY05111	制单人：____ 复核人：	
备注	一般征税　照章征税　20120930 进 USD 95 000.00 成交：FOB				

3. 方正先生填写贸易进口付汇核销单

贸易进口付汇核销单如样例 11—18 所示。

样例 11—18

贸易进口付汇核销单(代申报单)

印单局代码：099210　　核销单编号：3002698741

单位代码：3145897564	单位名称：方正进出口贸易公司	所在地外汇局名称：上海
付汇银行名称：中国银行上海分行	收款人国别：日本	交易编码：01156
收款人是否在保税区：是□ 否☑	进口商品名称：扳手	
对外付汇币种：美元　对外付汇总额：USD 95 000.00　折美元总额：USD 95 000.00 其中：购汇金额 USD 95 000.00　现汇金额 人民币账号：SZR80066686　外汇账号		

续

付汇性质

☑ 正常付汇

☐ 不在名录　☐ 90 天以上信用证　☐ 90 天以上托收　☐ 异地付汇

☐ 90 天以上到货　☐ 转口贸易　☐境外工程使用物资　☐真实性审查

备案表编号:6666

预计到货日期:2012 年 10 月 24 日	进口批件号	合同/发票号:TX200523/ TIE X060930

结算方式

信用证　90 天以内☑　90 天以上☐　承兑日期　付汇日期 2012.11.24　期限　天

托　收　90 天以内☐　90 天以上☐　承兑日期　付汇日期　期限　天

汇款	预付货款☐　货到付款(凭报关单付款)☐　付汇日期			
	报关单号	报关日期	报关单币种	金额
	报关单号	报关日期	报关单币种	金额
	报关单号	报关日期	报关单币种	金额
	报关单号	报关日期	报关单币种	金额
	报关单号	报关日期	报关单币种	金额
	(若报关单填写不完,可另附纸。)			

其他☐　付汇日期

以下由付汇银行填写

申报号码:06010322

业务编号:9821546781

FANGZHENG IMPORT & EXPORT TRADE CORPORATION 方正进出口贸易公司

BANK OF CHINA SHANGHAI BRANCH

(付款银行签章)

审核日期:2012.11.6

进口单位(签章):上海进出口贸易公司　2012 年 11 月 8 日

4. 方正先生填写贸易进口付汇到货核销表

贸易进口付汇到货核销表如样例 11—19 所示。

样例 11－19

贸易进口付汇到货核销表

进口单位名称：方正进出口贸易公司　　进口单位编号：3145897564　　核销单编号：3002698741

付汇情况								报关到货情况							
序号	核销单号	备案表号	付汇币种金额	付汇日期	结算方式	付汇银行名称	应到货日期	报关单号	到货企业名称	报关币种金额	报关日期	与付汇差额		凭报关单付汇	备注
												退汇	其他		
1	3002698741	6666	USD 95 000	11.24	信用证	中国银行	10.24	444117252	方正进出口贸易公司	USD 95 000	10.31				

付汇合计笔数：	付汇合计金额：	到货报关合计笔数：	到货报关合计金额：	退汇合计金额：	凭报关单合计金额：
1	USD 95 000	1	USD 95 000		
至本月累计笔数：	至本月累计笔数：	至本月累计笔数：	至本月累计金额：	至本月累计金额：	至本月累计金额：
2	USD 106 000	2	USD 106 000		

填表人：方正　　负责人：方力　　填表日期：2012 年 11 月 9 日

本核销表内容无讹。(盖章)

注：

1. 本表一式二联，第一联送外汇局，第二联由进口单位留存；
2. 本表合计和累计栏金额为折美元金额；
3. 本表由各外汇局印制，供进口单位使用；
4. 货款汇款项下的付汇在“凭报关单付汇”栏填“√”；
5. 累计栏为本年年初至本月的累计数；
6. 一次到货多次付汇的，在“付汇情况”栏填写实际付汇情况，在“报关到货情况”栏只填写一次；
7. 一次付汇多次到货的，参照第 6 点处理。

专业知识与操作技能训练

一、专业理论知识训练

（一）不定项选择题

1. 进口方按（　　）的规定内容填写开证申请书，并交付押金或其他保证金。

A. 合同条款　　　　B. 进口许可证
C. 商业票据　　　　D. 形式发票

2. 开证行根据开证申请书开立信用证后，由（　　）进行审证。

A. 付款行　B. 开证人　C. 通知行　D. 受益人

3. 进口方核销员向（　　）提供贸易进口付汇核销单、进口货物报关单和付汇水单，并填写贸易进口付汇到货核销表，办理核销报审手续。

A. 入境口岸海关　　　　B. 外汇管理局
C. 进口地银行　　　　D. 出口地银行

4. 检验检疫机构对属于法定检验检疫的货物签发（　　）。

A. 许可证书　　　　B. 检验检疫证书
C. 提货单据　　　　D. 通关单

5. 报检单编号前 6 位为（　　）。

A. 报检类代码　　　　B. 流水号
C. 年代码　　　　D. 检验检疫机构代码

6. 进口开证授信额度可分为（　　）。

A. 一般开证额度　　　　B. 普通开证额度
C. 良好开证额度　　　　D. 一次性开证额度

7. 进口方应根据我国《进出口商品检验法》及其实施条例等有关规定，填写“入境货物报检单”，并随附（　　）等有关证单及时办理报检手续。

A. 国外发票　　　　B. 进口贸易合同
C. 提(运)单　　　　D. 装箱单

8. 信托收据主要适用的范围是（　　）。

A. 承兑交单下的进口代收单据

B. 享有授信额度客户的信用证项下来单

C. 进口押汇

D. 付款交单下的进口代收单据

9. 采用信用证支付条件,进口方审单的主要依据是(　　)。

A. 代收单据　　B. 许可证　　C. 信用证　　D. 贸易合同

10. 在单证或单单的不符点不构成风险,且急需进口商品的条件下,可要求出口方提供(　　)后再进行付款赎单。

A. 担保　　B. 许可证　　C. 信用证　　D. 贸易合同

(二) 判断题

1. 进口方可在任何时间内向当地能被出口方接受的银行申请开证。(　　)

2. 如果合同未规定开证日期,则应在合理时间内开证,一般为装运期前30～45天,以便出口方在收到信用证后有较宽裕的时间安排装运。(　　)

3. 对于同一买卖合同、同一国外发票、同一装运单据分别填写三份报检单。(　　)

4. 进口托收押汇一般适用于以付款交单(D/P)为结算方式的进口托收业务中。(　　)

5. 进口押汇是短期融资,期限一般不超过100天。(　　)

6. 进口方审单发现单证或单单不符,应立即通知开证行拒绝付款,并以书面形式说明理由。(　　)

7. 开证行如拒绝接受单据,根据UCP600的规定,不得迟于收到单据的翌日起第7个银行工作日将拒付通知直接发至通知行,并说明拒付理由。(　　)

(三) 简答题

1. 简述进口开证授信额度的申请流程。

2. 简述进口托收押汇的业务操作流程。

二、操作技能训练

(一) 业务背景

合同规定买方必须于2012年9月10日前,通过一家卖方可接受的银行开出不可撤销跟单即期信用证。为此,上海进出口贸易公司在规定的开证时间内填写开证申请书,向中国银行上海分行申请开证。

(二) 操作资料

填写开证申请书的有关资料如下:

银行账号:WT012342

买　方:上海进出口贸易公司(SHANGHAI IMPORT & EXPORT TRADE CORPORATION)
21 ZHONGSHAN ROAD SHANGHAI CHINA
TEL:021-56082266　FAX:021-56082265

卖　方:PITER IMPORT & EXPORT CORPORATION
NO.324 TOLI MACH HAMBURG GERMANY
TEL:128-54842　FAX:128-54843

货名规格:彩色喷墨打印机(COLOR INKJET PRINTERS)

单　价:FOB HAMBURG R0123 USD 110.00/SET,R0122 USD 125.00/ SET,R0145 USD 120.00/SET, R0168 USD 115.00/ SET

支付方式:见票后 30 天付款不可撤销跟单信用证(IRREVOCABLE DOCUMENTARY CREDIT AT 30 DAYS AFTER SIGHT)

数　量:R0123 1 000 套(1 000 SETS),R0122 1 000 套(1 000 SETS)
R0145 1 000 套(1 000 SET),R0168 1 000 套(1 000 SETS)

包　装:每 50 套装一个出口纸箱(PACKED IN 1 CARTON OF 50 SETS EACH)

装运期:不迟于 2012 年 11 月 8 日前装运(LATEST DATE OF SHIPMENT: 20121108)

装运港:德国汉堡(HAMBURG GERMANY)

目的地港:中国上海(SHANGHAI CHINA)

分批装运:允许(ALLOWED)

转　运:允许(ALLOWED)

唛　头:由卖方制定(BY THE SELLER)

合同号:TX07238

信用证有效期:2012 年 12 月 8 日

提交单据:(1) 已签字的商业发票一式三份,并显示合同号(THREE COPIES OF SIGNED COMMERCIAL INVOICE INDICATING CONTRACT NUMBER OF TX07238);
(2) 装箱单一式三份(THREE COPIES OF PACKING LIST);
(3) 品质证书一式二份,由厂商签发(TWO COPIES OF CERTIFICATE OF QUALITY/QUANTITY ISSUED BY MANUFACTURE)
(4) 在装船后 12 小时内用传真向买方发出装运通知,其包含合同号、货名、数量、毛重、提单号和装运日期等(WITHIN 12 HOURS AFTER THE GOODS ARE COMPLETELY LOADED, THE SELLER SHALL FAX TO NOTIFY THE BUYER OF THE CONTRACT NUMBER, NAME OF COMMODITY, QUANTITY, GROSS WEIGHT, B/L NO. AND THE DATE OF DELIVERY)

(三)操作要求

请你以上海进出口贸易公司业务员方为的身份,根据上述资料填写开证申请书,向中国银行上海分行申请开立信用证。

To: BANK OF CHINA **Date:**

<table>
<tr><td colspan="2" rowspan="2">Beneficiary (full name and address)</td><td>L/C No.
Ex Card No.
Contract No.</td></tr>
<tr><td>Date and place of expiry of the credit</td></tr>
<tr><td>Partial shipments
☐ allowed
☐ not allowed</td><td>Transshipment
☐ allowed
☐not allowed</td><td>☐ Issue by airmail
☐ With brief advice by teletransmission
☐ Issue by express delivery
☐ Issue by teletransmission (which shall be the operative instrument)</td></tr>
<tr><td colspan="2">Loading on board/dispatch taking in change at/from

not later than
or transportation to</td><td>Amount (both in figures and words)</td></tr>
<tr><td colspan="2" rowspan="2">Description of goods

Packing:</td><td>Credit available with
☐ by sight payment ☐ by acceptance
☐ by negotiation
☐ by deferred payment at against the documents detailed herein
☐ and beneficiary's draft for100 % of the invoice value
at
on</td></tr>
<tr><td>☐ FOB ☐CFR ☐CIF
or other terms</td></tr>
</table>

续

Documents required: (marks with ×)

1. ( ) Signed Commercial Invoice in ____ copies indicating L/C No. and Contract No.
2. ( ) Full set of clean on board ocean Bills of Landing made out to order of shipper and blank endorsed, marked "freight [ ] to collect/ [ ] prepaid [ ] showing freight amount" notifying applicant.
3. ( ) Air Waybills showing "freight [ ] to collect/ [ ] prepaid [ ] including freight amount" and consigned to
4. ( ) Memorandum issued by consigned to
5. ( ) Insurance Policy/Certificate in copies for % of the invoice value showing claims payable in China in currency of the draft, blank endorsed, covering ([ ] Ocean Marine Transportation /[ ]Air Transportation /[ ] Over Land Transportation) All Risks.
6. ( ) Packing List / Weight Memo in ____ copies issued by the quantity / gross and the weights of each packing and packing condition as called by the L/C.
7. ( ) Certificate of Quantity / Weight in copies issued by an independent surveyor at loading port, indicating the actual surveyed quantity / weight of shipped goods as well as the packing condition.
8. ( ) Certificate of Quantity in 2 copies issued by [ ] manufacturer / [ ] public recognized surveyor / [ ]
9. ( ) Beneficiary's certified copy of cable dispatched to the accountee within ____ hours after shipment advising [×] name of vessel / [ ] flight No. / [ ] wagon No. , date quantity, weight and value of shipment.
10. ( ) Beneficiary's Certifying that extra copies of the documents have been dispatched according to the contract terms.
11. ( ) Shipping Co's Certificate attesting that the carrying vessel is chartered or booked by accountee or their shipping agents.
12. ( ) Other documents , if any:

Additional instructions:

1. ( ) All banking charges outside the opening bank are for beneficiary's account.
2. ( ) Documents must be presented with 15 days after the date of issuance of the transport documents but with the validity of this credit.
3. ( ) Third party as shipper is not acceptable. Short Form / Blank Back B/L is not acceptable.
4. ( ) Both quantity and amount % more or less are allowed.
5. ( ) Prepaid freight drawn in excess of L/C amount is acceptable against presentation of original charges voucher issued by shipping Co. / Air Line / or it's agent.
6. ( ) All documents to be forwarded in one cover, unless otherwise started above.
7. ( ) Other terms, if any:

Account No. : with ____________________ (name of bank)

Transacted by: (Applicant: name , signature of authorized person)

Telephone No. : (with seal)